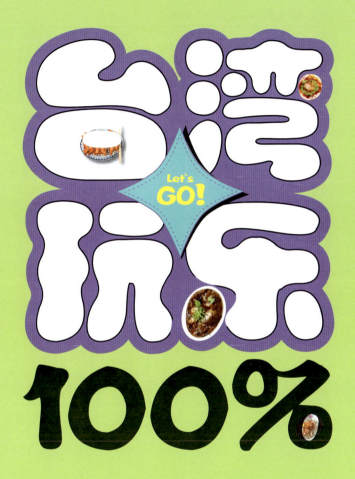

台湾玩乐

Let's GO!

100%

杨志民 / 著

龍門書局
北京

图字：01-2012-4536 号

图书在版编目（CIP）数据

台湾玩乐100% / 杨志民著. —北京：龙门书局，
2012.10

　ISBN 978-7-5088-3902-8

　Ⅰ. ①台… Ⅱ. ①杨… Ⅲ. ①旅游指南－台湾省
Ⅳ. ①K928.958

中国版本图书馆 CIP 数据核字（2012）第 228774 号

责任编辑：周晓娟　王晓婷　张　丹 / 责任校对：杨慧芳
责任印刷：华　程　　　　　　　 / 封面设计：彭　彭

著作权声明

龙門書局 出版

北京东黄城根北街 16 号
邮政编码：100717
http://www.sciencep.com

北京天颖印刷有限公司印刷
中国科技出版传媒股份有限公司新世纪书局发行　　各地新华书店经销

*

2013 年 1 月第 一 版　　　开本：16 开
2013 年 1 月第一次印刷　　印张：20
字数：320 000

定价：49.80 元

（如有印装质量问题，我社负责调换）

暂别忙碌时刻，利用休闲时分出外旅游，享受与亲友的欢乐相聚，最能让身心获得意料之外的收获与永难忘怀的回忆。旅行，不仅只是凝聚欢笑，在异乡的土地上，每一件事物都能让人增广见闻，体验人生。即使那些匆匆一瞥的人、事、物在当时看似并未造成视觉上的冲击，但或许经历过一段时间的酝酿与发酵，这些旅行经历就可能从脑海中逐一浮现，甚至对你的人生或决定产生影响。

四面环海的台湾岛，拥有海洋、高山、平原、峡谷，多样的自然地形滋养了多彩多姿的动植物生态，更孕育了多元热情的人文风情与美味小吃；这缤纷的海岛上令人目不暇接的景点，绝对值得一玩再玩。休闲假日烦恼着该去哪里玩？哪里有最新、最潮、最特别的景点？翻开本书这类问题便会迎刃而解，立刻跟着本书一同来趟欢乐无比的旅行吧！

目 录
Contents

中台湾 Mid Taiwan

南 台湾 South Taiwan

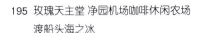

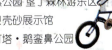

东 台湾 East Taiwan

基隆市

宜兰县

花莲县

台东县

离岛 Islands Taiwan

澎湖县

金门县

马祖列岛

阳明山公园

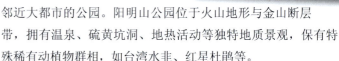

地址：台北市士林区阳明山竹子湖1-20号
电话：(02)2861-3601

阳明书屋地址：
台北市北投区中兴路12号
电话：(02)2861-1444

冷水坑游客服务站地址：
台北市士林区菁山路101巷170号
电话：(02)2861-0036

擎天岗游客服务站地址：
台北市士林区菁山路101巷246号
电话：(02)2861-5404

小油坑游客服务站地址：
台北市北投区阳明山竹子湖路69号
电话：(02)2861-7024

龙凤谷、硫黄谷游客服务站地址：
台北市北投区泉源路与行义路口处
电话：(02)2893-5580

大屯自然公园服务站地址：
台北县三芝乡兴华村18邻车程路53-2号
电话：(02)2861-7294

中山高下台北交流道后，循行重庆北路往士林、北投，过百龄桥，续行经中山北路五段、福林路、仰德大道前行，即可抵达。

1985年建成的"阳明山公园"，公园腹地辽阔，动植物生态极为丰富，是台湾地区最邻近大都市的公园。阳明山公园位于火山地形与金山断层带，拥有温泉、硫黄坑洞、地热活动等独特地质景观，保有特殊稀有动植物群相，如台湾水韭、红星杜鹃等。

每逢初春，满山遍野的杜鹃、山樱花、山茶花，令人赏心悦目，"前山"与"后山"（阳明）两处公园为最经典的赏花去处，阳明山花钟是游客赏花、摄影最深爱的景致；而竹子湖一带的海芋花田，每至冬末春初开花时节，花姿娇白韵丽，让游客们惊艳；平时有太阳花、玫瑰等多样花卉栽植展示，部分花圃还开放供游客亲手采摘，别具自然农家休闲体验之感。

此外，阳明山公园区域内蕴藏着丰富的旅游资源，如朦胧的梦幻湖、一望无际的山顶草原——擎天岗、适合攀越征服的七星山、弥漫着烟雾与硫黄味的小油坑风景区、曾为接待宾客的阳明书屋、由行馆改建成博物馆与文艺表演场地的草山行馆、开发甚早的百拉卡公路、彩蝶翩翩飞舞的蝴蝶花廊、近代著名书法家于右任的墓园、位于大屯山北麓和菜公坑山南麓之间的大屯自然公园、拥有全台唯一沉淀硫黄矿床地形的冷水坑旅游区、夜间相当璀璨缤纷的拱形马槽桥等，任何景致都各具自然与人文特色，十分值得流连再三。

阳金公路靠近马槽段、菁山路或是湖底路一带，开设有多家风味餐饮店家；而永公路、平菁街一带，有数座各型大小国际卫星电台以及多处休闲农场和观光果园，为台湾岛北部高人气公园。

北投温泉

在北投地区昔日的日据时期，兴建有一座号称当时全东南亚最大的温泉浴池，名噪一时，于1997年列为当地三级古迹，现已成立："北投温泉博物馆"，规划有北投温泉浴场、台湾岛及世界温泉、北投温泉乡发展史、日式榻榻米活动大厅、北投产业、户外剧场与庭园等展示区等，是认识北投温泉乡人文产业发展历程的好园地。北投的历史与温泉是紧密结合在一起的，想了解北投文化，就绝不能不参观北投温泉博物馆。

北投温泉博物馆
地址：台北市北投区中山路2号
电话：(02)2893-9981

普济寺
地址：台北市北投区温泉路112号

满来温泉拉面
地址：台北市北投区温泉路110号

北投民俗文物馆
地址：台北市北投区幽雅路32号
电话：(02)2891-2318

日据时期台湾铁道员工捐款兴建而成的北投普济寺，又称做"铁真院"，为日式佛寺。朴素淡雅的构造，是由黑瓦木建造而成，大殿内设有榻榻米，供信众跪拜礼佛；石雕的"汤守观音"，是当地民众所崇信的温泉守护神。素雅俭朴的普济寺的祭拜方式迥异于一般传统的台湾寺庙，是先拜祀殿内菩萨，之后再拜殿外的天公祖，这是属于日式的祭拜方式。

满来温泉拉面位于公共澡堂附近，小小的店面有居酒屋的情调，流露出浓郁的古老日本风情，与新北投地区的意象相当契合。店里的汤头与食材都经过精心挑选，加上"物美价廉"的优势，经常高朋满座。店里的拉面种类很多，独家特制的面条嚼劲十足，很受欢迎。和风口味的小菜，如温泉蛋、白玉豆腐、海藻醋等，也是常客必点的佳肴。

北投民俗文物馆为精致的日式建筑，馆藏五千多件；展有台湾早期民俗文物、传统服饰织绣、台湾少数民族传统文化生活用具等。日据时期为日本军官俱乐部，目前被列为当地三级古迹，具有历史韵味。此

外馆内还有特展区，不定期举办文物展览及民俗活动；而馆门前有茶艺馆，让游客在茶香中细细回味台湾岛早期文化风味。

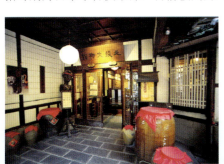

中山高出台北交流道后，行重庆北路往士林、北投方向，过百龄桥后续行承德路七段、中央南路一段、二段，再循各处地址前行，便可抵达。

台北市 TAIBEI CITY

关渡自然公园

地址：台北市北投区关渡路55号

位于淡水河与基隆河交汇处所形成的低洼湿地，护育着许多动、植物，更是本土鸟类、候鸟的重要栖息环境。现由台北市野鸟学会所经营管理，分为主要设施区、保育核心区及户外观察区，并规划有自然中心、河岸生态区、海岸林区、赏鸟小屋、淡水生态池、野溪生态区、北部低海拔林区、水鸟保护区等区域；结合保育、教育、休闲、研究各方面，是爱鸟人最佳的赏鸟地点。每年10月至翌年5月，为候鸟南飞迁徙过冬的中继站之一，是关渡地区一处户外自然动植物生态教学及赏鸟的好据点。

中山高下五股交流道后，循新五路二段、成泰路三段、四段，接103号县道到八里，过关渡大桥后，再循民权路、大度路三段、关渡路前行便能抵达。

天母商圈

地址：台北市中山北路六、七段与天母东、西路巷弄间

中山高下台北交流道后，循行重庆北路往士林方向，过百龄桥，中山北路五段、忠诚路一段、二段前行不久，即可到达。

早年外侨、美军眷属住本区，因美国学校、日侨学校均设于此，洋房别墅、大片庭园将天母塑造成高贵的住宅区。充满异国情调的天母东、西路的道路两侧及巷弄间，一家家风格独具的Pub、各国风味的餐厅、精致名店以及各式各样稀奇古怪的舶来品专卖店……共同营造出天母商圈独具一格的格调风采；临忠诚、德行东路的街坊巷弄一带，各种主题格调餐厅、咖啡馆、鲜货雅铺、书店林立。

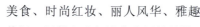

处于热潮的日式甜甜圈Mister Donut，位于大叶高岛屋旁。大叶高岛屋百货规划有生鲜美食、时尚红妆、丽人风华、雅趣休闲、温馨合欢与影音生活等楼馆，是天母地区的人气百货。天母运动公园内，规划有篮球场、网球场、露天广场、儿童游戏区等，其旁是可容纳数千位观众的天母棒球场，也是世界知名的精彩棒球赛的竞技场。

芝山岩·惠济宫

惠济宫地址：台北市士林区至诚路一段326巷26号
芝山岩隘门址：台北市士林区惠济宫附近不远处。

属于以砂岩为主的海相沉积地层，蕴藏丰富的海相化石，拥有麻雀、白头翁和绿绣眼这"都市三宝"的生态景观。原名"圆山仔"，后因漳州移民认为犹似故乡漳州名胜"芝山"，而改为"芝山岩"。现有新式高架栈道所构成的休闲步行道，并有两处当地三级古迹"芝山岩隘门"与主祀开漳圣王的"惠济宫"。来此登山徒步旅游，在散心、活动筋骨的同时，亦可了解到台北士林地区发展的历史轨迹，饶富寓教于乐的意义。

芝山岩步行道路线（约1个小时的路程）：从至诚路临近牌楼入口→惠济宫、西隘门、蛇蛙石→雨农图书馆→大凉亭→广场水池→惠济宫→北隘门→石头公庙。

中山高出台北交流道后，循行重庆北路往士林方向，过百龄桥，左转中山北路五段，再右转至诚路二段前行不久，即可抵达。

台北故宫

地址：台北市士林区至善路二段221号
电话：(02)2881-2021

位于外双溪旁的台北故宫博物院，从入院牌坊楼起，是一条笔直宽广的松林大道，拾阶而上，映入眼帘可见一座大型仿造著名的商代毛公鼎与隽文昂扬的礼运大同篇，正欣然欢迎你的莅临。在以中国传统宫殿式设计建筑的现代化展览殿堂里，共划分有五大主题展厅，里面收藏有著名的翠玉小白菜、毛公鼎、陶瓷、青铜、书画、器皿等，多达数万件中华民族文化历史瑰宝，深受中外人士青睐，可谓是收藏华夏文化国宝精华一级特区。

位于台北故宫牌楼左侧的"至善园"，为一处仿中国古代庭院式的小型景观公园，环境典雅，仿古的水榭亭阁，山水诗境之美，巧显独特风韵，值得一游。

中山高出台北交流道后，循行重庆北路往士林方向，过百龄桥，续行，转循福林路、至善路前行，即可抵达。

台北市 TAIBEI CITY

天文科学馆

地址：台北市士林区基河路363号
电话：(02)2831-4551

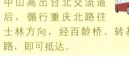

天文科学教育馆展示场设有古代天文学、地球、太空科技、天体与星座、太阳系、天文台、恒星、星系等主题展示区，顶楼更设有多种新式专业的天文望远镜供游客一览太宝星海样貌；立体剧场及宇宙剧场等放映展览室，提供可以亲历其境的天文知识声光之旅，并且一窥寰宇奥妙的风采，探寻外太空无穷之美，令亲自参与过的游客们都惊叹不已。附近的美仑公园是以科学为主题的公园景点，规划设有数十种科学游戏设施，极具教育意义。

中山高出台北交流道后，循行重庆北路往士林方向，经百龄桥、转基河路，即可抵达。

台湾科学教育馆

地址：台北市士林区士商路189号
电话：(02)6610-1234

结合展示、教育、实验、研究的教育园地，馆体共分地下一层与地上八层：地下一楼为电脑益智教室与地底世界、三楼四楼为生命科学、自然科学以及疫病防治主题展示区、五楼六楼则为物质科学、数学、地球科学展示与空中脚踏车等，七楼与八楼则是特展展示区，丰富多元的科学知识令人目不暇接。并拥有户外展示区，是推动科学生活化与大众化的教育园地，馆内除了介绍物理、生物等知识外，还与学校结合举办科学展览等竞赛活动，以寓教于乐的方式向学生们传授科学常识。

中山高下台北交流道后，循行重庆北路往士林方向，经百龄桥、再左转士商路，便能到达。

士林夜市

地址：台北市士林区文林路展与基河路间形成的三角地带

是台北市最大的夜市，集中规划的两三百个摊位小吃区，拥有南北口味多样美食小吃，如大饼包小饼、铁板烧、鸡排、天妇罗等；游乐设施也相当多元，服饰、配件、玩偶……更是应有尽有，是充满吃喝玩乐夜生活的有趣天地，来此绝对能感受到最热闹的台北"夜"生活。

中山高下台北交流道后，循行重庆北路往士林方向，经百龄桥，再转基河路，即可抵达。

美丽华百乐园

地址：台北市中山区敬业三路20号
电话：(02)2175-3456

拥有全台首创百米高的摩天轮，是全亚洲架于屋顶的第二大摩天轮，48个车厢、约17分钟环绕一周，为台北著名的地标之一，是许多情侣最佳的约会地点。配合音乐的旋转木马游乐设施，是梦幻世界与

童年回忆的精致享受；进驻的威秀影城拥有高品质的视听影音设备，让观赏电影的观众具有身临其境般的震撼享受；而美丽华则分为两馆：本馆与漾馆，包含各类时尚精品、精致美食，是娱乐与购物的欢乐天堂。如今，台北地铁内湖线开通，由木栅线延伸至内湖线，使得通往美丽华百乐园的交通更为便利；地铁剑南路站出三号出口便能直接到达，行车北上的游客，由复兴北路车行地下道经过基隆河后不久，便能到达。

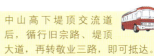

中山高下堤顶交流道后，循行旧宗路、堤顶大道，再转敬业三路，即可抵达。

台北花市

地址：台北市内湖区瑞光路临321号
电话：(02)2659-5729

1988年由花农与花商共同出资成立，为全台第一家纯民营的花卉批发市场，首创引进欧美的电脑化拍卖钟，将花卉买卖引导进入自动化的阶段，并且也首创盆花的样品预约订货与现货交易方式；1997年由滨江迁至内湖，并正式易名为"台北花市"。花市经营有全台切花的拍卖与交易、盆花的订货与现货交易、花卉的推广促销、花卉相关器材与种苗经营、花卉的生产加工与分装储存等，因此不论是大量批发或盆花现购都能在此获得全面化的服务。内部还设有生活广场，休闲时刻不妨来这走走看看，感受"玩花弄草"的乐趣。

中山高下堤顶交流道后，由堤顶大道转港墘路，再转瑞光路便可抵达。

台北市 TAIBEI CITY

大湖公园

地址：台北市内湖区成功路五段31号
电话：(02)2598-3024

大湖公园邻近白鹭山，占地相当辽阔，兴建于1979年。大湖公园最著名的地标景致，便是那一座以朱红雪白相间、弯月造型的拱桥，诗情画意，湖光水色，令人流连；远望周围山林，苍翠浓荫，虫鸣鸟叫的当下，俗事尘扰似乎已不存在。园内亦是观赏野鸟生态的好地方，而顺着白鹭山步行道徒步，既休闲又清心。公园内建置有三座游泳池，其中还有温水设备，并且有烤箱、滑水道、蒸汽室等设施，是夏季民众消暑的好去处。

白鹭山步行道：成功路五段→黄石公庙→大湖公园→白鹭山顶→康宁路二段（全程约2小时的路程）

中山高下堤顶交流道后，经港墘路、内湖路、成功路，再前行即可抵达。

南港展览馆

地址：台北市南港区经贸二路1号
电话：(02)2725-5200

于2008年正式运营，其馆体的展示面积是台北世贸展览馆的两倍之大，共分有地上七层与地下两层，地下二楼为地铁连通道，是全台地区首座搭乘地铁可直达的展览馆。于地铁南港展览馆站1号出口便能经由指示进入展览馆，地下一楼为停车场可停放汽车620部、摩托车1770辆；而地上楼层展场内全区无柱位的设计，更让展场除了摊位展览之外，还能举办集会、演唱会与球类竞赛等活动。

中山高下东湖交流道后，右转安康路过南湖大桥后，循经贸二路前行，再左转105巷前行，即可到达。或北二高下南港交流道后，接南港连络道行内侧车道，于南港经贸园区出口转联络道，再接经贸一路便可抵达。

除了提供如此广阔的展览空间之外，馆外的两只一指天一指地的巨手指，或是长廊上的彩色玻璃等公共艺术，不仅结合了科技与艺术，也将未来科技感十足的馆体映衬出别具特色的文化氛围。

台北市立美术馆

地址：台北市中山区中山北路三段181号
电话：(02)2595-7656

在外观建筑设计深具现代美感的台北市立美术馆，于1983年年底正式开馆，是全台地区首座现代美术馆。美术馆内收藏有许多珍贵的现代艺术作品，而且时常举办一系列中外驰名的大型艺术创作展，并致力于推动艺术生活化、生活艺术化，这是一座探索艺术美学与陶冶身心的殿堂。此外，美轮美奂的"中山美术公园"，则规划有大型广场、精致花园展示区、水彩艺术展示区、湖面艺术展示区与多功能草坪区等，并摆置有多件大型户外艺术雕塑作品，是旅游散心、艺术陶冶的户外绿境。

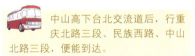
中山高下台北交流道后，行重庆北路三段、民族西路、中山北路三段，便能到达。

台北故事馆

地址：台北市中山区中山北路三段181-1号
电话：(02)2587-5565

中山高下台北交流道后，行重庆北路三段、民族西路、中山北路三段，便能到达。

与美术馆相邻的台北故事馆，于日据时期为招待台湾地区仕绅与海外来宾之所，英国都铎式洋楼的建筑，鲜明的色彩总能吸引许多人的目光。建筑物与其背景共同承载了历史的长河，典雅的氛围更令人驻足流连。以茶文化为精神，茶魂如同蝴蝶般自在飞舞，这便是台北故事馆所诉求的，希望这栋老建筑能够结合文艺活动而幻化，并延续着不同的风貌。

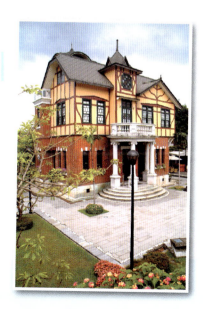

台北市 TAIBEI CITY

孔庙

地址：台北市大同区大龙路275号
电话：(02)2592-3934

黄瓦红墙、坐北朝南的古代风格建筑，没有正门，以黉门为主要入口，清光绪七年初建造，于1939年重建。整座庙型设计的蓝本沿袭山东曲阜孔庙的古宫殿建筑风格，环境静谧，现列为当地三级古迹。供奉至圣先师孔子，两墙各奉孟子、曾子、思子、颜子和其十二门生贤儒为陪祀。每年的9月28日都

会举办祭孔大典、六佾舞表演，笙鼓雅乐汇鸣等仪式均遵古礼进行，场面极为肃穆庄严，提醒后人尊师重道的精神。由于台北孔庙的屋檐未覆盖的平台面积不大，无法容纳下古制的八佾舞所需的64人的空间，因此改采以36人的六佾舞。

中山高下台北交流道后，循行重庆北路三段，再转酒泉街直行，至大龙街口不久，即可抵达。

迪化街·霞海城隍庙

迪化街地址：台北市大同区迪化街一带

霞海城隍庙地址：台北市大同区迪化街一段61号
电话：(02)2558-6146

迪化街为台北著名的南北货专卖街，是全台地区最大的布料、中药及南北货批发零售市场，清代就极负盛名。悠久历史反映在建筑物上，便有了闽南式、仿巴洛克式、洋楼式等各类设计。贩卖有香菇、冬虫夏草等产自亚洲各地的中药食材，而永乐市场则有多家布匹绸缎专卖商铺。

列为三级古迹

的霞海城隍庙，是大稻埕地区享誉盛名的重要庙堂之一，与慈圣宫、法主公庙合称为大稻埕三大庙宇。每年农历五月十三日适逢霞海城隍爷圣诞千秋，盛大的祭祀庆典活动将大稻埕地区营造的相当热闹。庙中供奉姻缘一线牵的月下老人神像，据说有不少未婚的男女在虔诚膜拜后觅得良缘，因此声名远播，香火极为鼎盛。

中山高下台北交流道后，循行重庆北路三段、酒泉街、迪化街，便能到达。

台北市河滨自行车道

地址：台北市大同区大龙路275号
电话：(02)2592-3934

台北市河滨自行车道目前由南而北分为景美溪左右岸自行车道，沿线有动物园、政大球场等；新店、大汉溪与淡水河自行车道，则经景美、古亭、万华、大稻埕等地区，沿线周边有自来水园区、青年公园、迪化街等景点；社子环岛与二重疏洪道自行车道则包含有社子运动公园、红树林生态保护区等景点；基隆河左右岸自行车道则途经圆山、大直、内湖等地区，周边共有美术馆、大佳河滨公园、美丽华百乐园、内湖运动公园、饶河街夜市等景点；双溪生活水岸自行车道以士林河滨沿线为主，行经周边景点有天文科学教育馆、芝山岩等；关渡、八里左岸自行车道行经关渡、红树林等地区，共有关渡宫、十三行博物馆等景点。随着河滨自行车道玩遍整个大台北地区，如此乘风飞驰的乐活享受，将会为你留下无限美好的回忆。

中山高下台北交流道后，循重庆北路三段右转民族西路前行，便可到达社子环道自行车道出入口。

五分埔・饶河街夜市

五分埔地址：台北市松隆路与松山路交岔口处一带
饶河街夜市地址：台北市饶河街一带

位于松山火车站前站松隆路与松山路岔口处一带的五分埔服装商场，长久以来便是服装批发集市区，日韩流行服饰、青少年前卫服装、配件等琳琅满目。价格具有弹性，经常吸引许多逛街人潮来此精挑细选一番。此处服饰一袋袋地用透明塑胶袋摆设展示，迥异于其他服饰街的陈列，是非常独特的风格。衣饰的价格弹性大，也可砍价，是喜爱比价的人最爱的血拼天堂。

位于松山火车站后站附近的饶河街夜市，是台北市相当著名的观光夜市之一，醒目的牌楼显示着夜市拥有超人气的光顾指数。长约600米的夜市内摊位非常密集，夜市动线规划井然有序，商品丰富多样，是吃喝玩乐的好去处。夜市著名的小吃便是药炖排骨，浓浓的中药熬成美味的肉汤，寒冬中来碗暖呼呼的药炖排骨，瞬间身心都温暖了起来，可说是进补的最佳菜肴。

中山高下内湖交流道后，循南京东路六段往市民大道方向，循基隆路一段、松隆路，即可抵达五分埔；若由基隆路右转八德路四段不久，便可到达饶河街。

行天宫

地址：台北市中山区民权东路二段109号
电话：(02)2502-7924

即 "恩主公庙"，庙方主祀关圣帝君，尊称武圣，擅理财之道，故尊奉为"武财神"，常年香火鼎盛。庙的主体为两进式口形构造，拥有宽敞的外埕；庙方劝导勿焚烧金纸，且戒杀生，极富环保意识。庙内最特别的便是有身穿青蓝色长袍的专司义工们，于庙内为信徒施行各种法礼仪式，并有图书馆、医院等服务设施。庙旁的人行

地下道里有许多算命摊位，是台北市颇具另类且密度最高的算命街坊。

 中山高下圆山交流道后，循行松江路，于民权东路二段岔口处，即可抵达。

台北小巨蛋体育场

地址：台北市松山区敦化北路与南京东路岔口

多 功能的体育馆及滑冰场，是台湾地区首座国际型的大型综合体育场，分有地下两层与地上五层。主场馆有将近15000个席位，是世界级的比赛、演唱会、文艺表演、商品展览等的绝佳选择场地，另一馆有约1800平方米的滑冰场馆，也即将带动各种冰球联赛的活动。圆顶的造型是相当显眼的地标，而美食广场与商

店的进驻也让小巨蛋更显活力。

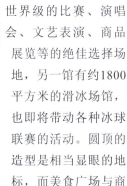 中山高下圆山交流道后，转南京东路三段、四段前行即可抵达。

树火纪念纸博物馆

地址：台北市中山区长安东路二段68号
电话：(02)2507-5539

树火纪念纸博物馆为台湾地区第一家以"纸"为主题的博物馆，其树火之名是为纪念创办人陈树火先生而命名。馆内展出有关造纸文化、纸的历史、造纸原料、纸的科学游戏、纸的教学活动、纸在台湾岛、手工造纸厂等各种主题项目，并经由造纸过程示范，让游客亲身体验造纸的乐趣，燃起惜纸爱卷之心的共鸣，可谓寓教于乐。

中山高下圆山交流道后，循高架道路，于南京东路交流道下，转接长安东路二段不久，即可抵达。

光华数位新天地

地址：台北市市民大道三段8号

原名光华商场，位于光华桥下，早期本是旧书报摊聚集之处，而后逐渐成为电子相关产品的集散地，是台北市相当著名的电子产品商场。在光华桥拆除后重新建起崭新的商场，并名为"光华数位新天地"，共分地下一层与地上六层，拥有宽敞的走道与舒适的冷气空调；商场内的商家多为原光华商场与西宁市场的摊商，而除了各式3G电子店家卖场进驻之外，另设有美食街、金融服务区、宅配服务区等设施，这新颖的商场大楼将延续昔日光华商场的历史风采，发展更为齐全、多风貌的电子商场。

中山高下圆山松江路出口交流道后，循松江路往台北市区方向前行，再右转市民大道便能到达。

台北市 TAIBEI CITY

台北光点

地址：台北市中山区中山北路二段18号
电话：(02)2560-5222

又称为"台北之家"，由原美国驻台北领事馆改建而成，是一座电影主题馆，素雅的白色建筑外观，内有以播放本地

影片为主的电影院、电影艺术主题的诚品书店、咖啡厅等，另有文艺讲座、提供活动场地出租等。

中山高下圆山交流道后，循松江路、民族东路、中山北路三段、二段前行，即可抵达。

袖珍博物馆

地址：台北市中山区96号地下一楼
电话：(02)2515-0583

以收藏按原物比例缩小而呈现出建筑物外观为主的娃娃屋（Dollhouse）与房间内部格局的梦幻屋盒（Roombox）等艺术珍品为主，且为亚洲首座收藏当代袖珍艺术品的专业博物馆。细腻巧思所精心拟制的展品，如白金汉宫、罗马遗迹、水都威尼斯、颐和园镜桥亭等达两百余座各式知名展览品，除建筑物造景外，其内部的人物、动植物、橱柜、桌椅、油画等作品惟妙惟肖，让游客叹为观止且深深感动，是一处特殊有趣的小人国大世界浓缩精华版的展览场所，值得一游。

中山高下圆山交流道后，循松江路往南前行，即可抵达。

台北当代艺术馆

地址：台北市大同区长安西路39号
电话：(02)2552-3721

原为日据时期的"建成小学校"，为日本建筑设计师进藤十郎的作品，后作为旧台北市政府办公地，历史近百年，1996年定为当地市级古迹，经过整修与重新规划后成为艺术博物馆，也是台北市第二座美术馆。入口处为日本人山口胜宏制作的公共艺术作品——"龙"，博物馆内则是以当代艺术、设计、建筑为展览主题。

中山高下台北交流道后，循重庆北路三、二、一段，转长安西路往长安东路方向前行，即可抵达。

台北车站是大台北地区重要的交通枢纽，各线地铁、火车及地下街的设置，人潮川流不息、人声鼎沸，车站内部楼层有各样商家店面及新颖的展演厅，让车站呈现出现代化前卫式的风格走向。

车站周边有购物美食兼具的"台北地铁地下大街"；"新光三越百货"可居高临下眺望繁华的台北城；"NOVA资讯商场"是采购电脑3C周边商品的不二选择之处；"Fnac站前店"让你享受品味性的生活与知识；"南阳补习街"集合了各类补习资讯，是考试的最佳补给站；"重庆南路书店街"书香味十足，是爱书者的天堂；"沅陵鞋店街"拥有各式鞋款，在这里购物绝对物超所值；"博爱摄影器材街"日、韩、国产商品种类齐全，更是摄影爱好者的交流园地。

位于统一元气馆的台湾故事馆，占地1500坪，为亚洲最大的怀旧主题馆，完整呈现了台湾地区早时期的时空场景。王子面、伟士牌机车、冰果室、柑仔店等，复古怀旧的氛围将会带领你进入难忘的台湾故事之中。

结合台北转运站与京站时尚广场的复合式交通商业大楼，提供客运搭乘与休闲娱乐的服务，为台北车站商圈注入更加新颖活力的元素。

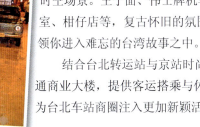

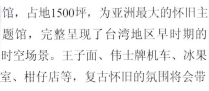

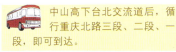
中山高下台北交流道后，循行重庆北路三段、二段、一段，即可到达。

台北市 TAIBEI CITY

二二八和平纪念公园·台湾博物馆

地址: 台北市怀宁街109号
电话: (02)2303-2451

地址: 台北市襄阳路2号
电话: (02)2382-2699

旧称"新公园"的二二八和平公园,为台北历史悠久的老公园之一,园内置有如古炮台、蒸汽老火车头及"黄氏贞节牌坊"与"急公好义坊"等许多日据时期所拆移的建筑物;1995年更名为"二二八和平纪念公园",并置有"二二八纪念碑"一座。公园内于前身为"台北放送局"之处建置了一座二二八纪念馆,馆内展示着当时"二二八事件"的珍贵史料,供人凭吊警惕。台湾博物馆是全台历史最悠久的自然博物馆,位于二二八公园内,前身为日据时期的台湾总督府博物馆。建筑外观造型富有古希腊欧式风格,大厅内部环绕着32根科林斯式柱,与彩绘玻璃天窗相结合,显现

高贵优雅又具色彩感的氛围。该馆被视为古迹,馆内常推出各种自然生态、生物化石、文化艺术等展览活动,为台湾地区土地纪录文化历史轨迹。

中山高下台北交流道后,行重庆北路三段、二段、一段、重庆南路一段,再转襄阳路,即可抵达。

西门町商圈

地址: 博爱路、汉口街、昆明街与贵阳街所构成的商圈

西门町商圈素有"台北新宿"之称,早期以"中华商场"闻名,近来重新规划成完善的林荫大道,步行道铺设整建,街景造型艺术气息浓郁,井字形街道设计,让逛街娱乐不费力,是前卫

与流行的消费商圈。

各栋新颖大楼与各富有巧趣多元的商家店面百货进驻，"116-ESLITE诚品新世界"以门牌号码116作为招牌，是流行服饰配件、化妆用品的新潮百货中心；复古造型的"红楼剧场"，是西门町文艺的新兴活动中心；重新装潢的"远东百货"宝庆店，走向年轻化，极具流行性与品质感；"国宾影城"有高规格的影音设备，让看电影具有十足的声光享受；无设座位，站着吃"阿宗面线"是西门町相当特别的饮食文化；"老天禄卤味"味道够劲的各式卤味，是逛街、看电影时便携美食。位于中华路上的"美华泰生活馆"，则以平价商品为诉求，是消费生活必需品与杂货的极佳购物天堂；"万年大楼"也是西门町的另一地标，集中了数十家商铺，提供了属于年轻人的街头流行资讯，相当具有娱乐性。此外，街道巷弄间聚集了众多的流行商品，结合年轻、前卫、独特等元素，在假日休闲时刻是众多潮人休闲、品尝美食、购物逛街及娱乐的大本营。

中山高下台北交流道后，循重庆北三段、二段、一段、忠孝西路、中华路直行，至地铁西门站附近，即可抵达。

历史博物馆

地址：台北市南海路49号
电话：(02)2361-0270

创建于1955年，馆藏近六万多件的历史文物，有陶艺、青铜、美玉、书画等。一踏进博物馆，就能感受空气中那股悠悠千载于岁月的艺术气息，通过所见所闻，追寻先人走过的足迹，陶醉历史文化之余，也能让我们鉴往知来。每个展馆都有资讯学习单，让观者可以更进一步了解古物文化的精髓。

中山高下台北交流道后，循重庆北路三段、二段、一段、重庆南路一段、二段，再右转南海路不久便可抵达。

台湾艺术教育馆

地址：台北市南海路47号
电话：(02)2311-0574

中山高下台北交流道后，循重庆北路三段、二段、一段、重庆南路一段、二段，再右转南海路不久便可抵达。

坐落于南海学园境内，紧邻台北市历史博物馆和植物园，可以说是人文荟萃、自然风华的好地方。台艺馆直接隶属台湾地区教育主管部门，是以推广各类艺术教育活动为核心的文教单位，所以这里拥有中型的演艺厅，几乎每个月都有优秀艺术表演团体不定期地前来演出，有很多表演都是免费的；同时，台艺馆也有相关的艺术研习课程，想学画、唱戏、跳舞，来这里就对了。

台北植物园

地址：台北市南海路53号
电话：(02)2303-9978转2710

具有百年以上的历史，园区植物种类繁多，大多附有名称与生态的文字说明介绍，还有义工解说；园方将各式植物分门别类，如民俗植物区、荷花池、多肉植物区、棕榈科区、蕨类植物区、诗经植物区等等，更利于游客系统地认识园中的各类植物。

中山高下台北交流道后，循重庆北路三段、二段、一段、重庆南路一段、二段，再右转南海路不久便可抵达。

龙山寺

地址：台北市万华区广州街211号
电话：(02)2302-5162

建庙距今已有近300年历史，是艋舺地区宗教信仰中心。殿内主祀观世音菩萨、妈祖等民间信仰的神道，每年到了安太岁的旺季，还必须排队抽号码牌，香火鼎盛程度可见一斑。寺庙内的石柱、藻井、浮雕均

出自泉州名匠之手，精细唯美的雕刻，都有其特殊的典故，让传统三进四院的宫殿式建筑，在金碧辉煌的华丽设计中仍保有一份雅致的气韵。

中山高下台北交流道后，循重庆北路、重庆南路，再右转忠孝西路、西园路一段，即可抵达。

艋舺服饰形象商圈(大理街)

地址：台北市万华区大理街一带

大理街的原名"下石路"，在清代是打造、整理石材和制糖、种竹、茉莉花茶种植的农业社区。现今以万华火车站为主的大理街商圈，则是成衣和钟表批发的集散地。20世纪80年代，这里曾是全台最大的成衣集市，现在则与松山五分埔、后火车站宁夏路，形成三足鼎立的局面。原本聚集在龙山寺前的钟表摊商，也在兴建万华12号公园时全部迁徙到此，大理街成为名副其实的钟表成衣街。常可见许多中、小盘商前来批货，来到这里可以以批发价买到物超所值的好东西。

中山高下台北交流道后，循重庆北路、重庆南路，再转爱国西路、南宁路、和平西路，再接康定路、大理街前行便可到达。

华西街观光夜市

地址：台北市万华区西园路与环河南路之间

中山高下台北交流道后，循行重庆北路、重庆南路，右转行中华路一段，再右转桂林路，便可到达。

华西街观光夜市是国际观光级美食夜市，如食补、药膳、珍宝、杂货、担仔面、服饰百货，应有尽有，吃喝玩乐一应俱全；其特色在于其小吃包含蛇肉、蛇酒、海鲜、鳖肉等，特殊的饮食文化总是吸引许多中外游客一探其

中的美妙滋味。夜市路线规划相当完善，整齐的店面设计让你闲逛时可轻松地寻找到惬意的享受。

台北市 TAIBEI CITY

北 台湾

东区地下街

地址：台北地铁忠孝复兴站及忠孝敦化站地下街

中山高下内湖交流道后，循南京东路、基隆路前行便可抵达。

敦化商圈是台北最繁华的地方之一，商圈内百货公司和各式颇具特色的店家林立，这里是逛街购物的好地方，胡同巷弄里有许多令人惊喜的咖啡馆、Pub与餐厅等，周末这里更是愈夜愈美丽，也是聊天聚会的好地方。其中东区地下街连接地铁复兴到忠孝敦化之间，主要针对上下班的地铁族，地下街有便利商店、服装店、书店、美食等，满足了人们忙碌中所需要的基本生活消费。此外，为配合节庆，也常有各种的表演活动。

顶好商圈

地址：台北市地铁忠孝复兴与忠孝敦化两站之间

顶好商圈介于地铁复兴与敦化两站之间，常可见穿着入时的年轻人穿梭其间。这里商店林立，有百货公司、个性服饰店、速食店、精品小店等，还有历史悠久的顶好名城，可说是新颖的舶来品购物天堂。同时小巷里还有许多摊贩，是逛街淘宝的好地方。在附近路的巷子里有各式咖啡馆、餐厅、小酒吧，是许多人下班后聊天聚会的最佳场所。

中山高下内湖交流道后，循南京东路、基隆路、前行便能到达。

SOGO百货

忠孝店：台北市忠孝东路四段45号
复兴店：忠孝东路三段300号
敦化店：敦化南路一段246号
电话：0800-212-002(免付费服务专线)

SOGO百货是东区最具知名度的日系百货，于敦化商圈内有三间分店，其中忠孝、复兴店便位于地铁忠孝复兴站出口附近。忠孝店为一栋白色建筑，是太平洋崇光百货集团在台开幕的第一家商场，一馆大楼门口的正上方有座大型的报时钟，活泼可爱的造型很有Disney乐园那种缤纷世界的感觉，每到整点就开始表演，常常吸引广场上的人驻足观赏。与忠孝店相对的复兴店则为绿色建筑，是新开幕的馆体，一开幕便吸引众

多人潮，馆内化妆品、服饰、美食等各式新颖的生活用品，为生活增添了惊喜。敦南店不同于忠孝、复兴店的繁华与热闹，走的是贵妇级的高档路线，有许多国际精品进驻，如Coach、Prada、Dior、Tiffany等，让你的生活与国际时尚零距离。

中山高下内湖交流道后，循南京东路、基隆路、前行便可抵达忠孝、复兴店；再左转敦化南路一段前行，便能到达敦化店。

微风广场

地址：台北市松山区复兴南路一段39号
电话：(02)6600-8888

近8000平方米的空间和挑高、明亮的格局设计，其建筑景观具有现代风格，为女性打造一个舒适、美好的消费空间。颠覆传统百货公司的刻板印象，微风广场就像是

SWAROVSKI的水晶，耀眼动人，总是吸引众人的目光。世界顶级名牌的进驻，如BVLGARI、BURBERRY等，还有影城、台隆手创馆、纪伊国屋以及有很多异国风味的食材超

市。百货精品馆楼层则有青春休闲馆、名媛新贵馆、都会流行馆与新潮时尚馆等，无论从青春e世代到绅士名媛，都可以在微风广场寻觅到属于自己的心头爱，流行时髦的脚步绝不LOST。

中山高下内湖交流道后，循行南京东路六段往市民大道方向，再转复兴南路前行，便可抵达。

京华城购物中心

地址：台北市松山区八德路四段138号
电话：(02)3762-1888

京华城主体建筑分为19层高的球形大楼与12层高的L形百货门市两大部分，是大台北东区地带的超大型购物中心，更号称是全东南亚最大型的SHOPPING MALL。其建筑设计富有现代前卫风格，特别是外观巨球形建筑物，堪称是大台北地区建筑景观上的一大美学设计创举。并诉求"全生活世界"为主轴概念，各楼层分布有流行精品、专门百货、欧陆风华、都会时尚、美式风格及新潮饮食、旅游广场等，各具专业特色与主题卖点，是休闲娱乐的购物天堂。

中山高下内湖交流道后，循南京东路六段往市民大道方向前行，再转八德路四段前行便能到达。

台北偶戏馆

地址：台北市松山区市民大道五段99号2~4楼
电话：(02)2528-7955

2004年正式开馆的台北偶戏馆，拥有2640平方米的展览空间，由九歌儿童剧团主导经营，结合了中西方各式偶戏艺术。馆内二楼分有布袋戏、傀儡戏、皮影戏及世界偶戏四大区域，三楼则为主题特展室、偶戏工作室、故事小天地与偶戏DIY教室等，四楼则有黑箱剧场与戏偶典藏室等区域，无论是大朋友还是小朋友，在此都能随着舞动的戏偶们充满想象力的表演，回到最美的童真时刻。

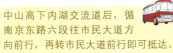
中山高下内湖交流道后，循南京东路六段往市民大道方向前行，再转市民大道前行即可抵达。

孙中山纪念馆

地址：台北市信义区仁爱路四段505号
电话：(02)2758-8008

孙中山纪念馆已有三十多年的历史，是为了纪念孙中山百年诞辰而兴建的，腹地十分宽广，整馆建筑采用宫殿式造型，橘瓦红墙的外观显得极为典雅宏伟。馆内设有展览室、演艺大厅、视听演讲厅等，时常有各类大型文艺活动于此举行。馆外南侧并有"中山公园"环伺，绿意盎然，柳映池影，是东区都会丛林里一处绿荫休闲园地。

每逢假日，总会有许多人到中山公园里溜滑板车、玩飞盘、放风筝等，是都市丛林里最佳的游乐场所。沿着翠湖蜿蜒的曲桥散步，可感受微风徐徐、湖水悠悠的闲情逸致。

中山高下内湖交流道后，循行南京东路六段往市民大道方向，再转基隆路一段前行不久，即可抵达。

台北101大楼

地址：台北市信义区市府路45号

台北101楼高508米，共101层，由国际建筑大师李祖原所设计，前卫感十足的超高建筑，融合东方味道的劲竹造型，有象征步步高升的含义，是台北市的新时尚地标。有证券金融、商业办公、娱乐休闲等群聚呈现多样风貌，但最受瞩目的就是占地23000坪的台北101 MALL。这座世界级的购物中心，可媲美纽约第五大道、巴黎香榭丽舍大道上一流的高级精品区，但凡时尚流行、设计美学，或者风味美馔，台北101都给消费者国际级的全新感受。

中山高下内湖交流道后，循南京东路六段往市民大道方向，再转基隆路一段、市府路即可抵达。

台北市 TAIBEI CITY

台北世界贸易中心

地址：台北市信义路五段5号(世贸一馆)
电话：(02) 2725-5200

台北世界贸易中心为四合一的建筑群，包括：世贸一馆展览大楼、国际贸易大楼、国际会议中心及君悦饭店，提供各类的国际贸易服务。世贸展览大楼拥有极大的展览场地，是许多活动如国际书展、家具展、电脑多媒体展等容纳大量参观者的展示处；展览大楼相连的国际贸易大楼是专为贸易相关业者的办公大楼；国际会议中心拥有一流的设备，而时尚精致的君悦饭店提供了舒适的游乐与美食享受。

中山高下内湖交流道后，循南京东路六段往市民大道方向，再转基隆路一段、信义路五段前行即能抵达。

诚品信义旗舰店

地址：台北市松高路11号
电话：(02)8789-3388

占地3000多坪，是全台最大的连锁书店，分为地下两层与地上六层楼。其中地下1楼为流行服饰区、地下2楼是风味美食区，1楼为时尚精品区，2~4楼则为一般书店，2楼的杂志与新书区，有6千多种的杂志，3楼的文学、推理小说区，还有7万多本的简体书，4楼有与日本同步的日文书店。至于5楼儿童馆的探索博物馆，特别把地板设计成高低起伏，让小朋友能有游戏的心情来逛书店。来6楼点一杯咖啡、吃点心，悠闲看书，惬意又充实。

中山高下内湖交流道后，循南京东路六段往市民大道方向，再转基隆路一段、松高路前行便能到达。

Bellavita购物中心

地址：台北市信义区松仁路28号
电话：(02)8729-2771

Bellavita购物中心外观融合了欧式古典与现代时尚的设计元素，优雅地矗立于信义商圈之中，别具贵族典雅的时尚氛围。诉求顶级的消费休闲形态，因此在上万坪的营业空间内处处融入艺术与人文风情，大片玻璃帷幕天窗设计，更将户外光线引进购物中心内，使得更有一种宽敞的闲适悠情。此外还引进全台首家米其林级的法式餐厅、日式怀石料理等多国料理，如此时尚的奢华休闲享受，就等你的光临。

中山高下内湖交流道后，循南京东路六段往市民大道方向前行，再转基隆路一段、忠孝东路五段、松仁路，便可到达。

新光三越信义新天地

地址: 台北市信义区松高路19号(A4馆)、松高路12号(A8馆)、松寿路9号(A9馆)、松寿路11号(A11馆)
电话: (02)8789-5599(A4馆)、8780-9966(A8馆)、8780-5959(A9馆)、8780-1000(A11馆)

新光三越信义新天地共分为4馆,A9馆以精品与主题餐厅为主,营造出兼具休闲性与趣味性的气氛;A11馆以社会新鲜人及家庭为服务对象,具有鲜明而又充满自信风格的生活商区;A8馆与A11馆相互结合,打造出都市人的大众化消费娱乐需求;而A4馆与A8馆相连接,着重于质感和设计感,邻近地铁出口是都市人绝佳的消费据点。

中山高下内湖交流道后,循南京东路六段往市民大道方向,再转基隆路一段、松高路前行便能到达。

统一阪急百货

地址: 台北市信义区忠孝东路五段8号
电话: (02)2729-9699

位于信义计划区交通枢纽的重要地区,结合了市府转运站,以"美人百货"为基本走向,诉求都会时尚OL的美人百货为目标,提供优雅的建筑设计氛围,并且引进众多首次进驻台湾地区的流行品牌,具有相当独特的市场区隔。共分有地下两层楼与地上7层楼,以"美"的推广为宗旨,美食、服饰、配件、居家生活用品等均能于此感受最独具风格品味的消费体验。

中山高下内湖交流道后,循南京东路六段往市民大道方向前行,再转基隆路一段前行,便可抵达。

威秀影城

 地址: 台北市信义区松寿路18号
电话: (02)8780-5566

目前由香港嘉禾集团与台湾中环集团等四家公司共同经营的威秀影城,是全台地区首座专门放映电影而设计的影城。采用高科技的声光影音设备,17个厅院皆有超大广角弧形荧幕,从各角度都能一览无遗。舒适宽敞的座椅设计,配合各座椅皆附有单独的置杯架,让观众在欣赏电影的过程中,同时也能拥有美食享受。

中山高下内湖交流道后,循南京东路六段往市民大道方向,再转基隆路一段、松寿路前行即能抵达。

台北市 TAIBEI CITY

北台灣

大安森林公园

地址：台北市大安区新生南路、和平东路、建国南路、信义路间

大安森林公园自1994年开放以来，可称为"台北市之肺"，为台北市最大的都会公园。园内不仅植物种类

丰富，设施更是健全；并设有公园步行道、活动广场、儿童游戏区、露天音乐台等旅游设施，其内不时举办多项文艺表演活动，使得此处休闲内容更加丰富多元。公园中央的露天音乐台可容纳九百多名观众，在森林美景里旅游的同时，也能与文艺活动零距离。

中山高下圆山交流道后，循行高架道路，下信义交流道后便能抵达。

永康商圈

地址：台北市大安区永康街、新生南路一带

永康商圈以"永康公园"为中心，包括永康街、丽水街、金华街、新生南路等。走在永康街上，总有一份优雅的人文气息，巷弄里总有许多令人意外的风格小店和别具一格的异国美食等，让永康商圈成为台北市最具特色的生活圈。商圈内包含了掳获众多中外饕客味蕾的鼎泰丰餐厅、由大提琴家范宗沛所开的骑楼意大利面店、弥漫着浓郁香气的巧客哈克巧克力专卖店等，每一家都有不可错过的美食飨宴。

中山高下圆山交流道后，循行高架道路，于信义路交流道下，沿金华街、永康街，即可抵达永康街商圈。

台北自来水园区

地址：台北市思源街1号
电话：(02)8369-5096、8369-5145

台北自来水园区拥有广达17公顷园区面积，设有水源地花圃、水乡庭园、生态景观步行道、输配水器材、公馆净水场、公馆水岸广场、管材雕塑区、亲水教育体验区、量水室古迹广场等主题区域，是赏花、戏水、游乐、徒步、散步的好景点；其中自来水博物馆、输配水器材展示区与公馆净水场，其原名为"台北水源地慢滤场"，建于日据时期，为台北市自来水迈入现代化供水系统的始祖，后经多次改建与修筑，才成今天的风貌。博物馆列为当地三级古迹，馆内有台北最古老的自来水蓄水池等百年历史的抽水设施，是一处极富饮水思源与水资源教育意义的博览中心。另外新设的亲水教育体验区包含有沙滩、滑水道等设施，是一处新兴的夏季水上乐园。

北二高行至木栅交流道，转行3甲道于辛亥交流道下，再行辛亥路三段，右转基隆路、汀州路、思源街便可抵达。

公馆商圈

地址：台北市罗斯福路五段与汀州路三段间

公馆商圈为台北南部最大的夜市商圈，汀州路以吃为主，罗斯福路则以服饰、配件等为主，还有许多小艺品店、茶馆、书店等，物美价廉，常常吸引许多学生前来。这里的小吃最令人津津乐道，不论是入口即化的"龙潭豆花"、常常大排长龙的"车轮饼"小店，还有许多东南亚风味餐厅、麻辣烧肉店等，均令人回味无穷。

台湾大学由旧学校改造而来，为全台地区历史最为悠久的学府。沉稳的正门更被列为当地的三级古迹，当年配合学术研究而栽种的温带及热带植物，使台大校园如同植物园般展现多样的面貌；傅钟与傅园则纪念傅斯年校长所提倡的自由校风。每年3月为台大杜鹃花季，骑乘单车欣赏杜鹃花的艳姿，是最为惬意的休闲活动。

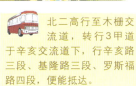

北二高行至木栅交流道，转行3甲道于辛亥交流道下，行辛亥路三段、基隆路三段、罗斯福路四段，便能抵达。

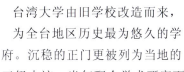
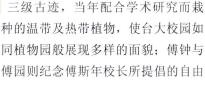
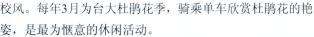

台北市 TAIBEI CITY

台北市立动物园

地址：台北市文山区新光路二段30号
电话：(02)2938-2300

是全台地区极具超人气汇集的旅游景点，近年慵懒的澳洲无尾熊及可爱的国王企鹅陆续引进，更造成周末及法定假日参观人潮涌入的盛况，是一处兼具休闲活动及知识教育的最佳游乐去处。园区内划分有亚洲雨林区、夜行动物馆、蝴蝶馆、非洲区、可爱区、台湾乡土动物区及温带动物区等等各大主题区域，分门别类地展示着各种动物，还有林旺大象爷爷标本馆，更是深受大小朋友们的喜爱，都是游园玩赏的重点项目。

北二高行至木栅交流道，转行3甲道至万芳交流道下，左转行木栅路四段，再右转过万福桥，循新光路一段前行，即可抵达。

台北市立儿童育乐中心 文山园区

地址：台北市文山区新光路二段28号
电话：(02)8661-5208

陪伴多数台北人童年的儿童育乐中心，为配合台北国际花卉博览会而暂停对外开放，为了能再继续提供育乐服务，因此以木栅动物园园外服务中心馆舍作为文山园区。在此文山园区内，分有民俗育乐区、民俗工艺展览、科学育乐区、游乐世界区四大区域。民俗育乐区内包含了鼓艺、棋奕、益智、积木、布袋戏、皮影戏、民俗童玩等；而民俗工艺则有纸艺、陶艺、捏面、环保编织与剪纸艺术等展览；至于科学育乐区有科学游戏、岩石展、马戏团特展以及澎湖鱼类图鉴等展示；游乐世界则为室内的机械游乐设施，包含音乐马车、亲子云霄飞车、旋转直升机、丛林吉普、迷你热气球、太空鸭嘴兽、跳跳蛙等众多的娱乐设施；休闲假日欢迎大小朋友到此寻找到最纯真最多欢笑的童真回忆。

北二高行至木栅交流道，转行3甲道至万芳交流道下，左转行木栅路四段，再右转过万福桥，循新光路一段、二段前行即能到达。

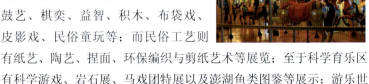

木栅观光茶园·
台北市铁观音包种茶研发推广中心

地址：台北市文山区指南路三段40巷8之2号
电话：(02)2234-0568

木栅茶区茶叶种植面积超过110公顷，是台北市第一座观光茶园，排列整齐的茶树点缀在山城里，显得相当幽静。该地区以满翠茶园及饮茶餐馆缀立而闻名，亦是铁观音茶的主要产地，设置有"包种茶推广中心"专门介绍和推广当地的茶品与茶农文物展示。而周边林立着诸多品茗茶艺馆，经常聚集许多雅客们来此品茗用餐聊天，享受片刻尘世浮华尽抛脑后的休闲时光。

推广中心为台北市农会所兴建的一座中式茶叶的展示中心，展售各类包种茶、铁观音等，还另设茶具、桌椅，供大家品茗。其内备有简报室、会议室等设备，还有展示室和茶叶活动中心。在展示中心旁的户外水土保持教室，共有生态水池区、气象观测坪、植生草观察区及茶园区等；另外茶展中心后侧山坡有座公园，可欣赏山间美丽的茶花景致。沿着步行道指标前进，则可观赏到因河水冲刷侵蚀而成的特殊壶穴地形。

北二高行至木栅交流道，转行3甲道于万芳交流道下，左转行木栅路四段，再右转过万福桥，再转指南路上山，循指标前行便能抵达。

指南宫

地址：台北市文山区万寿路115号
电话：(02)2939-9922(总机)

即一般所俗称的"仙公庙"，建于清光绪年间，主祀八仙神尊之一的吕洞宾，尊称孚佑帝君，为北部地区相当著名的道教圣地，香火鼎盛。金碧辉煌的庙宇，庄严肃穆，还设有禅房、静室等，是融合儒、道、释三教的宗教胜地。正殿、大雄宝殿、大成殿与凌霄宝殿为宫庙主体建筑，恭奉有玉皇大帝、释迦牟尼、三官大帝、至圣先师孔子。庙埕则是欣赏台北都会景致与远眺观音山岚的不错据点，后山步行道亦是游客踏青徒步的观光胜地。

北二高行至木栅交流道，转行3甲道于万芳交流道下，左转行木栅路四段，再右转过万福桥，再转指南路上山，循指标前行便能抵达。

新北市 XINBEI CITY

八里左岸

地址：新北市八里区八里渡船头以北的淡水河沿岸

八里左岸包括关渡大桥、渡船头、老街、庙宇、碉堡、自行车道、公园、自然保留区、聚落、博物馆等等，总长3.5公里，加上邻近的台北国际商港、廖添丁庙、八仙乐园、八里焚化炉等景点。丽颜新登场的"八里左岸"风华，已营造出北淡海地区时下双休日休闲玩乐好去处。八里左岸为文化园区，包括连接彼岸的八里船头码

头、附有文艺气息的老榕碉堡、位于左岸公园内制高点的游客中心、拥有螃蟹与弹涂鱼等的挖仔尾生态保留区，以及浪漫的马车道与休闲的自行车道等。

交通：中山高下林口交流道，往八里，即可抵达。从五股交流道下，往八里方向沿指标前行，亦可到达。

十三行博物馆

地址：新北市八里区博物馆路200号
电话：(02)2619-1313

馆内展示台湾地区史前铁器时代的遗物，博物馆共分作三体系，重现考古现场景象，表达出山与海、过去与现在的意境，呈现出水平空间与垂直历史的整体脉络；建材与造型皆以此脉络作基础，呈现象征山、海等意念。

而进入展示馆之前，是一段缓缓下降的坡道，此坡道象征着如地下考古般进入，与馆内的遗址相互辉映。以朴实作为建筑意象，处处显现着与遗址文化密不可分的意义，特殊的构思还获得2002年台湾建筑奖首奖，甚至于正式开馆前便受到世人的瞩目。馆藏空间则分为临时储藏室、恒温恒湿储藏室、考古工作室、摄影室等，馆内包含了人面陶罐、人形陶偶、青铜刀柄、铁器、玻璃珠饰等重要文物，是台湾地区考古学的重大资产，可一窥史前人类的生活样貌。

中山高下林口交流道，往八里方向循线，即可抵达；或中山高下五股交流道后，往八里方向沿指标行驶，亦可到达。

挖仔尾自然保留区

地址：新北市八里区淡水河出海口处左侧

淡水河近出海口沿岸附近，可说是北台湾地区十分重要的红树林保育生长环境地区，其中"挖仔尾自然保留区"更是地处全台最北滨的保育区域，与关渡、竹围为淡水河的三大红树林区，相当珍贵。1983年规划成为自然保护区，1994年公告为"自然保留区"，为此地的动植物建构起一完整而不受干扰的生活区域。此处潮间带湿地遍生有水笔仔、马鞍藤、招潮蟹、弹涂鱼等水生动植物，是一处丰富的自然户外教室，值得一观。此外，附近的"挖仔尾聚落"迄今仍保留有多间传统闽南式旧厝，砖墙瓦檐，古色古香，更著怀旧风貌。

中山高下林口交流道下，往八里方向即可抵达；中山高下五股交流道后，往八里方向沿指标亦可到达。

八仙乐园

地址：新北市八里区下罟村一邻下罟子1之6号
电话：(02)2610-5200

八仙乐园依山傍海，风景秀丽，景致十分怡人；值得一提的是八仙水上乐园的玩水天堂，包罗万象的各式水上活动，多种且富变化的游乐设施，让游客即使不是水中蛟龙，同样也能在水中享受欢乐、感受刺激。除了水上活动外，在"四季公园"区里有多项陆上活动设施可供娱乐，比如飞行魔椅、亲子飞车、八仙飞艇、螺旋飞车、气球之旅等等。园区内还建有大唐温泉物语，属于弱碱性的氯化钠、碳酸氢纳泉，对于消除疲劳、缓解手脚冰冷、神经痛与肌肉痛均有疗养效果。设有露天风吕、大众温泉、水疗个别汤屋等设施，来此可体验夏玩水、冬泡汤的休闲乐趣。

中山高下林口交流道，往八里方向循线，即可抵达；或中山高下五股交流道后，往八里方向沿指标行驶，亦可到达。

新北市 XINBEI CITY

观音山风景区

地址：新北市五股区凌云路三段130号（服务中心）
电话：(02)2292-8887

由于山形极似翠玉躺卧的观世音菩萨塑像，而得名"观音山"并延用至今。风景区以硬汉岭为主而发

展，区域内有多条以观音山石（安山岩）所砌成的步行道，可连接至凌云寺、开山院等。山林间遍布竹林，夏季盛产绿竹笋，富含水分、纤维质，甘甜而口感细腻，无论是凉拌或入汤都相当适宜。观音山区的动植物相当丰富，其鸟类更是多元，栖息种类甚至是全台之冠，于此常见的猛禽共有大冠鹫、赤腹鹰、灰面鵟鹰、凤头苍鹰四类。

春夏交接之时，满山遍野的相思花海，为观音山换上灿烂夺目的衣裳。此外，山间时而雾气氤氲，构成朦胧唯美、诗情画意的山林氛围。

中山高下五股交流道后，沿107甲号、108号县道，循指标前往，即可抵达；或由台北方向前行，经大度路过关渡大桥往五股方向沿凌云路指标上山前行，便可抵达。

竹林观音寺

地址：新北市林口区竹林路325号

1939年年初建成规模，采以"芦竹乡"、"林口区"与"龟山乡"三者合称为"竹林山寺"；1949年扩建完工，改名为竹林山观音寺。其为北县境内颇为著名的寺庙之一，庙中主祀着大慈大悲南海观世音菩萨，是由福建省晋江县安海龙山寺分灵来台的，陪祀有文殊菩萨、天上圣母、关圣帝君、福德正神等。此寺为传统的闽南式庙宇结构，典雅细致的木雕与石雕，展现了精湛的雕刻艺术，寺庙中庭辽阔广大，可容纳千人参拜，香火鼎盛，庇佑天下苍

生。寺庙的墙上以彩图雕饰着二十四孝及佛陀本生的故事，约有七八十幅，而外殿两旁各有一座钟楼，都显示着此寺的壮观气势。该寺不仅是当地民众之信仰中心，各地信众香客们亦经常络绎不绝，人声鼎沸、热闹非常。

中山高下林口交流道后，往林口方向循指标指引，即可抵达。

芦洲李宅

地址：新北市芦洲区中原村243巷19号

为新北市三级古迹，是台湾地区第一处将私人宅邸列为保存的古迹。其始建于李氏先祖李濯夫于清咸丰七年，曾因受到水灾而毁损，现今建筑的样貌为清朝光绪年间时所重建，并由其后代七大房传承延续与用心维护，保存至今。三进四护龙的格局设计，共计9个大厅、60间房与120扇门，大门上方至今仍保留有清光绪皇帝所钦赐的"外翰"门额二字。宅庭前设有一座名为"浮水莲花"的半月池塘，宅旁则开凿一条小运河，过去可接通淡水河，堪为台湾地区传统农村时期家族聚落的典型建筑。

中山高下三重交流道后，循103号县道，接芦洲区中山路、于空中大学前附近的243巷左转入内前行不久，便可抵达。

二重疏洪河滨公园

地址：新北市三重区疏洪一路与疏洪十路交界

为目前新北市规划最大的河滨运动公园，拥有共六十八座多功能的运动场地，无论是棒球、篮球、溜冰等都能找到适合的场地空间。此外，区内并设有运动、荷花、亲水、沼泽、芦堤、淡水河畔、圳边等七座自然生态景观公园，为淡水河畔

地区新兴公园绿地。河滨公园的环状自行车专用道，全长约20公里，为全台最长的自行车道。【二重疏洪河滨公园在假日提供有公共自行车租借服务】

中山高下五股交流道后，循行新五路，右转中兴路三段，接循洲新路不久，即可抵达。

三和夜市

地址：新北市三重区中央北路一带

三重最为著名的夜市——三和夜市，位于中央北路与三和路交汇处，美味小吃相当丰富，蚵仔煎的蚵仔鲜美又个大，店内始终客满盈门。现场烘制的蛋卷具有温热的口感，既新鲜又好吃；Q劲十足的猪脚肥瘦适中，爽口不腻；其他还有蛋饼、咸汤圆、鸭肉羹、水煎包等人气与口感兼具的著名美食，保证你从街头吃到街尾！入夜后的三和夜市游客更是摩肩接踵，景象热闹非凡！

中山高下三重交流道后，循行重阳路前行，转三和路三段、二段往台北桥方向，即可抵达。

泰山产业文化馆

地址：新北市泰山区枫江路26巷26号
电话：(02)8531-1406

1966年间由泰山区美宁公司所生产的第一代芭比娃娃，打造了小女孩的梦想世界。当年泰山的美宁公司，员工多达数千人，带动了地方经济的发展，美宁娃娃不仅是孩童的梦想玩具，更与泰山居民有着密不可分的关系。1987年，美宁工厂结束外移，制作娃娃的技术却已在泰山地区生根成长。而为纪念这产业对于地方的贡献，还将当年设厂附近的道路命名为"美宁街"，以示美宁工厂与娃娃的历史重要性。为溯源重塑起这泰山区文化产业的特色，成立了全台首座娃娃博物馆"泰山产业文化馆"，展示乡亲们自制各式娃娃衣饰、各阶段发展纪念照片等，是人们了解芭比娃娃成长岁月的最佳园地。

中山高下五股交流道后，循新五路、枫江路不久，即可抵达。

新北市立新庄体育场

地址：新北市新庄区和兴街66号
电话：(02)2998-1382

新庄地区的大型综合运动公园，面积达二十多公顷，是新北市首座集合了运动与休闲的公共场所，分别建有新颖的大型田径运动场、小型巨蛋体育馆、大型棒球场以及篮球场和网球场等，十分多元化。面积将近2万平方米的体育馆，拥有容纳七千多人的宽敞空间，无论是大型运动竞赛，或是音乐会、演唱会等皆可于此举办；另外户外棒球场还有全彩的LED显示屏，让观众可清晰地观赏到球赛的进行，而不遗漏任何精彩画面。公园内亦设置有多项游乐器材设施，兼顾到小朋友们活动玩耍的需求。

中山高下五股交流道后，循新五路，右转中山路，再左转新泰路，于复兴路一段处左转进入不久，便可抵达。

板桥新站

地址：新北市板桥区县民大道二段7号

板桥新站是座结合地下5层楼与地上25层楼的交通转运中心建筑主体，地下1层为穿堂层，提供通往台铁、地铁及高铁的地下连接通道，而地下2、3楼则为月台设计。而以新站所形成的特区，将近50公顷的面积，为文化路、汉生东路、民权路、民族路与区南路等路所构成的区域。除了交通运输中心的功能之外，新站特区还包括百货公司、警察局等，是集交通、商业、行政等于一体的综合中心区域。此外，特区设计了景观空间，如结合灯光与音乐的水舞喷水池、具有休闲功能的大型溜冰场、具有设计感的板桥新站、拥有庄重而具气势的车站大楼，周边则融合艺术与休闲风格的建筑，为来往的人潮展现最为新颖的都市意象。

北二高下中和交流道后，循台64线往板桥，于文化路交流道下，转行县民大道前行，即可抵达。

435文艺特区

地址：新北市板桥区435号

435文艺特区前身为"退辅会"主计人员训练中心，在荒废多年之后，经过重新整建绿化，才成为现今的艺术园地。园区分为展演区、思源图书馆、三栋楼舍及原"退辅会"餐厅所改建的招商区，以及掌管板桥区文化资源的文化行政中心等。此主建筑物为欧式新古典主义建筑设计，处处彰显着和谐的对称美感。如此雅致优美的建筑氛围，现今更有台湾玩具博物馆的进驻，将时光拨回古代，时间在这文艺特区内为你静止，让你沉浸在有趣又美丽的休闲空间之中。

北二高下中和交流道后，循台64线往板桥，于文化路交流道下，转行县民大道，再转民权路、便能抵达。

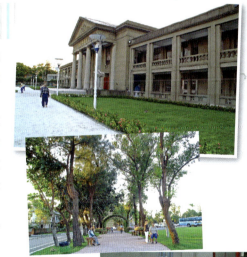

新北市 XINBEI CITY

林家花园

地址：新北市板桥区西门街9号
电话：(02) 2965-3061

原名"林本源邸"，是台湾地区最著名的清代园林代表，现已被列为当地二级古迹。规模宏大的庭园阁楼，三步一阁、五步一楼，景中有景、画中有画，如此巧夺天工的设计和变化多端的园景，处处引人入胜。所有雕梁画栋、花窗吊筒、纸剪彩绘等，皆算是台湾文化建筑艺术的经典。

走入林家花园，仿佛时光倒流，穿梭在楼台亭榭间，思古之幽情缓缓流淌。想体验一番何谓清代富贵人家，阖族而居、生活逸闲的风情，那就走一趟古宅，浏赏这些极富创意的建筑，让你的心灵有更丰富的赞叹与悸动。

北二高下中和交流道后，循台64线往板桥方向，至文化路交流道下，再转行县民大道往板桥车站，再转民权路、公馆路、西门街前行，便可抵达。

南雅夜市

地址：新北市板桥区南雅东路一带

板桥地区最著名的观光夜市，是具有多年历史的老夜市，也可说是台北县地区数一数二的大夜市；以南雅东路为中心，紧邻的几条街道都是夜市腹地的延伸，昔日邻近旧板桥火车站，由于位居交通中心，因此总是人来人往。夜市内琳琅满目的美食小吃，有蚵仔之家、卡好麻油鸡、甲林铁板烧、排骨汤等都令人赞不绝口。此处的摊位有很好的规划，店家的排列相当统一，整齐的空间环境，令人在行走游逛其间，少了一般夜市给人的杂乱感受。另外，还有一整条街专卖衣服、鞋子、饰品等，绝对可以满足你购物的乐趣哦！

北二高下中和交流道后，循台64线往板桥，于文化路交流道下，沿文化路二段、一段前行，再转府中路、南雅东路，即可抵达。

世界宗教博物馆

地址：新北市永和区中山路一段236号7楼
电话：(02)8231-6118转906、907

位于永和太平洋百货的6、7楼层里，占地广达近2400坪，馆内分为数十个参观项目区域。在"世界宗教展示大厅区"里，通过精心规划的各式陈列文物和图像以及巨型电视墙所播放的动态影音说明，能使参观者对十大宗教的历史文化有较完整的认识。对于人的一生从生老病死到往生世界的巡礼，则是"生命之旅厅区"的述说主题。"生命觉醒区"乃是经由各宗教领袖与名人见证的影片播送，分享生命甜美果实。"祝福区"里，你将带着各大宗教领袖的福语嘉惠，满心欢愉喜悦地完成一趟充满信仰真善美的丰富心灵之旅。

北二高下中和交流道后，中山路一、二段，行至与保生路交叉口处的太平洋百货双和店，即可抵达。

乐华夜市

地址：新北市永和区永平路、保平路18巷、保福路一段附近

中永和一带相当知名的夜市，呈Y字形的街道商圈，位于地铁站出口处附近，交通相当便利，人潮涌动；是以品尝美食为主的夜市，雪花冰、泰式凉拌木瓜、炒面、卤味、虾仁羹、咸酥鸡、蚵仔煎等相当多元的美食小吃，众多的选择令人目不暇接。另还有服饰、美食、商店等，吸引众多的永和市民享受台湾小吃；尤其是夜幕低垂、街灯亮起，此处更将永和装点成一座不夜城。

北二高下中和交流道后，循106甲号、111号县道往永和方向，再转入永平路即能到达。

世界豆浆大王

地址：新北市永和区永和路二段上

在台湾地区到处都有号称"永和豆浆"的店，但是真正让永和豆浆远近驰名的创始店是世界豆浆大王，老板王先生原是一位军人，手艺精湛的他在退伍后将家乡的传统美食发扬光大。这里的豆浆有一股特殊的焦味，配上一份烧饼油条，真是美味得不得了。另外这里也有不少中式点心，如小笼包、馅饼、煎饺、马来糕、豆花等，口味适中，而且应有尽有，有不少夜猫族都喜欢来这里吃宵夜呢！

北二高中和交流道下后，右转行中山路一、二段，再转行永和路二段往桥方向，即可抵达。

环球购物中心

地址：新北市中和区中山路三段122号
电话：(02)7731-7999

美国建筑师所设计的环球购物中心，占地近3万平方米，是新北县最大的购物中心。挑高的楼层设计，让毫无压迫感的空间更显得舒适自在；大片的玻璃落地窗与玻璃帷幕，显现豪华

明亮的建筑气势；流畅的空间动线，游逛其间毫不费力。购物中心共分为地下3层与地上4层，贴心的楼层设计，让全家人都能畅快地购物消费、游玩娱乐；各式服饰精品、运动用品、儿童娱乐写真、宠物商品、春水堂餐厅、影城等应有尽有。另外，还有户外广场公园和秘密花园，购物之余更可于此处享受不同于馆内的清新感受哦！

北二高下中和交流道后，左转中山路三段直行，便能抵达。

南山福德宫

地址：新北市中和区兴南路二段399巷50弄20号

位于十分著名的烘炉地山坳处，从山麓下开车行经北二高的中和安坑路段间，即可远望见到一座手持福杖的大型土地公塑像。"南山福德宫"分为前后两殿，前殿供奉着土地公、土地婆、山神与注生娘娘等主要神尊。

后殿的小庙应称为"开山祖庙"，与正殿前后相距约只容两人擦肩而过的小径，小庙是依山而挖筑兴建，内奉着福德主神与左右两尊各持福印元宝的神童雕像，当你手持清香正要排队膜拜祝祷时，会瞧见每位虔诚香客信众，以铜板钱交换庙堂内的等值铜板钱，这便是"南山福德宫"："以钱换钱，好运纳福来"的特殊景象。

北二高中和交流道下，景平路，再右转接行兴南路段，依指标上山前行，即可抵达。

承天禅寺
地址：新北市土城区承天路96号

承天禅寺是由佛教高僧广钦和尚于1956年所创建的，以白墙绿檐相间为主色系的寺貌外观，具有朴实而庄严的建筑设计，坐落于宁静苍郁的土城清源山间，有一份淡然悠远的禅意。承天禅寺著名的朝山礼佛石阶道，无论是晨昏间或是周日及法定假日里，皆可遇见许多虔诚信众与徒步登山的游客，顺着此径登沿而上，终抵佛寺内顶礼膜拜祝祷一番。每年五月，沿着步行道拾级而上，可见满山遍野的油桐花，随风飘落的雪白景致美丽壮观，令人陶醉。桐花盛开的五月时节，无论是来到承天禅寺参拜的信众，或是登临而上观景的游客，千万别错过这场与桐花相遇的美丽约会。

北二高下土城交流道后，转行中央路三段，再右转接行承天路，循行即可抵达。

桐花公园·桐花节

地址：新北市土城区石壁寮溪流域、南天母及火焰山所构成的山谷范围

昔日台湾地区栽种油桐树，为的是榨取提炼其中的桐油，可作为防水油、油漆原料等，由于适应力强、生长快速，更是造纸、火柴等理想原料之一；之后由于市场对于梧桐木的大量需求，使得投机商人以成本较低的油桐替代，但遭揭发，失去经济价值的油桐便为人所遗忘，逐渐成为山间野树。

春夏交替时节，可观赏到山间的油桐开花的盛况，望眼点点白花，纷飞如雪，短暂的花期与坠落地面的花瓣构

成了一幅唯美浪漫的风景。因此新北市政府与土城区公所会于每年五月油桐花盛开期间，在"桐花公园"举行著名的桐花节赏花活动，这也逐渐成为土城地区一项结合自然与人文的重要文化节庆。

北二高下土城交流道后，转行中央路三段，再右转接行承天路循行，即可抵达。

莺歌陶瓷博物馆·陶瓷老街商圈

陶瓷博物馆地址：新北市莺歌区文化路200号
电话：(02)8677-2727

老街商圈地址：新北市莺歌区尖山埔路一带

陶瓷博物馆馆内规划分置有台湾传统制陶技术、台湾传统陶瓷发展、莺歌陶瓷发展、台湾史前与台湾少数民族陶艺及台湾工艺陶、工业与精密陶瓷等五大主题；对于台湾的陶业发展除了历史与文化上的追溯之外，并对于现代与未来陶业的拓展有更深的期许与展望，展览内容十分详尽且精彩，是认识台湾陶文艺化的博览会馆。

除了参观莺歌陶瓷博物馆，通过不定期举办的各项陶艺活动，结合当地如重庆街、尖山埔路等饶富特色的陶瓷艺品巷弄街坊店铺，以及几处早期的烧陶砖窑，宜古宜今的汇聚融合下，形成游览莺歌陶艺小镇风华的赏陶活动区域。

北二高下三莺交流道后，循文化路前行，即可到达陶瓷博物馆；由文化路转尖山埔路前行，便到达陶瓷老街。

新北市客家文化园区

地址：新北市三峡区隆恩街239号
电话：(02)2672-9996

园区保存了早年因械斗而衍生出的防御性的敌楼、枪眼等建筑设计，充分展现了客家风情，其建筑理念为保存客家传统建筑，并且连接新式的建筑物，显现了族群文化的延续与传承。全区占地近1公顷，为两层楼的园区空间，一楼为特展区，并包含简报室、提供客家美食的饭食间等；二楼则为常展室，共有11类主题馆，涵盖了客家人的历史、生活、信仰、祭祀等，多方面地介绍客家人的文化与精神，还拥有可容纳三百多人的演艺厅，提供文艺表演场地的租借。

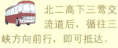

北二高下三莺交流道后，循往三峡方向前行，即可抵达。

三峡祖师庙·三峡老街

祖师庙地址：新北市三峡区长福街1号　　三峡老街地址：新北市三峡区民权路一带
电话：(02)2671-4657

祖师庙创建于清乾隆三十四年（1769年），历经三次重建工程，第三次重建始于1947年，整个庙堂格局采用中国南方的"五门三殿式"设计，庙宇内外的石雕、铜雕、藻井、斗拱等工艺精湛优美华丽，吸引许多中外游客慕名而来，一探堪称为"东方艺术美学殿堂"的华韵风采。

祖师庙前旁的民权街是著名的三峡老街，以早期三峡文化兼古意特色著称，散步其间，可见旧日风采余韵犹存；饱含巴洛克建筑华丽风格的立面牌楼，由红砖、红瓦堆砌出繁华的建筑艺术，时光仿若回到过去，久久不散的怀旧情怀就在这一砖一瓦间显现着，古典的建筑之美也只有在此老街方能寻到。

 北二高下三莺交流道后，由复兴路往三峡方向行驶，右转和平街、民权街，再循指标前行，即可抵达祖师庙。

李梅树纪念馆

地址：新北市三峡区中华路43巷10号
电话：(02)2673-2333

提到重建祖师庙的长远精心雕刻建筑工程，就不得不提到李梅树先生，祖师庙第三次的重建便是由李教授亲自督导下，循序严谨地进行。而为了感恩与纪念其生前的心力贡献，便在中华路上设立了"李梅树纪念馆"，馆内完整地收藏着一代艺术巨匠的各项创作油画作品、书信手稿等相关纪念文物，颇为珍贵。在欣赏祖师庙雕刻建筑之美的余暇，不妨抽空来"李梅树纪念馆"参观一番，同时缅怀一下大师高尚的人文艺术风范，相信会对祖师庙与李教授二者关联性有更深入的了解。

 北二高下三莺交流道后，由复兴路往三峡方向行驶，转接行再循指标前行，即可抵达。

新北市 XINBEI CITY

大板根森林温泉度假村

地址：新北市三峡区插角里80号
电话：(02)2674-9228

紧邻大豹溪畔山林之间，为北台湾三峡近郊一处占地宽广的休闲森林浴场，园区内规划完善，诸如森林有氧运动步行道、各式木屋、交谊集会区、会议室、原木体能区、野炊烤肉区、花园赏池、餐饮住宿等各项休闲设施。值得一提的是，在园内十分天然且原始的森林里，浓密满溢着大量的芬多精，除了雨林生态遍布及苍郁绿荫遍布外，且为北台湾仅存唯一由民间企业保护生态的低海拔原始热带板根林地，每一株都生气盎然、十分珍贵，堪称为极佳的自然生态活教材体验区。此外，每年3月中旬至11月，夜间都可不时欣赏到譬如红胸黑翅萤、台湾窗萤、姬黑翅萤等不同的萤火虫的闪烁光量，十分难得。

北二高下三莺交流道后，由复兴路往三峡，转驶至大埔时，再循台7乙线过凑合桥后转114号县道，循线指标前行，便可到达。

满月圆森林游乐区

地址：新北市三峡区有木里
电话：(02)2672-0004

位于大豹溪上游，是一处充满原始自然风情、环腹青山绿水的大型森林浴场。循着园方所精心规划的自导式步行道，通过解说标语设施，能够轻松地认识与了解自然生态环境，不时可以欣赏到诸如绣眼画眉、五色鸟、小剪尾等鸟类的可爱姿态，十分讨喜。而且园内景象依四季变换，处处鸟语花香，潺潺溪水涓瀑，各具自然山林风韵特色。当然，观瀑亭则是欣赏园内著名的满月圆瀑布飞腾倾泻的极佳视野所在。三峡地区著名的北插山更是园内极佳的徒步登山景点，时常吸引许多登山爱好

者来此感受体能与耐力的大考验，同时置身于芬多精的芬芳滋润中，如此自然取胜的"满月圆森林游乐区"，真是好山好水好赏游。

北二高下三莺交流道，至三峡区时，往三民方向直行，驶台7乙线过凑合桥后沿着产业道路，再依循沿线指标前行，即可抵达。

碧潭风景区

地址：新北市新店区新店路207号3楼（管理站）
电话：(02)2913-1184

碧潭风景区范围若包含水域，则由渡船头至碧潭大桥，共约27公顷，著名潭标景观的碧潭吊桥于2000年重新装修后，韵味浓厚，依旧深受游客们的钟爱。沿潭畔四周兴建有许多项休闲游乐设施，潭面上有划船、踩踏车游潭设施，以供游客览潭赏景，是另一种亲潭的闲逸风情游。与吊桥相行的北二高碧潭大桥，其现代感流线型设计的壮阔英姿与古朴吊桥的柔线倩影，形成对"桥"的眷今恋昔感受，搭配上明媚的潭水，相映成趣。

北二高下安坑交流道后，循110号县道（安坑路）往新店方向，转碧潭路前行，即可抵达。

乌来风景区

地址：新北市乌来区瀑布路34号（管理处）
电话：(02)2661-6355

乌来区是北台湾泰雅族原住民的故乡。"乌来"是泰雅族语的"热水滚烫烫"之意，也为"温泉"的形容语，因此"温泉"就成为乌来乡地区十分重要的观光资源之一。巧具特色的台车外观模样十分讨喜，沿途可欣赏到南势溪明媚山水风光，一览无遗，此为步行赏游方式之外最为便捷巧趣的观光交通工具，一路可直达上游的瀑布缆车区。

在台车终点站外的木栈台阶道卜，是乌来瀑布涓涓银泄，秀丽风情画面的极佳赏景处。缆车则是通往乌来瀑布顶源及云仙乐园的空中巴士，乘坐它登高而上，脚下的景致相当壮丽动人。乌来观光街并立着许多的商家店铺、泡汤馆、山地文物艺品店、风味山珍野菜小吃摊与当地名产专卖店等。乌来名产则有山菜野食、烤山猪肉、竹筒饭、香蕉饭、小米麻糬、小米酒、温泉蛋等。

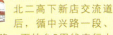

北二高下新店交流道后，循中兴路一段、北宜路，再转台9甲线直行上山，即可抵达。

深坑老街·深坑豆腐

地址：新北市深坑区深坑街一带

深坑老街是相当朴拙的街道，从深坑著名的三株百年老树地标起始，在短短的一条古朴老街上，十之八九是挂着卖豆腐招牌的店家。深坑豆腐之所以出名，在于以古法制作，因此豆腐有一股淡淡的烧焦味。制法包括煎煮炒炸，如油炸豆腐、糖醋豆腐、豆腐羹、红烧豆腐、烤豆腐、麻辣臭豆腐等，堪可誉为"豆腐食谱全集"。还有"豆腐冰淇淋"的特殊冰品，以豆腐作为原料，强调低糖、低热量的另类口味。当然，除了豆腐菜肴可一饱口福外，于老街上亦可吃到肉粽、草仔粿、枝仔冰、芋圆、土豆糖等。无论平日或是节假日，深坑老街经常吸引着"爱吃豆腐"的游客。

北二高下木栅交流道后，顺着深坑联络道路，右转106县道前行不久，即可到达深坑。

皇帝殿风景区

地址：新北市石碇区公所附近

皇帝殿风景区以陡峭山稜攀爬活动而闻名于大台北地区，从风景区登山口开始，沿途逐渐登高而上。特别是在皇帝殿东西两峰间的山稜顶端路段，犹似被巨大刀斧劈削般呈现出狭窄的山稜坡道，是冒险试胆与体能考验两者兼具的著名登山段。东峰高度将近600米，西峰高度则有560米，位居中间的天王峰高度约560米，至于其名的由来，则是来自稜线下方"天王庙"的别称。部分危险路段加设了铁链绳索，并且改铺设步行道，以保登山者的方便与安全。※徒步登山"石碇皇帝殿风景区"全程约需2小时以上。再次叮咛：攀登各路段陡峭山径，请小心并且注意自身安全！

北二高行至南港系统交流道，转5号道于石碇交流道下，再行106乙县道于区公所附近，即可抵达。

坪林茶叶博物馆·坪林生态园区

地址：新北市坪林区水德村水聳淒坑19-1号
电话：(02)2665-6035

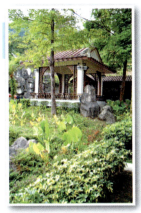

茶业博物馆是一座中国闽南安西地区传统式四合院建筑，以"茶"文化作为博物馆内最主要的展示内容。馆区分有综合展示馆与活动展示馆两大部分；在综合展示馆方面，展示内容包括茶事、茶史及茶艺三大单元，就茶事诸如茶树的品种、成分、分类、产销及制茶过程等详加介绍；而茶史则是叙说中国历史各朝代饮茶发展脉络，饮茶起源的传说整理，饮茶文化及泡茶用具等展示；茶艺则针对古代茶馆、当代茶馆等各式各样的茶馆演变进行展示，还有如擂茶、腌茶、烤茶等，可认识到各地饮茶方式的独特文化。在参观之余，还可于茶艺馆里品茗歇憩，感受山林自然的闲适气息，不妨去一趟坪林生态园区，绿意盎然、美轮美奂的园区规划设施，是一处认识茶乡相当不错的户外自然教育园区。

北二高行至南港系统交流道后，转循5号道于石碇交流道下，转循106乙县道往至坪林，即可抵达。

大尖山登山步行道

地址：新北市汐止区勤进路一带

有"汐止后山"之称的大尖山，海拔460米，由汐止地区仰望此山，山形尖顶，故有"大尖"之名。山间坐落多间寺庙，如天秀宫、圣德宫、秀德宫、慈航纪念堂、弥勒内院等；其中以供奉肉身菩萨的慈航纪念堂最为著名，吸引众多信众的参拜，也因此而发展出以大尖山为主的登山步行道系统，建构出依山势而筑的平整登山石阶，为拥有秀丽景致与广阔视野的大尖山，更添增了易于亲近的色彩。位于大尖山区内的秀峰瀑布，悬谷包覆式的瀑布结构，高度落差有30米。随着上游含水量的多寡而有水势大小的差别，水量丰沛时期飞瀑倾泻，景象浩瀚壮观，处处弥漫着沁凉的水汽。枯水时期浩荡的水势转而变为涓涓细流，秀丽可人，别有一番风情。

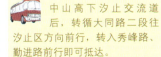

中山高下汐止交流道后，转循大同路二段往汐止区方向前行，转入秀峰路、勤进路前行即可抵达。

眼镜洞·十分瀑布

眼镜洞地址：新北市平溪区月桃寮支流汇入基隆河之处
十分瀑布地址：新北市平溪区平溪线铁路大华车站与十分车站之间

眼镜洞瀑布高、宽约6米，由铁道旁的步行道一路前行，抵达一座造型优雅的吊桥。从桥上往下望去，会瞧见两个酷似眼镜的大崖洞；因瀑壁的地质硬度不一，溪水冲击而下，侵蚀了两侧较软的岩层，便造成犹如大地溪流的眼镜一般的天然巧景，值得一看。

十分瀑布为台湾地区最大的帘幕式瀑布，瀑布高20米、宽约40米。由于此处岩石的倾向与水流相反，为逆斜层的瀑布，与著名的尼亚加拉瀑布极为相似，故有"台湾的尼亚加拉大瀑布"之称。由于十分瀑布于阳光的映射之下，溪水汇集的潭渊上，水汽构成晶亮动人的彩虹景象，素有"彩虹渊"的美称。

🚌 北二高行至南港系统交流道，转循5号道于石碇交流道下，再行106号县道前往，经十分村，依指标，即可抵达眼镜洞；若再直行106号县道前行便能到达十分瀑布。

台湾煤矿博物馆

🏠 地址：新北市平溪区新寮村顶寮5号
电话：(02)2495-8680

成立于2002年，位于平溪区的十分地区，以约有30年历史的前台阳矿业"新平溪煤矿公司"改建而成，以园区方式呈现昔日采矿历史文物与矿场、矿坑的陈设。卸煤柜、选煤场、输送带涵洞、手压台车、空气压缩机房、矿工澡堂、模拟坑道等完整重现矿场的运作设备。园区内还有台湾最早的电气化小火车头、并有昵称"独眼小僧"的电车头。乘坐在这小电车头所拉动的矿车列中，可感受矿场风情。另外馆方还推出套装行程，除了对矿业的认识之外，还能体验天灯与台车模型制作、蓝染等活动，春夏时期还能观赏到油桐花美景呢！

🚌 北二高行至南港系统交流道后，转循5号道于石碇交流道下，再行106号县道往平溪方向前行，至十分左转台2丙线前行，即可抵达。

平溪放天灯·十分车站

十分车站地址：新北市平溪区十分街51号
电话：(02)2495-8307

平溪区放天灯起源于清朝末期，当时居住在平溪地区一带的平埔族人，因夜晚匪盗猖獗，械斗滋事，乱象丛生。凡参与战事且能幸免于难的族人多会在平息械事后，赶快施放天灯来向乡亲作为报平安的传讯工具，进而演变成平溪区一项独特

的庆元宵民俗活动，有"年年保平安"之意。平溪铁路支线各站沿途风景各有其优，其中以"十分车站"为最大的停靠站，因此其邻近的十分村街道

周边，遂也成为旅游人潮造访赏游汇聚之处。旧称十分寮的十分村，早期因盛产煤矿和樟脑这两大产业而风光一时。车站邻近河畔旁尚有闲置不再使用的昔日采煤、运煤器材，但却仍然可嗅到阵阵扑鼻而来的淡淡炭矿香味。

北二高行至南港系统交流道后，转循5号道于石碇交流道下，再行106号县道前往，即可抵达十分车站。

菁桐石底煤矿选煤场·菁桐太子宾馆

煤矿选煤场地址：新北市平溪区菁桐车站附近
菁桐太子宾馆地址：新北市平溪区平菁桥下方

石底煤矿选煤场是平溪支线铁路上规模最大的煤矿坑遗址，为台阳矿业所经营。早年于煤矿盛产之时，石底煤矿可说是产量最高的，曾有"台湾煤"美称，是台湾地区开采时间最久的矿业，1995年收坑停产。废弃的矿场留有浓厚旧时代的记忆与

痕迹，成为电视、电影最佳的复古镜头场景。位于平菁桥下的菁桐太子宾馆依照太子行馆格局而建，实际上则是台阳矿业的俱乐部，建材为台湾阿里山的桧木，由一百多名工匠费时两年兴建完成。占地超过600坪，以日式建筑设计为主，并融有欧式建筑风格，后转卖予佛教净土宗，改名"渠莲精舍"，后开放收费入内参观。

北二高行至南港系统交流道后，转循5号道于石碇交流道下，再行106号县道往平溪方向前行，于菁桐转进菁桐街，即可抵达。

九份

清朝时期仅有九户人家居住此处，其日常用品皆需由水运货船运送，而且常将物品分为"九份"，逐渐地"九份"便成为此地之名。随着黄金的开采，为这座山城带来了繁华与热闹，并且有"小香港"之称。

福山宫地址：
新北市瑞芳区钦贤国中站牌旁

升平戏院地址：
新北市瑞芳区竖崎路与轻便路
交岔路口旁

九份文史工作室地址：
新北市瑞芳区基山街207号
电话：(02)2497-8316

九份风筝博物馆地址：
新北市瑞芳区颂德里坑尾巷20号
电话：(02)2496-7709

狭长的基山街汇集了琳琅满目的民俗艺术文物与当地风味小吃，吸引众多游客流连驻足。升平戏院是日据时期台湾最大的戏院，取名"升平"，具有歌舞升平之意，坐落在电影"悲情城市"街景旁，恍如昔日繁华荣景再现。于九份初中正门下方、竖崎路石阶道左侧不远处的"阿柑姨芋圆"，是历史悠久的芋圆专卖店，颗颗有嚼劲，包含了芋头、地瓜等口味。草仔粿则是用糯米团与鼠曲草粉相互混合糅制而成墨绿色的黏油性粿皮，其内馅包括绿豆沙馅、红豆沙馅、萝卜丝馅等各种甜咸口味。

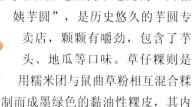

风筝博物馆为全台首座以"风筝"为主题的展览博物馆，展示各个国家及地区的风筝创作佳品；并介绍风筝的历史，以及制作风筝的材料与过程。已有两百年悠久历史的福山宫，昔日因淘金客报答土地公的庇佑，而形成今日庙中有庙的特殊庙观，现今香客仍络绎不绝。

中山高下八堵交流道后，循台2丁线往瑞芳方向，至瑞芳区再接102号县道，循指标前行即可抵达九份。

金瓜石

黄金博物园园区地址：新北市瑞芳区金光路8号
电话：(02)2496-2800

金瓜石地处曾盛产黄金的古朴山城小镇，昔日有"小上海"、"黄金故乡"之称，如今的旧舍屋瓦与宁静朴素的街坊巷弄，别有风情。

黄金博物馆园区是全台首座以生态博物馆为成立宗旨的博物园，园区的主题设施共包含黄金博物馆、环境馆、太子宾馆、本山五坑、炼金楼、生活美学体验坊、游客服务中心等七大部分。黄金博物馆1楼展览金瓜石矿业发展的历史与相关文物；2楼展示主题为黄金，在此处可尝试一手拿起两百多公斤999纯金的大金砖，成功便能带回家哦！

金瓜石太子宾馆建于日据时期，当时尚是皇太子的日本裕仁天皇来此视察，因而在此兴建了临时下榻行馆。后来虽然皇太子并未前来，却也让此行馆增添了几分神秘色彩。

黄金神社为当时在台日本人的信仰中心。顺着金瓜石要往水湳洞滨海地区的金水公路前行，从高处往下俯视，一路蜿蜒曲径的样貌，犹如一条长龙盘踞山间。

黄金瀑布位于自强桥本山旧坑口区附近，因雨水山泉流经昔日长仁矿场黄橙色的矿砂岩石区段，受到地形高度落差的影响，而形成特殊的瀑布景观。无耳茶壶山形状像没有把手的大水壶，其登山口处有一"劝济堂"庙宇，庙身旁顶置有一座黄铜色大型的关圣帝君神尊坐像，是金瓜石重要的民间信仰之一。

中山高下八堵交流道后，循台2丁线往瑞芳方向，至瑞芳区再接102号县道，依指标即可抵达金瓜石各景点。

三貂角灯塔

地址：新北市贡寮区福连村马冈街38号
电话：(02)2499-1300

属于北台湾三角最东隅的"三貂角"，位于新北市贡寮区东南方滨海处，其山丘上设置了一座灯塔，名为"三貂角灯塔"，兴建于20世纪30年代，为一栋纯白色塔身、墨色塔顶的建筑风格；拥有"台湾眼睛"的封号，是全台首座对外开放参观的灯塔。曾受战争波及而损伤，1946年修复完成。其塔高将近17米，灯高则有一百多米，可于此处观赏到落日景象。目前灯塔内规划有展览馆，所陈列展出的资料内容均与灯塔息息相关，相当特

北二高下基金交流道后，行台2线往南行，过南雅、和美、贡寮，卯澳后不久，再依指标右转上山前行，即可抵达。

别。位于灯塔左斜侧山麓下则是马冈小渔村，而右斜侧山麓下为莱莱鼻一带，视野如此辽阔的三貂角灯塔，是欣赏壮阔太平洋海天美景的好景点。

福隆蔚蓝海岸·福隆游客中心

福隆蔚蓝海岸地址：新北市贡寮区福隆街40号

福隆蔚蓝海岸浴场安全水域范围里，可进行冲浪、风帆船、戏水踏浪等水上活动，十分有趣。园区尚设有极为舒适的下榻别墅，洁亮典雅的餐厅、迎宾景观步行道、野炊活动场等景观设施，亲海休闲风处处洋溢，适合全家旅游或团体度假。

福隆游客服务中心是两层楼的红瓦白墙建筑设计，一楼为服务台、活动休闲展示区、简报室与漂流木雕刻展示区；二楼则有各种水族展示区、自然生态展示区、人文史迹展示区等展览，可以较深入地认识到东北角地区丰富的观光资源，并通过多媒体简介、提供解说与咨询导游等多元化服务项目，让你尽情享受一次精彩的知性之旅。

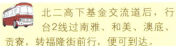北二高下基金交流道后，行台2线过南雅、和美、澳底、贡寮，转福隆街前行，便可到达。

龙门露营度假基地

地址：新北市贡寮区福隆村福隆街100号
电话：(02)2499-1791-3

东北角海岸风景线上于贡寮区福隆村段内，设有一处堪称五星级的露营最佳胜地："龙门露营度假基地"。在规划相当完善的园区内，无论是草皮、木屋、木板等扎营方式或是汽车露营等野宿环境各有不同感受，并设有超市、单车出租、餐厅、卫浴设施等多元设施的贴心服务。此外，加上大型活动广场、体能训练场、环境优美的河滨公园步行道、玩乐趣味浓的水上游览器材、横跨双溪河的旖旎红色吊桥览景，海滨沙丘植物生态认识等，丰富多样的定点游览项目，是野营客们同乐欢聚的乐园。来"龙门露营度假基地"度假，你将享受到晨曦、阳光、晚霞、营火的热烈洗礼，欢乐无限。

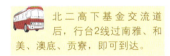
北二高下基金交流道后，行台2线过南雅、和美、澳底、贡寮，即可到达。

盐寮海滨公园

地址：新北市贡寮区研海街45号
电话：(02)2490-2991

以举办各种沙雕比赛闻名遐迩的"盐寮海滨公园"，为东北角滨海四大公园之一，更是长久以来游客们经常造访的海滨戏水娱乐景点之一。其入口为仿闽南式的燕尾大脊建筑设计，相当具有复古韵味；其内的民俗馆、游客中心等也承袭了这种古风，极有特色与观赏性。

整个公园以木栈道相连接，其沙滩腹地绵延广布，并且衔接至邻近另外一个著名的旅游景点："福隆海水浴场"，因此堪为东北角海滨沿线地区难得的天然沙滩地。园内除了沙滩海水浴场可供戏水玩乐外，还有自然丰富的沙丘地质与植物生态，以及深具历史教育意义的"盐寮抗日纪念碑"等，均是游览盐寮海滨公园不可错过的自然人文知性景点。

北二高下基金交流道后，行台2线过南雅、和美、澳底即可到达。

金沙湾

地址：新北市贡寮区台2线94.2公里处

金沙湾位于贡寮区和美村境内的海滨上，由于黄橙色的柔和沙滩在阳光照射之下，分外闪亮动人。所以每到夏日季节，这里便会出现许多戏水弄潮的游客，将金沙湾点缀得非常热闹。

金沙湾属于开放式的海滨公园，海湾景致相当优美，沙质也极为细致，拥有栈道、停车场等设施。在此每当旭日东升的时刻，霞光逐渐露出海平面，真是变化万千。紧接而来的是崭新活力的一天，对于喜欢迎接朝阳的游客，"金沙湾"是赏景、玩沙、戏水的极佳地点。快来此处感受夏季的热情与活力，为你的娱乐生活添加丰富的收获吧！

北二高下基金交流道后，沿台2线过鼻头南口停车场，续行过龙洞隧道后，抵达和美村，即可到达。

龙洞南口海洋公园

地址：新北市贡寮区和美街48号
电话：(02)2490-2717

造型犹如童话故事中的城堡，这便是兼富知性与娱乐性的"龙洞南口海洋公园"，为首座结合海水游泳池、游艇港与海洋解说展示馆的滨海公园，也是东北角风景管理处所设立的教室之一。其中，海水游泳池为九孔养殖池所改建而成，池水会因潮汐而升降，适合进行浮潜类活动；游艇港则是私人游艇与交通船共用的码头，是游艇活动的天地；另外海洋生态解说展示室，可让你认识到各种水中生物与海洋生态环境。多元化的设计让龙洞南口海洋公园充满丰富的娱乐性，满足爱海人士对于海洋知识的追求，以及休闲娱乐等爱好，可说是最佳的亲水园地。

北二高下基金交流道后，沿台2线过鼻头南口停车场，行过龙洞隧道后，便能到达。

龙洞湾海洋公园

地址：新北市贡寮区台2线88公里处
电话：(02)2490-9568

东北角海岸风景特定区北起新北市瑞芳区，往南延伸至宜兰县头城镇，全长约65公里。全线依山傍海，沿线尽是奇岩、古道、沙滩、古迹、碧海、蓝天，是一处兼具知性教育及自然采风的观光旅游风景线。其中从鼻头渔港处经过鼻头隧道后不久，于左边海滨岸上望见一处以石砌墙造型景观取胜的旅游公园，名为"龙洞湾海洋公园"。沿着岸边规划完善的赏景

步行道，你可以通过景点图示解说牌，来认识此区的海洋生态环境特色；同时可以戏水于曾经是九孔养殖池的海水游泳池里，别有一番体验。园方近来更辟设优雅风情的海景咖啡屋，于室内或户外，各有其休闲风味可体会感受。

北二高下基金交流道后，沿台2线过鼻头南口停车场，即抵达。

十三层遗址·阴阳海·南雅海滨石景

地址：新北市瑞芳区北部海岸一带

循着台2线北部滨海公路旅游前行，正当你赏完右侧金瓜石山麓的13层遗址与左侧水湳洞的阴阳海奇景之后，从北口标志区开始，即逐渐进入相当著名的"南雅海滨石景"区段。由于长期受到风化的影响，沿途奇岩怪石林立各处，各具景观特色巧样，令人不禁对大自然的奥妙甚感折服。远望仿佛冰激凌浇注于岸岩，生动形象，恰似上苍馈赠给大海的礼物，相当著名，值得一览。

北二高下基金交流道后，沿台2线北部滨海公路直行，过瑞滨后不久，即能抵达南雅。

新北市 XINBEI CITY

保安宫

地址：新北市万里区野柳村港东路162-17号

每年农历元宵佳节，在渔港旁的保安宫均会举办当地由来已久，极为特殊的神明"过港"、"过火"的绕境庆典活动。经由开漳圣王、天上圣母等庙内奉祀神道，以及来自各方阵头神轿的参与，这是由壮丁抬着神轿，冲入渔港游向对岸，上岸后又进行过火仪式的特别祭典。整个净港仪式十分热闹，人声鼎沸、锣鼓喧天，祈求能够为野柳渔港境内外来年一切平安，回航舟船鱼货量年年大丰收。

北二高下玛东系统交流道后，沿台62线至万里，循台2线往万里野柳即可抵达。另可行台2线往野柳方向，依指标前行亦能抵达各景点。

福华翡翠湾

地址：新北市万里区翡翠路1-1号
电话：(02)2492-6565

福华翡翠湾是万里区海岸线地区著名的海滨旅游景点，拥有洁白细致柔和的沙滩，是一处天然的海水浴场。其滩地颇适宜举行各式活动，会不定期举办如滑翔翼、拖曳伞、沙滩排球等各式刺激有趣的海陆活动，更增添乐趣。福华翡翠湾建有海滨度假休闲中心及戏水游乐区，无论从室内到户外，吃喝玩乐活动一应俱全。

北二高下玛东系统交流道后，沿台62线至万里，转台2线往翡翠湾即可抵达。另可行台2线往万里翡翠湾方向，依指标前行亦能抵达。

野柳地质公园

地址：新北市万里区野柳村港东路167-1号
电话：(02)2492-2016

野柳这块突出海平面约两公里的海岬上，设有"野柳地质公园"，此地经年累月地受到浪涛侵蚀与岩石风化等自然现象的影响，使得岬岩地区罗列着各式各样、奇形怪状的风化石、风蚀崖、孔穴等，如风采翩翩的女王头、星罗满布的烛台岩群、棋盘阵式的豆腐岩等，千变万化的奇特岩石景观，各富其趣。

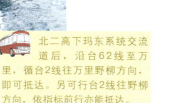

北二高下玛东系统交流道后，沿台62线至万里，循台2线往万里野柳方向，即可抵达。另可行台2线往野柳方向，依指标前行亦能抵达。

海洋世界

地址：新北市万里区野柳村港东路167-3号
电话：(02)2492-1111

位于野柳地质公园入口处左侧停车场旁边，是台湾地区首座海洋动物表演场所，精灵聪巧的海豚与海狮的精湛演技，常常赢得游客的喝彩。不定时安排如水上芭蕾或高空跳水特殊表演。海洋生态教室则提供正确的海洋知识与观念，长达100米的海底隧道，让游客可以悠然穿梭其间，仿佛亲历海底世界。

北二高下玛东系统交流道后，沿台62线至万里，循台2线往万里野柳方向，即可抵达。另可行台2线往野柳方向，依指标前行亦能抵达。

金山慈护宫·鸭肉

地址：新北市金山区大同村金包里街10号

旧称"金包里"的金山位于阳金公路与北海岸公路的交会处，此城乡是以崎旎海滩、奇岩怪石的天然美丽风景而著称，而且蕴藏有令人身心通体舒畅的温泉。沿着旧金包里街游逛，顺道于金山乡亲所泛称的"金包里大

庙"——慈护宫清香膜拜一番，庙内主祀的妈祖玉面妆颜是不同于一般妈祖庙的。主祀开漳圣王的"广安宫"庙口前的鸭肉摊，鲜美的鸭肉是金山区闻名已久的小吃名食，短短窄窄的街坊巷弄里，数十间一楼门面，无论节假日或平日，皆可瞧见游客在里面大快朵颐。

北二高下玛东系统交流道后，沿台62线至万里，循台2线往金山方向，即可抵达。另可行台2线往万里翡翠湾方向，依指标前行，亦能抵达。

金山青年活动中心

地址：新北市金山区青年路1号
电话：(02)2498-1190~4

整个园区腹地广阔，城堡式的石灰色中心建筑是光复楼所在地，各层分别设有服务中心、文艺活动中心、可容纳2~6人的数十间洁净明亮客房。园内野营活动设备相当完善，除了园间散落缀置竹林、成功村等，各式造型独特、内设温馨的住宿建筑外，周遭林荫花草间，有可容纳上千人的大型露营场地，烤肉野炊、休闲亭、游戏设施、盥洗室，一应俱全。园方设一间超大型的温泉SPA健身馆，可分为室内与户外区，如高温泉涡池、气泡池、冲水池等新颖水上活动设施，要游泳或洗温泉都可尽情优游其间。整片金黄色海滩绵延，衔接碧海蓝天，广阔景致乍现眼前，顿时让游客为之动容，这便是海滨游泳浴场区。

北二高下玛东系统交流道后，沿台62线至万里，转台2线往金山方向，即可抵达。另行台2线往金山方向，依指标前行，亦可抵达。

法鼓山

地址：新北市金山区三界村七邻半岭14-5号
电话：(02)2498-7171

1955年，东初老人于北投建立中华佛教文化馆与农禅寺，推广佛法文化；1977年，圣严法师接下住持之重任，八年后他寻找到金山此地作为可长久推动佛法文化的道场，并命为"法鼓山"。此处坐落于三面环山的地理环境之中，空灵的山野犹如巨鼓纵卧，具有庄严的氛围。法鼓山以佛教教育园区为目标，创设佛法学校，并举办各项弘法活动。

北二高下玛东系统交流道后，沿台2线主力里，循台2线往金山方向，再行上山即可抵达。另可自行台2线往金山方向，循指标上山，便能抵达。

朱铭美术馆

地址：新北市金山区西势湖2号
电话：(02)2498-9940

为金山近郊地区的大型户外艺术特区，馆区以享誉国际名雕塑大师——朱铭之呕心沥血创作的各项艺术作品为收藏展示主题，如以尘世俗华写照为题的人间系列作品、舞动乾坤与阴阳调和的太极作品、慈恩深似海的慈母碑等。其中耗费大师四年心力的人间系列——三军作品，采用不锈钢空心打造的军舰与三百多位陆海空军人，个个如真人般高大，连臂章也是一笔一画绘就，生动地呈现出三军阵容，是绝不可错过的大师级作品。

北二高下玛东系统交流道后，沿台62线至万里，再循台2线往金山方向，再上行山路即可抵达。或可行台2线往金山方向，于39.7公里处转循指标上山，亦可抵达。

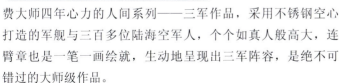

十八王公庙

地址：新北市石门区核电厂旁

十八王公庙分为正殿与坟冢亭两部分，特别是在坟冢亭边奉置有忠犬公青铜神像两座，根据庙方的说法，由于来此膜拜的信徒香客们，多会用祭拜的红色帘条布擦拭铜身，盼以祈求得福赐好运。据闻"十八王公庙"越晚越灵验，所以入夜后人声更为鼎沸热闹，形成颇为当地有趣的庙宇信仰现象。

 北二高下玛东系统交流道后，沿台62线至万里，循台2线往金山方向，即可抵达。

石门风力发电站

地址：核一厂与十八王公庙后方山丘上

石门风力发电站是台电在台湾本岛上建立的首座商业运作的风力发电站，共有6座发电机组，每部装置各具有660千瓦的容量，总计年发电量约接近1000万度。目前台电仅开放此发电站的第一座发电机周围区域供观光使用，设有观景栈道、观景台等设施，至于其他五座发电机则仍为未开放区域。

 北二高下玛东系统交流道后，沿台62线至万里，循台2线往金山方向，即可抵达。

石门洞

地址：新北市石门区尖鹿村

石门洞于古老时期，长年经由海水浪涛不经意的冲凿下，原来因地形隆起形成一座巨大的天然岩洞景观。洞缘近高约10米，贯穿整座岩石两侧，阵阵海风吹来，行走洞门让人倍感凉爽。于洞外的海滨处有石砾浅滩腹绕，其一隅离岸的两礁岩间，跨筑有一座石拱桥，是听涛观浪的极佳地点。附近海滨设有枕木步行道及凉亭设施，可于此欣赏石门海天美景，或是戏水跳砾、捕捉鱼虾、捡拾贝壳，相当欢愉悠哉。

 行台2线往石门方向，过三芝乡后不久，依循指标导引，即能到达。

富贵角游憩区

地址：新北市石门区北海岸富贵角一带

富贵角为一处海岬地形，北观处将此岬角与周边规划为"富贵角游乐区"，是以海水、东北季风所形成的自然风景区域。富贵角灯塔是日本人在台所建造的首座灯塔，并设有雾笛的设备；其着有黑白相间斑马横条纹般的八角状灯塔，与台湾地区其他全白灯塔有着相当明显的区别。富贵角公园著名的景观为因气候所形成的风棱石景致，是全台规模最为壮观的风棱石景象群。老梅公园境内由于海水侵蚀形成一块块岩石，遍布着翠绿的青苔。此外，园内因强烈东北季风而造成的风棱石、沙丘地形，也是另一观赏重点。

行台2线往石门方向，过石门洞风景区后，依循指标前行，即可抵达；或阳金公路接台2线往石门，循指标前行，便可抵达。

麟山鼻

地址：新北市石门区北海岸白沙湾西侧

遥远的史前时期，由于火山爆发，熔岩依着山势而下，并流入海中，造成自陆地向海洋延伸的狭长之地，这便是麟山鼻。麟山鼻与富贵角分别位于东北角白沙湾的两侧，其西侧为珊瑚礁海岸，以东则属于侵蚀海岸；由于此处为火山遗迹，因此处处可见到火山岩层的地质结构与特色。另外珊瑚礁的多孔隙是鱼、蟹的栖身良处，因此便发展出利用珊瑚礁棚内构置石沪，捕捉因潮汐而回流于此的鱼群，至今仍可由残废的石沪建构出昔日渔业文化。麟山鼻其独特的地理景观，令人赞叹上天的鬼斧神工。风棱石与藻礁是麟山鼻最为特殊也最具代表性的地理景观，不妨找个时间来此欣赏，会有意想不到的发现哦！

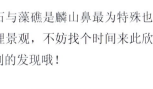

行台2线往石门方向，过富贵角灯塔之后不久，即可抵达。

三芝旅游服务中心暨名人文物馆

地址：新北市三芝区埔坪村埔头坑164-2号

位于源兴居旁的三芝旅游服务中心，除了提供三芝区的人文历史与旅游风景资料，其内的"名人文物馆"为介绍三芝引以为傲的名人：台湾地区首位医学博士杜聪明、台湾地区首位国际音乐家江文也以及立法委员卢修一等人。馆方展览这些出身三芝的名人，为三芝地区的人文发展建构起历史的溯源。在游览三芝一带北海岸风情之余，不妨到此参观一番，你将会对三芝地区的人文风情有进一步的认识。

行台2线往三芝方向，抵三芝区街道后不久，便有指标导引，再依循前行，即可抵达。

李天禄布袋戏文物馆

地址：新北市三芝区芝柏山庄芝柏路26号
电话：(02)2636-4715

为了延续传统掌中戏艺术的文化传承与发扬推广，已故的国宝级布袋戏艺人李天禄大师生前不遗余力，积极推动筹办成立"李天禄布袋戏文物馆"，坐落于三芝区境内，并于1997年正式开幕。在文物馆两层楼内，1楼为演艺厅，厅内会不定期举办布袋戏、皮影戏等地方传统戏曲的演出。而2楼则是展览厅，展出内容以大师生前所精心收藏包含有上百年历史的戏偶等；各种布袋戏戏偶三百余尊，生旦丑角、忠奸善恶、喜怒哀乐等生动的偶头雕绘，穿配上各式精美头冠服饰，宛如个个鲜活历史人物再现，同时经由影音图说的介绍下，让游客能更深入认识与了解到传统民俗艺术的精华之美，非常值得一游。

行台2线往三芝方向，由三芝国中附近转循芝柏路前行，即可抵达。

二号仓库咖啡馆

地址：新北市三芝区中山路一段4号
电话：(02)2636-1052

兴建于20世纪三四十年代的三芝区农会仓库，砖红色的建筑在农会与三芝文化基金会的努力下保留下来，并用心经营而变成今日"二号仓库咖啡馆"。此为一处充满浓郁咖啡味的休闲场所，于内会在一楼雅座或夹楼开放空间的一隅，不时欣然与三五好友聚会、俪影叙说心语、独侠客览书自乐其间，各方闲趣横生。老建筑幻化为具有人文休闲风情的咖啡展览馆，延续了三芝的特色精神，艺术与历史相互交织出属于老仓库新的生命。

行台2线往三芝区，转行淡金公路前行不久，即可抵达。

浅水湾

地址：新北市三芝区后厝村

原为小渔港的浅水湾，为沙岸与岩岸兼具海湾地质，时下由于此处兴建别墅的风潮之下，使得浅水湾的名声逐渐传播开来。拥有优美弧线的海滩，并结合了众多水上活动与器具，因此吸引游玩的人们。餐饮店家与民宿业者也在此设立据点，为观景戏水的游客，提供更多的服务。此外，在浅水湾还可见到难得一见的"藻礁"地形，相当珍贵。

行2线往三芝浅水湾方向前行，即可抵达。

芝兰公园

地址：新北市三芝区后厝村

浅水湾的美丽逐渐为人所知后，吸引了众多游客的到访，因此也促使了芝兰公园的成立。完整的原木栈道与视野辽阔的观景台，为滨海活动更增添趣味性与多元性，在此眺望一望无际的海天美景，享受怡然自得的休闲时刻，这可是人生最为逍遥的时刻了。而周边自行车道的建立，更为滨海活动提供了另一种竞速海风、饱览海景的选择。

行2线往三芝浅水湾方向前行，即可抵达。

新北市 XINBEI CITY

红毛城

地址：新北市淡水区28巷1号
电话：(02)2623-1001

已有三百多年历史的红毛城，原名为"圣多明哥城"，是于17世纪初由西班牙人建筑而成，后来由荷兰人经手接管并重新修筑主体建筑，因地方人士多以"红毛"泛称当时的荷兰人，故称为"红毛城"。尔后曾租借给英国，

于旁建有领事馆，直到1980年台湾当局才收回接管权，评定为当地一级古迹，经过几番整修后，1984年正式对外开放。由此城堡可环视俯瞰娟丽秀美的淡水河口暮色。城馆内有大英时期维多利业墙饰砖绘，陈列昔日各式家具摆设，古意动人。

中山高下五股交流道后，行107甲号、107号、103号县道，过关渡大桥转台2乙线至淡水区，接中山路往淡海，沿指标即可抵达。

沪尾炮台

地址：新北市淡水区一段6巷34号（五虎岗第一岗）
电话：(02)2620-6818

现列为当地二级古迹。原本沪尾有"北门锁钥"与"保固东瀛"两座炮台，现已不复见"保固东瀛"此座炮台。

中山高下五股交流道后，行107甲、107号、103号县道，过关渡大桥转台2乙线至淡水区，接中山路往淡海方向，过红毛城不久，再转淡水高尔夫球场大路前行，便可抵达。

始建于清朝光绪年间的沪尾炮台，在中法战争中而受毁，于战后由当时巡抚刘铭传重新整饰修建，于炮台的城门上方题有"北门锁钥"四个大字，使得该处深具历史价值。

小白宫

地址：新北市淡水区真理街15号

为前清淡水关务司官邸。日据时期，随着淡水河港的没落，淡水关务不再如此繁忙，官邸进一步提供官员以及淡水税关长发起的俱乐部等休闲、运动、进食的场地功能。1997年定为三级古迹，橘顶白体外观，周间有类似于回廊的凉台设计，是相当完整的西班牙白垩回廊式建筑。便于排水、隔热及提高室内的空间，屋顶采以四坡式斜屋顶设计，建筑物两旁具有对称和谐的半圆拱圈。由于屋内设有取暖的壁炉，因此在屋顶建有烟囱。

中山高下五股交流道后，行107甲、107号、103号县道，过关渡大桥转台2乙线至淡水区，再转行中山路转真理街，即可抵达。

淡水渔人码头

地址：新北市淡水区观海路201号(出海口的石岸)

淡水渔人码头早年是台湾岛北部极为重要的渔港基地与避风港，原为淡水第二渔港，由于台北地铁淡水线的通车，转型为休闲观光码头，使淡水假日都涌现许多观光人潮。另提供自行车、协力车租借，以骑乘方式悠游淡水街景。码头周边风光十分旖旎，景致相当宜人，为众多广告、戏剧、演唱会等的场景。入夜后，此处的船形景观大桥染上点点星灯，唯美浪漫的情怀，更是许多情侣的最佳约会之处。

中山高下五股交流道后，行107甲、107号、103号县道，过关渡大桥转台2乙线至淡水区，再接中山路往淡海方向，沿指标前行过红毛城后不久，再左转沿指标前行，便可抵达。

淡水老街

地址：新北市淡水区一带

淡水上有多处老旧建筑物、古迹庙宇、林立的古董艺品店、单车出租店及风味名产店，表现出淡水集市街坊极为古意又朴实的　面。不仅有精细雕琢的各式石雕、木雕作品、古董家具，绣工华丽的古衣服饰，还有琳琅满目的古代民初文物器具等，是展示各家古董艺品店精心收藏的鲜

中山高下五股交流道后，行107甲、107号、103号县道，过关渡大桥转台2乙线至淡水区，即可抵达。

乐园，钟爱古董的淘宝客们不妨到这里来走走逛逛，说不定会有意想不到的收获哦！

阿给·铁蛋

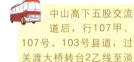

地址：新北市淡水区上一带

阿给为日文音译，为"油豆腐"之意，其做法是把炸好的油豆腐中间部分挖开，填入炒熟的冬粉肉臊等，再以新鲜的鱼浆封住挖开的豆腐面口后予以蒸熟，最后淋上酱汁，可口的阿给便完成了。

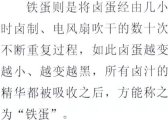

中山高下五股交流道后，行107甲、107号、103号县道，过关渡大桥转台2乙线至淡水区，转入老街前行，即可抵达。

铁蛋则是将卤蛋经由几小时卤制、电风扇吹干的数十次不断重复过程，如此卤蛋越变越小、越变越黑，所有卤汁的精华都被吸收之后，方能称之为"铁蛋"。

桃园县 TAOYUAN COUNTY

虎头山公园

地址：桃园县桃园市公园路一带

虎头山公园位于桃园与龟山交界山丘，占地颇为广阔，可说是桃园市民的"后花园"。整个风景区依山势而建，有儿童游戏区、凉亭、登山步行道等设施，是假日休闲的最佳场所。虎头山山顶处增设有环保公园，除辟建有多种健身活动设施外，更是观赏夜景的最佳观景点。

虎头山周边有多处知名景点，例如巍峨圣境的"桃园孔庙"，还有一座充满日式风情的"忠烈祠"，为目前台湾地区保存最为完整的日据时代神社。而前山还有供奉"桃园三结义"：刘备、关羽、张飞的"三圣宫"，其巍峨的外观搭配山势更显庄严，尤其庙前广场的关公坐骑铜像与半山间的雕龙壁饰，更是不能错过的观赏重点。

中山高行至场系统交流道或北二高行至莺歌系统交流道，再转2号道下南桃园交流道，经大兴西路三段、二段、一段，再沿春日路、成功路前行，可抵虎头山公园、孔庙、忠烈祠与三圣宫。

可口可乐博物馆

地址：桃园县桃园市兴邦路46号
电话：(03)364-8800

可口可乐的发明人：约翰潘伯顿（美国亚特兰大市人），在1886年将可口可乐前身置于杰柯药局贩售，而后遂演变成为风行美国各地的著名饮料，甚至畅销全世界历久弥新。桃园市区内即设有一座可口可乐博物馆，馆内介绍可口可乐的诞生、演进及各式各样有关可口可乐的玻璃造型瓶、铝罐装等展示品，

以及出产过的周边热门相关商品。让人对畅销全世界知名饮料品牌"可口可乐"有完整且新奇的认识，相当具有知性与特殊玩味的博物馆，值得你亲自来此一探可口可乐的神奇世界。

北二高行至莺歌系统交流道，转循2号道于大楠交流道下，接110乙号、110号县道往龟山工业区方向，再转大智路、兴邦路，即可抵达。

台茂购物娱乐中心

地址：桃园县芦竹乡南崁路一段112号
电话：0800-019966

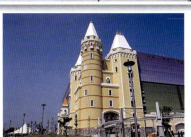

　　台茂购物娱乐中心是桃园南崁地区相当知名的消费购物中心，欧洲古堡式的外观建筑，特殊又梦幻的设计，给人童话般的想象空间，而将近3万坪的消费空间也相当宽敞。

　　购物中心内部各楼层则规划有大型卖场、欢乐嘉年华村、时尚休闲广场、新世代川廊、生活广场、A-Zone动力站运动馆、主题餐饮、世界美食、中央广场、主题娱乐等，众多区域设计，尽可满足逛购族的种种需求。另外，购物中心引进国内外知名的休闲设施，吃喝玩乐可说是应有尽有，为北桃园一处极富人气的休闲逛街好据点。

中山高下桃园交流道后，经新南路一段、南崁路，便能到达。

大江购物中心

地址：桃园县中坜川中园路二段501号
电话：(03)468-0168

　　位于中坜市中园路二段上的大江国际购物中心，为中坜地区新建的知名大型购物卖场中心；此由国际知名的建筑设计事务所设计的商场，将空间科技与自然景观相结合，创造出明亮且具气氛的商场环境。大江购物中心共分地下2层与地上5层；在购物中心内则有五大消费主题，而各楼层里规划有完善多样的美食精品百货商店街铺，是吃喝玩乐休闲购物一次满足的好去处，夜间的购物中心，更是相当璀璨迷人。此外，周末还会开放亲子牧场，是亲子教育与娱乐兼具的最佳休闲活动场所。

中山高下中坜交流道后，循中园路二段往大园方向前行不久，即可抵达。

桃园县 TAOYUAN COUNTY

龙潭埤

地址：桃园县龙潭乡中主路与神龙路交接处

龙潭旧名为"菱潭陂"，常年潭水不枯，是龙潭乡知名且大型的潭埤。相传早年曾有人发现潭中出现黄龙，因而命为"龙潭陂"，饶富神秘色彩的龙潭大池便成为龙潭相当著名的地标。潭境周遭风景秀丽，于潭

面上划船，十分惬意。南天宫于龙潭上筑有美轮美奂的吊桥景观，为九曲式造型，桥上是欣赏碧绿湖水景致与晨昏之景的绝佳之处。顺行过桥后，便可以来到南天宫，香烟袅袅，为龙潭乡民的民间信仰中心之一。

 北二高下龙潭交流道后，循行113乙号县道、台3线、圣亭路、神龙路前行，即可抵达。

圣迹亭

地址：桃园县龙潭乡凌云村竹窝子段20地号

建于清光绪时期，为昔日古人集资建造的敬字亭，以表达对于字纸的尊重。现今所见为日据时期所重修的外观，列为当地三级古迹。此亭是全台最大、最具规模的敬字亭，由石材所建成的亭体，分有三层，可各自独立，又能视作一整体，具有对称的美感。所有雕花、砌石，到亭身的设计筑建，相当精致细腻，呈现柔和的线条与简朴的素色，当地乡亲们对"纸"之文教礼仪的重视程度，可见一斑。圣迹亭不仅具有艺术价值，更是当地提倡文风的最佳印证。

 北二高下龙潭交流道后，循行113乙号县道、北龙路、圣亭路前行，即可抵达。

小人国文化欢乐世界

地址：桃园县龙潭乡高原村横冈下60-2号 电话：(03)471-7211～6

小人国文化欢乐世界是相当知名的游乐园区，最大特色是营造出北京紫禁城、日本大阪城、英国巨石群、意大利比萨斜塔、埃及人面狮身等世界各地著名景观建筑，按照实景缩小，犹如童话世界的迷你梦公园。并设有室内云霄飞车、360度超级龙卷风等多种游乐设施。在复古的中世纪古堡中，飨宴来自世界各地的风味美食，让你体验欢乐十足的游乐园之旅。

 北二高下龙潭交流道后，循行113乙号县道、台3线，转中原路，依指标前往不久，便可到达。

桃园国际机场·航空科学馆

地址：桃园县大园乡航站大厦至航科馆间(航空科学馆)
电话：(03)398-2179

台湾桃园国际机场为台湾地区的对外运输航空站，日进出人口数以万计，其外观建筑极具现代美感设计风格，二期航站楼的完工启用，更显其现代科技之美。机场前方不远处建有一处航空科学馆，在馆内规划有多类型展示区，有些展示设施亦可让游客亲手操作，寓教于乐。当然馆内保留了相当完整的民航资料，提供游客对台湾地区航空工业发展历程的认识与了解。台湾桃园国际机场大厅内提供用餐服务，中西式美食一应俱全，旅客们餐饮无虞，另为过境旅客提供住宿等服务。

 中山高行至机场系统交流道，转循2号道往机场交流道前行，便可抵达。

竹围渔港

地址：桃园县大园乡沙仑村1邻10号

为一座观光休闲渔港，渔港主要渔货为鲨鱼、小卷、乌鱼、鲣鱼等，港区内设有竹围渔港鱼货直销中心。渔港分为两个楼层，1楼为鲜鱼专卖区，可于此购买到最为新鲜的海鲜鱼货；2楼为熟食区，是饕客最佳选择之处。另外，渔港区并设有彩虹桥入口意象设施，生动的大型鱼虾标志既醒目又可爱；而太阳能风力发电指标，则可跟着随风转动的指标前行，还可走在由木栈道所构成的观海平台上，迎着海风，观赏渔港的广阔之美。

中山高行至机场系统交流道，转2号道下大园交流道后，接机场联络道往桃园国际机场方向前行，再接台4线往竹围方向前行，行至彩虹桥便可到达。

向阳农场

地址：桃园县观音乡蓝埔村11邻52号
电话：(03)487-0629

跳出观音乡以莲花为主题的形象，选择以向日葵种下农场主人的梦想与坚持，占地5公顷，俨然是北台湾最大的向日葵花田。光辉、月光、华丽、可可、绿心、香吉士、情人节、莫内，以及最大的巨无霸，种类繁多，站在高大的向日葵田中，有种置身迷宫般的错觉，如阳光般灿烂的色彩，亦是偶像剧、MTV拍摄取景的常用场地。

精彩的户外教学以幽默活泼的教学方式，进行各项DIY体验活动，如向日葵饼干烘烤；或是讲解小朋友们都听得着迷的向日葵美丽故事；最

有趣的莫过于亲自种植向日葵盆栽，捧着小花盆，寻找适合的土壤，再将向日葵幼苗移植至花盆里，带回家后等待45～50天，阳光般的向日葵就会在你家里展开灿烂笑容。

中山高至机场系统交流道，转2号道于大园交流道下，再接西滨公路（台15线）往观音方向，约10公里再转往中坜方向（112号县道）续行，于"东元公司"前红绿灯右转，往下青埔（桃99线）续行，约2分钟路程，即可到达。

青林农场

地址：桃园县观音乡大堀村大湖路二段131-1号
电话：(03)498-7747

是台湾岛北部第一个成功种植冬季向日葵的农场，占地1.5公顷，采分区轮种的方式，为了丰富农场风光，还引进众多品种，例如光辉、太阳、月光、狂欢、欢颜、华丽等。

全区免费开放参观、拍照，亦可DIY采花；除了向日葵，农场内亦大面积种植波斯菊、彩色野姜花等颜色灿烂的花卉，以及迷迭香、马鞭草、薰衣草等等各类香草，散发着怡人清香，并还有号称

"假干燥花"的麦杆菊，整片花丛的鲜艳色彩，吸引着亲子、情侣、学生们，让原本静谧的空间更显青春活力。而盆栽区内的香草小盆栽，喜欢的人也可以买几盆回家，让香草的清香给你整天的好心情。

中山高行至平镇系统交流道，转台66线，在7公里处右转至新华路，续行右转接桃97号乡道往大湖路，青林农场就在大湖路上。

九斗村休闲有机农场

地址：桃园县新屋乡九斗村4邻5号 电话：(03)477-8697

以有机农产品为主题，农场内的有机农产品以不破坏生态、师法自然的生产方法为基本原则，除了不断改良新技术之外，加上土壤、水源、有机肥料等基本要素，皆是以无污染的生态方式培育，好让消费者可以安心食用。

场内的有机蔬果还推行全省宅配专送，让顾客在家也可以享用到新鲜的有机蔬菜水果。

除了有机耕作，占地15公顷的农场拥有碧草如茵、林木成荫的环境，还设计多样户外教学以及有机体验的活动，主题共分为大地游戏、生态导游教学、童玩DIY、露营、餐饮等部分，还规划有机饮食讲座，目的都是要人认识生态保育及有机农作的重要性。

从认识有机农产品生产方法，到学习无污染的有机生活方式，"九斗村休闲农场"期待计人凭借对生态环境的尊重，使更多人可以加入健康新生活。

中山高于平镇景观交流道，转接台66线往观音方向走，于13公里处靠右方慢车道行驶，至12公里处涵洞左转，依指标前行，便可抵达。

新屋花海农业休闲园区

地址：桃园县新屋乡石磊村8邻37-2号
电话：(03)497-1171

占地数十公顷，花种甚多，大面积粗放花田与绿色景观的搭配，形成一幅幅色彩斑斓的花田景象，黄金耀眼的油菜花、深紫艳丽的鼠尾草、优美高贵的香水玫瑰、浪漫迷人薰衣草、大波斯菊、向日葵，还有台湾薰衣草之称的青箱……一眼观不尽的花海景致，让人不禁赞叹起大自然艺术家的大胆画风。

农场内准备多辆协力车、脚踏车，提供给喜欢驰骋风速的人，绕过波斯菊的怀抱，走过薰衣草的秘密花园，飘过凉爽遮荫的百香果隧道，沿途的美景与香气，令你深深着迷。若想享受新鲜水果的好滋味，桑葚、西瓜、火龙果、百香果，任君挑选。多元化的DIY活动，扎稻草人、踩高跷、彩绘风筝、棉花糖等早期的儿时童玩，简单的材料，在热闹融洽的活动过程中，绝对是你一生中难忘的回忆。

中山高行至平镇系统交流道，接台66线往观音方向走，至72公里处红绿灯左转，循指标前进约5分钟即可到达。

桃园县 TAOYUAN COUNTY

春天农场

地址：桃园县龟山乡长寿路272号
电话：(03)350-2953

春天农场是隐藏在城市里的一座秘密花园，尽管紧邻马路，一走进园区，便会被幽静的环境吸引，心灵迅速沉淀下来，是城市客远离尘嚣最好的选择。四周青山围绕，清溪潺潺、绿意盎然的景象，传递纯净健康的理念；纯白无瑕的野姜花、清新脱俗的莲花、浪漫紫色薰衣草、闪着阳光笑脸的向日葵环抱整片大地。来到这里，你可以深刻体会到香草的原貌及功效，可爱的动物区内的迷你马及兔子，常逗得游客开心不已。

典雅的春天餐厅是农场的健康活力来源。春天香草风味餐、中式精致料理、花草下午茶，每一道菜都是新鲜、健康、美丽的组合，在四周美景的点缀下，吃饭成了最幸福的享受。春天花坊贩卖的小盆栽，价格不高，喜欢居家摆弄花草的人也可选购几盆回家，帮家里增添春天的味道。

中山高行至桃园交流道下，经春日路转三民路至桃园巨蛋（岔路）循指标往林口方向，约500米即可看到招牌。

味全埔心观光牧场

地址：桃园县杨梅镇高荣里13邻3-1号
电话：(03)464-4131

规划有如乳业展示馆里，可供游客认识到乳牛成长与乳品产制过程；参观乳牛饲养区，则会对乳牛生态环境更加了解，极富教育性。而花卉展示区培育有多种花卉植物，花团锦簇，美不胜收。广场边辟有"情人道"，常见双双情侣于此谈心漫步。至于划船活动区有天鹅船、踏踏乐等水上游乐，各富其趣。此外，埔心农场有专人提供完整的乳牛生态解说，还能让游客体验挤牛奶的乐趣，且能亲手喂食牛、马，和可爱动物拍照留念，深受大小朋友欢迎。

为响应当地推广的海洋运动，埔心牧场在园区内的纯青湖区设置有独木舟体验，让民众来到青葱的牧场游览，也能轻松享受水上娱乐活动。园方还不定期举办体验自然生态、摄影、写生等活动，更有多项东欧秀、高空特技、魔术杂耍等精彩的表演，让埔心农场充满欢乐的气氛。

中山高下幼狮交流道后，循行青年路、幼狮路前行不久，即可抵达。

大溪花海农场

地址：桃园县大溪镇福安里4邻坪尾7-1号
电话：(03)388-0801

位于盾状火山岩地形的草岭山上，引进多种紫色薰衣草，配合特殊的缓坡地形，花卉颜色自然覆盖于上，七彩的花海景致迷人。园区占地16公顷，分区分层的景观设计，"紫色梦幻"是由羽叶、狭叶、甜蜜三种薰衣草组合而成的区域；由红花玉芙蓉、五彩马缨丹、紫牡丹等组合而成的"风情万种"，宛如花瓣盛开的造景；"黄金海"是金针花开时，散发一如黄金般的耀眼光芒；"彩虹花田"是利用花草的原色，以山为画布，四季花草为颜料，编织出近1公顷的彩虹花布。

除花海景致，还有精心设计多元丰富的体验活动，如陶瓷彩绘、香草体验、植栽课程，活泼的互动方式，让游客玩得不亦乐乎。

北二高下大溪交流道后，往员林路一段走台3线，于介寿路接台4线，再接台7线往慈湖，循指标即可到达。

富田花园农场

地址：桃园县大溪镇福安里坪尾20-1号
电话：(03)387-254-1

农场已成了婚纱照的户外摄影棚，农场内的彩虹花田，是主人取经北海道的设计，色彩明亮的7条繁花小径，织成层次分明的大块地毯，一路向远方的小屋延伸，美丽的图腾吸引着游客处处留影。站在2楼的餐厅远眺，这片大地美景尽收眼底，更显浪漫。娇美的新娘、潇洒的新郎，搭配这一片良辰美景，留卜一生中的美丽记忆，整个农场泛起浓得化不开的甜蜜。

黄金色的巨无霸向日葵、紫色迷离薰衣草、爱情花，加上薄荷、迷迭香等香草，各色花卉形成一片花团锦簇、香气芳郁的景象，仿佛是大地艺术家绘制的水彩画。小舟轻系木造码头，在水面上漂浮，这般景象营造着幽静的气氛，让人心灵不禁沉淀，清澈的湖泊，许多鲤鱼自由悠游，更添活泼气氛。4~5月油桐花开之际，携手漫步油桐花步行道，呼吸清新的空气，白色小花迎风飘舞，仿佛情人步步相随，在小雨、花瓣纷飞的季节，会让人有种恋爱般的感觉。

北二高下大溪交流道后，沿着台7线往慈湖方向走，富田农场位于慈湖斜对面。

大溪保健药用植物园

地址：桃园县大溪镇月眉里15邻 82-8号
电话：(03)388-9262

园区规划有保健植物区、养生美食馆、保健展售区、药草展示馆等部分，"保健植物区"内种植二百多种的药用植物，例如可让头发乌黑亮丽的何首乌、可治眼疾的决明子、具明目效果的枸杞，可提高免疫力、预防失眠的刺五加，其他如艾草、芦荟、金线连、香椿、含羞草等，还有许多你曾在路边看过，却叫不出名字的植物，除了提供绿意盎然的视觉享受之外，特殊的香味也让进入园区的人顿时舒压不少。"药草展示区"内，若团体来此，还安排专业解说药草的妙用。而"保健展售区"内贩卖的养生茶及食谱，是主人的独家秘方，想要增加健康新知识的人不妨试试看。了解药草的功效之后，再品尝几道养生美食，会让人更加安心。养生美食馆四周以绿色植物装饰，微黄的灯光、药草的天然香

气，给人一种安静的心情，营造出饮食的绝佳气氛，让每个来此用餐的人都能达到绝对的放松。

北二高下大溪交流道下，行台3线往大溪方向，过大溪武岭桥于路口月眉山观音庙左转，直走即可到达。

石门水库

地址：桃园县大溪镇环湖路1号(石门水库管理中心)
电话：(03)471-2000

石门水库是台湾岛北部十分著名的多功能大型水库，是台北地区主要的水源，可在坝顶端游赏水库绿波壮雅的景致，水库气势磅礴的壮观泄洪景象，使无数慕名而来的游客大饱眼福。此外还可以到码头乘船，依循不同的游湖路线，各有其趣，享受自在悠游湖面的惬意，为旅游增添不同的新鲜感受和体验。当然石门水库素来以活鱼闻名，包括新鲜的鲤鱼、草鱼等，相信更是许多饕客不可错过的美味佳肴，绝对会令人食指大动。水库除了水坝风景区外，附近还有阿姆坪等游

北二高下大溪交流后，循台3号公路转台4号公路往石门方向前行，即可抵达石门水库收费站入口。

憩休闲区，园内悠悠绿草如茵，对映着阳光云影湖色变化，亦是偷得浮生三日闲的好去处。

后慈湖

洽询电话：(03)332-2101转5263-5

后慈湖占地约7公顷，月牙形的湖面清澈见底，四面环山，湖面比之前开放之慈湖陵寝旁的前慈湖略小，十分静谧，风景更是怡人，不时可见野鸟或野鸭戏水于湖上，呈现如国画般的寂静优美。

而沿着湖畔的步行道顺行而上，除了是赏鸟、赏蝶、赏枫的绝佳地点外，也可以体验原始森林所带来的鸟语花香与森林气息的深层感受。

北二高下大溪交流道后，循桃64县道，转行台3线，经武岭桥，续行至大溪镇区，再行康庄路，左转台7线前行，即可抵达。

北横公路

北横景观公路，西起桃园大溪镇内，东至宜兰县境，全线编属台7号公路，总长约120公里，为桃竹苗地区往东部兰阳地区的重要越山公路。沿线以自然景观和山地部落风情为主，很适合两天一夜的行程安排。

自大溪开始进入，沿线有多处风景区，如大溪小镇风情、慈湖静谧之美、头寮陵寝追思、桃园大溪附近的石门水库风景区、三民蝙蝠洞。进入山区后可达角板山公园，沿着公园旁的步行道前行，经过吊桥，辗转便来到溪口台地。此地群山环绕，溪水缓缓横流此向，由角板山公园眺望，景色煞是动人。

北二高下大溪交流道后，循台3线接台4线至大溪，再转接台7线入北横，依指标前往，即可抵达各景点。

沿途还会经过复兴桥、罗浮桥等。到了小乌来瀑布风景区，除了有瀑布盈飞流泻的美景外，还有一颗相当奇特的巨石矗立溪边，仅以一面的着力点与陆地相连，又名风动石。

东眼山森林游乐区与梯田景致，也极受游客的垂爱。巴陵为整段北部横贯公路的精华旅游区段，以神木群景观而著名的达观山自然保护区位于其境内附近，由历史名人编号命名而成的神木群，散布于达观山区，漫游于苍林茂荫的林间步行道中，同时亦可享受大自然芬多精的洗礼。

复兴青年活动中心
地址：桃园县复兴乡泽仁村中山路1号
电话：(03)382-2276

小乌来瀑布风景区
地址：桃园县复兴乡义盛村42号
电话：(03)382-1235

东眼山森林游乐区
地址：桃园县复兴乡霞云村
电话：(03)382-1506

巴陵附近的北横路段，每至秋末冬初时节的枫叶景观，更是游客恋恋不舍的绝美景致。而新兴部落温泉又称嘎拉贺温泉，此处为泰雅族聚集地，除温泉泡汤活动外，更可顺道体验泰雅人的生活风情，享受一下当地特产新鲜美味的农产品，包括香菇、温带水果等。其中最著名的是每年六、七月所产的水蜜桃，果肉粉嫩鲜甜又多汁，是北横闻名遐迩的水果珍品。

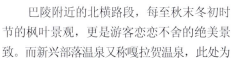

新竹市 XINZHU CITY

新竹火车站

地址：新竹市中华路二段445号
电话：(03)523-7441

素有"风城"之称的新竹，是一座饶富怀旧历史感与现代科技荟萃的城市。建于1913年的新竹火车站是台铁纵贯线上最古老的火车站。整个古典欧式建筑搭配盔帽式钟楼，镶嵌诉说着悠悠的交通运输历史风情画。如此复古又典雅的建筑设计，为原本仅为作交通枢纽的新竹火车站更增添了感性之美与艺术气息。近年来大型百货如SOGO等，纷纷进驻此商圈，朝气蓬勃的繁荣景象络绎不断上演，使得车站附近热闹繁华、人来人往，相形之下，更彰显出车站的优柔风韵之美。

中山高下新竹交流道后，由光复路往新竹市区的方向前进，便会抵达。

竹堑迎曦门

地址：新竹市65号
电话：(03)531-9756

新竹东门城建于清道光年间，又名"竹堑迎曦门"，是为当时竹堑城的东边进出城隘口要道。原本有城楼四座，但南、西、北门都已不存在，故而更显迎曦门的历史价值。近年来经由市政府重新修建整理，将古韵朴华的城门外观点饰亮丽动人的夜色装置艺术，

配合着河畔沿线公园，不时举行大型文艺活动，使这里俨然成为新竹市极富浓厚艺术文化气息的娱乐场所。夜间点上盏盏华灯，整个东门与其广场好似披上了华丽精致却又迷幻的衣裳，科技与传统的结合，使东门变化出另一种风貌，再度延续了历史文化的意义。

中山高下新竹交流道后，由光复路往新竹市区的方向前进，再沿新竹车站往前行，即可到达。

城隍庙

地址：新竹市中山路75号
电话：(03)522-3666

建于清乾隆十三年的新竹城隍庙，为台湾地区规模最大的城隍庙，古色古香的庙宇建筑，石雕技艺精湛生动逼真。三殿式的庙体建筑，其内保存有多块匾额，如清光绪帝所赐的"金门保障"四个大字，年代十分久远，为城隍庙历史记录的最佳见证者。此外精致的八卦藻井更具有艺术价值，相当值得一看。城隍庙周边林立着各式各样风味独特的新竹特产小吃，比如爽口的新竹米粉、嚼劲十足的贡丸、香喷喷的柳家鲁肉饭、馅多味美的新竹肉圆、料多丰盛的润饼等，个中滋味绝妙难喻，相信足以使你大饱口福。

中山高下新竹交流道后，由光复路往新竹市区的方向前进，再沿车站往前行，经过东门城，绕过圆环后，转讲东门街直走到庙，便能抵达。

影像博物馆

地址：新竹市65号
电话：(03)528-5840

日据时期称为"新竹市营有乐馆"，是当时全台地区首座拥有冷气的戏院，光复后改名为"国民大戏院"，于2000年改建后正式开馆营运。馆内设有电影回廊、有乐广场、露天放映机展示、影像文物展示区、古董冷气、多功能视听室及电影厅等。馆内收藏了煤油幻灯机、旧式留声机、帝雅克留声机、古董放映机、立体西洋镜、双喇叭留声机及各式海报等；并保存有众多如《桂河大桥》、《罗马假日》、《惊魂记》、《北非谍影》、《与魔鬼共骑》、《喜宴》、《河流》等中外经典电影，是一处认识电影文物珍藏、展览、播映等影像文化纪录历程的园地。

中山高下新竹交流道后，由光复路往新竹市区的方向前进，沿新竹车站往前行，经过东门城，再行东门街、即可抵达。

新竹市 XINZHU CITY

风城愿景馆

地址：新竹市东大路一段1号
电话：(03)562-4540

原为空军工程联队礼堂所在处，入夜后的楼馆外观造型在灯光艺术照射下，分外美丽。以老建筑活化再利用的概念所建构成的风城愿景馆，以晶亮别透的玻璃光塔造型突显新竹著名的玻璃产业。整个馆内规划区域有主入口模型区、主题展板区、专题展板区、模型展示区、会议室等，专门展

中山高下新竹交流道后，由光复路往新竹市区的方向前进，转食品路，再转公园路即可到。

示介绍风城公共建设发展的历经转变，能更深入了解到新竹都会不同的一面，极具教育意义。

竹堑玻璃工艺博物馆

地址：新竹市东大路一段2号
电话：(03)562-6091

中山高下新竹交流道后，循光复路往新竹市区方向，左转公园路前行不久，即可抵达。

由早年的玻璃工业走向艺术性的玻璃工艺，是新竹三宝之一，为使民众能深入了解风城玻璃产业艺术的多元化。其前身为日据时期的自治会馆，而后特地成立为"竹堑玻璃工艺博物馆"，以玻璃与光结合的馆体设计、以两座不同时期建筑建构起博物馆，其内规划有大厅、建筑物的历史沿革、特展室、中庭、常设展示室、玻璃的科技与生活文明、玻璃桥、图书纪念品区、多功能展示区等，并有技师现场示范玻璃工艺创作，可以一窥竹堑玻璃艺术文化迷人的风采。

十七公里海岸风景区

地址：新竹市南寮至南港之间约十七公里的海滨地带

为北台湾最大的海滨湿地，拥有丰富的朝间带生物，如和尚蟹、万岁大眼蟹、台湾招潮蟹等，更是多种水鸟的栖息之处。在这约17公里的滨海地带，有帆船运动公园、新竹苗圃、南寮休闲渔港、港南滨海风景区、南十八尖山、金城湖、环保教育馆与渔产品直销中心等，在此不仅能欣赏海天美景，更能认识众多的滨海自然生态。

中山高下新竹交流道后，转光复路、东大路前行即可抵达。或北二高下竹林交流道后，转台68线往新竹市方向，接台61线至东大路右转便可抵达。或北二高下香山交流道后，转台1线、台61线往新竹市方向，至东大路左转亦能抵达。

小叮当科学园区

地址：新竹县新丰乡上坑村坑子口102-1号
电话：(03)559-2132～8

　　小叮当科学游乐是台湾岛北部一处以自然科学为主题的大型户外游乐园，园内景观设施建置皆运用各种物理科学原理而设计，比如以"水"为主题的落神海、热带雨林、天上水与水当当欢乐广场等，或以"声"为主题的马克斯威尔通话器、八千里路云和月与贝尔话筒等，还有以"光"为主题的伊索寓言、格林童话、阿波罗旋转雕塑与伊索万年历等，每一样设施都寓教于乐，新奇好玩。

　　此外，最新引进光束镭射战场结合声光效果科技，让游客身历其境；亦可悠闲漫步于美轮美奂的景观花园，于园区高处远眺赏览蓝天碧海，绚丽万千。当然在这里还可欣赏到竹堑地区著名的风景：凤崎落日的夕阳美景。如此融合了多功能取向的科学游乐区，是一个适合全家亲子同游的好去处。

南下由中山高下湖口交流道后，转接台1线行至明新技术大学，再循指标前行，即可抵达。北上则由中山高下竹北交流道后，接台1线往北行，至明新科技大学后左转，再依指标前行即可抵达；或行台15线过竹北后，于凤鼻隧道处往新庄子方向前行，亦能到达。

六福村主题乐园

地址：新竹县关西镇仁安里拱子沟60号
电话：(03)547-5665

　　六福村主题游乐园是台湾岛北部地区一处十分著名的大型综合游乐园。园内采用主题式游乐规划，首先进入眼帘的建筑物为最新的阿拉伯魔宫游乐世界，多样游乐设施如魔毯、风火轮等，仿佛进入一个古中亚阿拉神话世界。还有美国大西部园区，惊险刺激的大峡谷急流泛舟、西部疯狂列车、醉酒桶等。南太平洋园区内17层楼高的"大怒神"，由高处垂直急速降冲，可感受自由落体与地心引力的撼人威力。火山历险的独木舟冲浪，沿途可欣赏到多种恐龙雕塑，而俯冲刹那更让游客惊声尖叫，是难得抓拍摄影的好选择。野生动物园更是六福村最悠久且极具特色的主题园区，由于是开放饲养的方式，游客能认识与了解到各种温驯和凶猛的动物以及它们真正生活形态的样貌，且备有游园专车负责载送游客游览，极为便利。

北二高关西交流道下4公里处或中山高由幼狮交流道下13公里处，即可抵达；或行台3线若为北上由竹东至关西达六福村，若为南下由三峡至大溪经龙潭循指标，即可抵达。

亚森观光农园

地址: 新竹县关西镇石冈子739号
电话: (03)586-9191

是台湾地区第一家以温室水耕方式栽种番茄的农场，开放给游客采果赏花。利用水耕方式种植的果实，色彩较为红亮，口感亦更佳。而营养价值颇高的番茄还有不同的品种，如金黄剔透的黄金番茄、粉粉嫩嫩的桃太郎，颜色偏紫的黑美人……所有的番茄不只是好吃，卖相也很出众。

每年的10月上旬到次年7月，正是番茄的盛产期，大批游客络绎不绝，来此品尝新鲜果实。除了番茄之外，其他如草莓、火龙果、黄龙果、蔬菜皆是以有机的方法培育，坚持最好的品质，让每位游客都能享用最甜美的水果。此外，娇美的玫瑰花也是农场积极努力培育的对象，宽敞的温室里开着各色美丽的花朵，淡雅清香更令人心情愉悦。

北二高从下关西交流道后，接118号县道往新埔方向前进，约6公里即可到达；或走中山高下竹北交流道后，续接118号县道往新埔方向，循指标前进，约12公里处即到达。

亚太观光农场

地址: 新竹县关西镇大同里11邻16号
电话: (03)587-0011

说到采番茄，就不能不提到亚太观光农场，它的总面积约2公顷，主人罗先生种番茄已有十多年了，可说是这方面的经验老手。特地引用纯净甘美的山泉水，也采温室植培，让温度可立即升温、降温，提供植物最舒适的生长环境，也能提高产量，并有"吉园圃"的品质保证。

农场里的番茄种类繁多，除了市面上常见的黑柿外，还有牛奶番茄、牛肉番茄、奇异果番茄等比较特殊的品种，当然也少不了长相讨喜可爱的桃太郎番茄，美味多汁的口感，总令人爱不释手。开放采果的时间为每年的10月至次年的6月，此外，元旦前后则是五彩缤纷的甜椒登场，抢眼的外型总让人忍不住想流口水呢！

北二高下关西交流道后，下匝道后右转前行3公里，即可抵达。

云海休闲农场区

地址: 新竹县关西镇东平里63-10号
电话: (03)547-5388

原 以茶园起家，在茶园之外开辟大片果园，种植百香果、蚕宝宝状的桑葚、仙桃、杨梅、芭乐、火龙果等，提供游客采果之乐。云海致力于培育独角仙的生态，刻意营造的环境，使得大批独角仙在此定居，可供教学认识昆虫生态。

主人对古时候农村生活的器具相当有感情，因此广泛收集各式各样的古农具，甚至有许多有心人士知道主人的爱好，慷慨贡献出自己家中的古董，使得展览馆中的古农具颇为齐全。

农场特产的茶焗蛋是游客回笼的主因，先以生鸡蛋浸泡于盐水，阴干之后再以茶叶烘烤，让蛋彻底吸收茶香之后，表面呈现淡褐色，香气口感令人难忘；黄金美人蛋蛋香融合美人茶的香气，更适合重口味的人。

北二高下关西交流道后，走118号县道往新埔方向，过"亚森观光农园"之后往关西营区方向右转竹18号乡道，循指标直走即可到达。

金勇DIY休闲农场

地址: 新竹县关西镇东光里16张2邻35-1号
电话: (03)587-0899

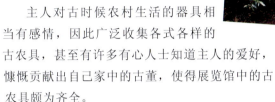

全 岛番茄种类最多的农场，素有"番茄联合国"之美称。有来自世界各国，如日本、荷兰、韩国、法国、以色列，甚至非洲各国的各品种，统统在此聚集。果实形状、颜色各有特色，口感也不尽相同。荷兰的黄金番茄脆甜低糖，具有减肥效果；又脆又硬的奇异果番茄，水蜜桃番茄表皮具有绒毛，还有像灯泡、柠檬、甜椒、樱桃等。每年10月至次年7月是番茄盛产期，常吸引大批游客前往参加这场番茄嘉年华会。农场还安排导游解说，让游客能清楚番茄的种类以及口感，完美的番茄飨宴营养又健康，现榨的番茄汁让你感受到原汁原味的满足感。

除了番茄，还有黄、红、橘、紫、象牙白等颜色艳丽的彩色甜椒，不只外表绚丽，口感亦清脆香甜。尽管未经烹煮，清洗干净后直接蘸梅粉吃，真实原味也是一种极大的满足。

北二高下关西交流道，接118号县道走正义路，循指标左转台3线，约60公里处即到达；或下关西交流道后左转，续行至第一银行左转，过东安桥后于关西农校右转，约500米即可到达。

北埔老街区

金广福公馆 地址：新竹县北埔乡6号
天水堂 地址：新竹县北埔乡1号
姜阿新宅 地址：新竹县北埔乡北埔街10号
慈天宫 地址：新竹县北埔乡北埔街1号

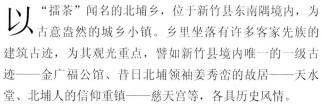

以"擂茶"闻名的北埔乡，位于新竹县东南隅境内，为古意盎然的城乡小镇。乡里坐落有许多客家先族的建筑古迹，为其观光重点，譬如新竹县境内唯一的一级古迹——金广福公馆、昔日北埔领袖姜秀銮的故居——天水堂、北埔人的信仰重镇——慈天宫等，各具历史风情。

北埔人的民间信仰重镇"慈天宫"，创建于清同治时期，现已为当地的三级古迹，主祀天上圣母、观世音菩萨、三山国王等，常保佑乡里平安。

北埔老街以"大正式牌楼"建筑成街，兴于日据时期，顺着庙埕街道与南兴街交会两旁间，林立开设有各式茶楼、店铺，是品尝擂茶风味、客家米食、游逛集市的好去处。

秀銮公园位于慈天宫后方山丘附近，依山而建，绿意盎然，并遗置有一大片百年纪念碑亭，静诉着北埔设乡成集的悠久历史。

北埔有座用糯米修筑而成的百年古桥，极为古朴而坚实，值得一游。山势峥嵘、秀峻耸立，为台湾岛十二胜景之一的五指山，其周遭山峰坐落有多处庙宇，如玉皇宫、灶君堂、五峰寺、观音禅寺等，均是观赏北埔自然乡野风情画的好景点。

此外，位于北埔乡外坪村的北埔冷泉，即"内大坪冷泉"，是全台仅有的两座冷泉之一（另一处是在宜兰县境内的苏澳冷泉），属于弱碱性碳酸泉，泉温约21℃左右，泉温在夏天约15℃，冬天则是10℃左右。这里是全台知名的冷泉区之一，紧临大坪溪谷，规划有完善的冷泉池、游乐区、吊桥；溪间可欣赏由拦砂坝所形成的潺潺秀丽瀑布景观，为北埔地区热门游山玩水泡汤的好胜境。

北二高下竹林交流道后，沿120号县道至竹东，转台3线便可至北埔乡境；而由北埔车站前转向秀銮山下的直行，即可抵达北埔冷泉。

绿世界生态农场

地址：新竹县北埔乡大湖村7邻20号
电话：(03)580-1000

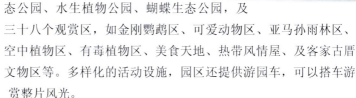

占地约70公顷，园区内动物、植物生态之丰富，整座农场仿佛露天的动植物百科博物馆。全区分成五大展示主题区，包括天鹅湖、鸟类生态公园、水生植物公园、蝴蝶生态公园，及

三十八个观赏区，如金刚鹦鹉区、可爱动物区、亚马孙雨林区、空中植物区、有毒植物区、美食天地、热带风情屋、及客家古厝文物区等。多样化的活动设施，园区还提供游园车，可以搭车游赏整片风光。

宽敞的绿野广场，绿油油的大草坪，可以在其中奔跑、放风筝，享受片刻悠闲；茅草屋造型的游客旅游中心是提供游客洽询问题之处，南洋风味搭配这片宽敞绿意的园区，显得清凉无比；4个景观厕所结合大地丛林的巧思设计；热情的水果吧提供清凉的水果饮料，让你身心彻底解放。

南下于北二高下竹东交流道后，再接120号县道至台3线右转，在79.5公里处左转，约2公里即可到达。北上则走中山高下头份交流道后，再接124号县道，至台3线往北走于79.5公里处右转，约2公里即可到达。

金吉蛋休闲农场

地址：新竹县莒林乡水坑村3邻73号
电话：(03)592-8686

以蛋为主题的休闲农场，有北台湾第一座全自动化蛋鸡场，饲养着三万只鸡。小朋友可亲自进入鸡场挑选养生鸡蛋，了解到底是鸡生蛋还是蛋生鸡，从教育的角度让人学习生命的历程。还可走进小鸡触摸区与鸵鸟触摸区，喂食农场里最小和最大的鸟类——小鸡和鸵鸟。通过近距离的接触，体会动物的可爱。结合环保、创意、艺术的鸡蛋彩绘活动，可以激发小朋友的想象力，在小小蛋壳上自由挥洒亮丽的色彩，加上自己喜爱的图案，设计独一无二的鸡蛋艺术品。

蛋之艺博物馆里收藏了各种蛋壳以及蛋的艺术品，从壁虎蛋、鸡蛋、孔雀蛋、鹦鹉蛋、鸵鸟蛋，教你认识不同的蛋以及蛋的故事。而简长顺老师的蛋雕技艺，充分展现化腐朽为神奇的魔力，以彩绘或雕刻等技术，赋予蛋不同的生命光辉。

北二高下竹林交流道后，循行120号县道往竹东方向，沿指标经大华技术学院后，再前行2.5公里，即可抵达。

湖口老街

地址：新竹县湖口乡八德路与三段之间（旧车站附近）

湖口以种植稻米、茶叶、芋头、山药等农作物为主。清光绪十九年，铁路开通后在此地设有车站，吸引许多客家族群来此建立集市，繁华盛景享誉一时。旧车站附近的老街即是著名的"湖口老街"，街上的红砖式建筑，排列整齐，设计为巴洛克样式，老街立面各个建筑物上皆有或商号或姓氏等。

没有过度的观光包装，老街呈现的是一种真正的复古宁静氛围。街头的"三元宫"，主祀三界爷，为当地三级古迹。另外，湖口老街有一特殊景象，那便是接近三元宫的屋舍多属于红砖式的华丽建筑，而靠近天主堂的屋舍却显得俭朴不少。如此迥异的差别，据说是由于当年来此投资的商人，因车站的迁移造成商机流失，建造的经费因而减少，便造成其所建造的房舍与周边巴洛克式的建筑产生了相当大的差别。至于特产，著名的蕃薯饼与芋头饼香脆可口，是来到湖口游览绝不可错过的风味美食。

 中山高下湖口交流道后，往北过了117号县道后，不久即可抵达湖口老街。

箭竹窝客家米食村

地址：新竹县新埔镇照门里3邻箭竹窝15号 电话：(03)589-8120

将客家米食、聚落、文物和大自然结合，乡村型的农庄、乐天悠然的居民、古意盎然的拱桥古厝，让人进来就能完全融入纯朴的客家风情中，在这里感受到的不只是乡村风光，还有农民拓垦的坚毅精神。入口不远处的石砌土地公，是居民们的信仰支柱，象征人亲土地亲的情怀。

为了推展庶民米食文化，结合生产面、生活面、趣味面，在这200公顷的村落分成数个单位，主要以米食DIY活动为主，竹岚园、锦屏森小吃茶坊、秀风农场、竹风农庄等，分别管理食宿事宜，大家互相帮忙，一同为文化、为生命延续而努力。杆押米苔苜、炭火慢烤艾叛丸子、可爱造型的鸵鸟麻糬，光看就让人垂涎三尺。一整天的米食套装行程，让你体会传统的制作手法，如何做出色香味俱全的小吃。传统的好滋味，浓浓的乡村味道，保证让你不虚此行。

 北上由中山高下竹北交流道后右转，至自强路左转，约6公里左转往115号县道，800米下坡左转，循指标前进，即可到达；南下可由中山高下杨梅交流道后，往新竹方向约2公里看到人行陆桥后左转，走右侧115号县道往新埔，约8公里后到达。

内湾

内湾是横山乡的客家村落，大量种植樱花树，有"樱花部落"的美称。清澈的油罗溪流贯内湾村落，溪床上的吊桥也成就了内湾的吊桥景致。内湾吊桥横跨油罗溪上，拥有双桥墩的结构，位于内湾村东方，人车皆可通行，是通往南坪的最佳途径。

横山民俗文物馆融合了客家与闽南的建筑特色，馆内除了展示传统的客家农庄文物，也提供文艺表演、文物展览与观光导游服务。

广济宫曾经历战火而遭废弃，1982年重修成今日之外观。内湾天主堂现址为日据时期"疟疾防治所"旧屋屋架檐梁重新再造，是内湾人民的宗教信仰寄托之一。

林业展示馆保留了内湾早期重要的林业文化资讯，这座免费的展示馆向民众提供了对于内湾地区发展文化的认识与了解。

野姜花粽是以野姜花根部研磨成野姜花粉，与香菇、虾米、猪肉等食材掺进糯米中，再以野姜花叶包成粽子，散发出自然的叶香。

内湾戏院曾经上演过客家大戏、歌仔戏、电影放映等，为目前台湾地区少数保留相当完整的木造古董戏院之一，如"多桑"、"恋恋风尘"等皆曾以此戏院作为旧时代的场景。

内湾派出所，为新竹县仅存的日式木造派出所，现仍有警员驻所服务。

大婶婆、阿三哥等鲜活的漫画人物是许多人儿时的记忆，漫画作者刘兴钦为感念故乡内湾的培育，提供漫画无馈展示，位于内湾小学内。

横山民俗文物馆地址：
新竹县横山乡内湾村大同路99号
电话：(03)584-9406

大婶婆美食馆地址：
新竹县横山乡内湾村279号
电话：(03)584-9308

岁月民宿地址：
新竹县横山乡内湾村281号
电话：(03)584-8062

内湾戏院地址：
新竹县横山乡内湾村227号
电话：(03)584-9260

内湾派出所地址：
新竹县横山乡内湾村4邻141号
电话：(03)584-9164

刘兴钦漫画馆地址：
新竹县横山乡内湾村139号
电话：(03)584-9569

广济宫地址：
新竹县横山乡内湾村大同路1号

内湾天主堂电话：
(03)584-1057

内湾林业展示馆电话：
(03)584-9472

北二高下竹林交流道后，循120号县道往横山方向，即可抵达内湾各景点；或北二高下关西交流道后，沿台3线至合兴，左转接120号县道前行即可到达；或自台铁西部干线新竹站，搭乘内湾支线前往，亦能抵达。

十二寮休闲农园

地址：新竹县峨嵋乡湖光村13邻21号 电话：(03)760-2708

位居于狮头山风景区内，占地约有2600平方米。此农园采以温室、网室等空间栽种各式蔬果、花卉，无农药与精致化的农业生产模式，并结合休闲、观光、教学等方式，塑造出一座拥有丰富资源的田园乐

园。农园所提供的餐饮服务包含有客家风味餐、各式茶饮咖啡点心，其中的招牌米食更是回味无穷的好味道。来此农园除了体验农村风情之外，还可沿自行车休闲车道来一趟峨嵋湖畔的乡间之旅，彻底享受最健康的自然美景之行。

中山高下头份交流道后，循124甲号、124号县道往峨嵋方向前行，再循台3线往南前行，再转入十二寮休闲农业区便可抵达。

马武督探索森林·绿光森林

地址：新竹县关西镇锦山里12邻138-3号
电话：(03)547-8645

占地约450公顷，园区包含有烤肉区、竹林步行道、马武督瀑布、杨梅步行道、虹桥瀑布、杨梅老树、元气步行道、绿光小学等区域。园区内的瀑布区富含着每立方米约有2~4万个负离子，是舒畅身心的最佳良方。杨梅神木约有五百年历史的古老树种，一公一母，是极为珍贵的原生植物。还有配合偶像剧《绿光森林》所搭建的场景，自然地融合于森林园区之中，树屋、小学标志、黑板等场景都弥漫着电视剧的浪漫氛围。另外园内拥有广大的柳杉林、野牡丹、狭瓣八仙花、黑翅萤、莫氏树蛙、五色鸟等丰富的动植物资源，是园区最想与你分享的生态感动之美。

北二高下关西交流道后，循118号县道往关西方向前行，过台3线后再续行118号县道于金鸟海族乐园旁右转直上，便能到达。

雪霸休闲农场

地址：新竹县五峰乡桃山村民石380号
电话：(03)585-6192～3

位于海拔约1920米的野马瞰山山顶的附近，是具生活、生态、生产于一体的海拔休闲农场，邻近雪霸观雾游览区，有乐山群道、桧木神木群，山径保持自然清幽的原貌，亦是通往大霸尖山的必经之路。沿途山景秀丽，自然清幽的风貌，青山绿野环抱，颇有遗世独立之姿。一年四季美景各异，冬季可欣赏雪景、云海云瀑的壮观之姿，秋季枫红片片，染红整片大地，更显诗意，夏日流萤，点点光明，无论何时到来，都有不同的浪漫风情，还可观赏日出东方的壮丽景色。

园区种植各类温带水果和花卉，6～8月的水蜜桃、7～8月的小蓝莓、8～9月的世纪梨、11月的奇异果，果实仿佛吸收山林精华，颗颗硕大丰美；而特产花卉则有"花中之王"美称的牡丹以及娇美的茶花，争相竞艳。

不管是登山徒步、度假旅游、会议训练，来雪霸可朝看日出、夕观云海、夜赏星辰，凝听山林的自然呼吸，澄清你的思绪。

中山高下新竹交流道后，转122号县道经竹东、五峰、清泉、土场、检查哨、云山派出所，不久即可到达；或走北二高下竹林交流道后，往竹东方向续转行122号县道前行，即可到达。

观雾森林游乐区

地址：新竹县五峰乡与苗栗县泰安乡交接处
电话：(03)522-4163

因海拔高、地形特殊，常年云雾缥缈环绕，仿若世外云雾仙境，故名"观雾"。观雾林区内森林保护极为原始自然，犹如一座远离尘嚣的森林天堂，置身其间身心舒放，倍添休闲之感。由观雾森林游乐区再循东线林道的方向前进，可抵达"世纪奇峰"——大霸尖山与小霸尖山的登山口，可顺便登山徒步，享受征服山林的喜悦。

中山高下新竹交流道下，转122号县道经竹东、五峰、清泉、土场，过检查哨，即可到达；或北二高下竹林交流道后，往竹东方向行驶后，续转行122号县道前行，即可抵达。

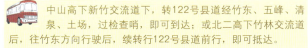

三义木雕博物馆·木雕形象商圈

地址：苗栗县三义乡广盛村广声新城88号（博物馆）
电话：(037)876-009

三义木雕博物馆为全台唯一以木雕为展示主题的公立博物馆；馆内以展示木雕艺术为主，有木雕艺术解说区、鬼斧神工——中国造像区、台湾地区木雕艺术区、转型与展望区，以及木雕之美——体验学习教室等五个部分，可完善详细地认识了解到木雕的源流演变，同时欣赏到各式各样栩栩如生的木雕艺术品。

当地居民大多以木雕业为生，想要更加深入地了解三义的雕刻风采，其附近的水美街或广声新村更是不可错过的游览线。以"旧街"素称的水美街坊便聚集有两百多家的木雕艺品店铺，是值得一探的民俗工艺品街。

中山高下三义交流道后，沿着台13线循指标往三义方向前行，即可抵达三义木雕形象商圈与木雕博物馆。

西湖度假村

地址：苗栗县三义乡西湖村西湖11号
电话：(037)874-656

西湖度假村是一处结合知性展览和游乐设施的综合型休闲度假村，花园绚丽灿烂，种满油桐树的森林清幽宁静，每年盛开的油桐花所形成五月雪的唯美景观，惹人怜爱。有著名的凡尔赛欧洲宫廷花园，绿草如茵、百花芬芳，是许多佳偶们拍摄甜蜜倩影的好选择所在。曾在台北灯会大放异彩的主灯：飞龙在天、三羊开泰、忠义定乾坤与洪福齐天等，均安置在园区内。动植物园是认识自然生态环境的教育园地，维多利亚迷你高尔夫球场内，洞洞有玄机，有另一番惊奇趣味的感受。位于油桐树林前的恐龙化石馆、世界化石、奇石珍奇馆与史前神木馆，是充满知性与惊奇的博物园地；而爱丽丝乐园的各类设施，可满足感官上的刺激。另外还有原木风味的森林木屋、舒适洁净的度假饭店、烤肉区及弥漫芬多精的油桐步行道、精美木雕艺品收藏展示等各具特色。

中山高下三义交流道后，循指标前往即可到达。或可搭乘国光号、中兴号直达西湖度假村。而搭新竹客运，往三义方向，在西湖口站下车步行五分钟即可抵达。

旧山线铁路·龙腾断桥·胜兴车站

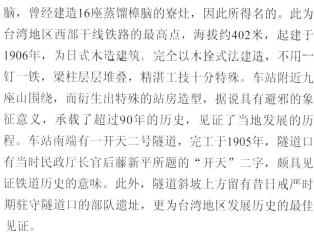

兴 建于清末民初的台湾岛旧山线铁路，日据时期为西部纵贯线最后完工的路段，历经岁月风霜的摧残与多次地震，又得以修复。近年来，铁道怀旧旅游风盛行，三义段的山线铁路便成为众多游客们新兴造访的胜地。纵然呜呜嘎响的老火车已为尘烟往景，不再复见，如今却引来更多人对它的怀念与珍惜，著名的观光景点为胜兴车站、鱼藤坪断桥等，古意盎然。

原名"十六分驿"的"胜兴车站"，据说昔日胜兴

此地因樟树丛生，为了开拓与提炼樟脑，曾经建造16座蒸馏樟脑的寮灶，因此所得名的。此为台湾地区西部干线铁路的最高点，海拔约402米，起建于1906年，为日式木造建筑，完全以木栓式法建造，不用一钉一铁，梁柱层层堆叠，精湛工技十分特殊。车站附近九座山围绕，而衍生出特殊的站房造型，据说具有避邪的象征意义，承载了超过90年的历史，见证了当地发展的历程。车站南端有一开天二号隧道，完工于1905年，隧道口有当时民政厅长官后藤新平所题的"开天"二字，颇具见证铁道历史的意味。此外，隧道斜坡上方留有昔日戒严时期驻守隧道口的部队遗址，更为台湾地区发展历史的最佳见证。

昔称"鱼藤坪断桥"的"龙腾断桥"，曾经是山线铁路中离地高度最高的桥梁，高约33米，其桥身为红砖拱形建筑，桥形十分优美。1905年，日本人请来自广东的师傅来建造此座红砖拱桥。1935年受关刀山大地震而毁损，现今所见的桥貌则为改建的新桥，但之后仍受九二一地震震断，目前仅存桥墩。历经两次大自然的地震伤害，在夕照余晖相映之下，此桥更显其沧桑之美，即使已残断，但其古朴优雅可说是旧山线中的第一美景。

中山高下三义交流道后，循台13线（尖丰公路），往苗栗市区方向走，即可到达三义木雕街及木雕博物馆。循台13线接119号县道，再转苗49号乡道，沿途即可经过胜兴车站，龙腾断桥。

通霄西滨海洋生态园区

地址：通霄镇海滨路41-1号
电话：(037)761-777

位于通霄火车站西侧约500米，规划有六大海洋生态鱼类主题馆，分别为海水鱼类、鲨鱼、珊瑚、刺皮动物、水母与特殊海洋生物等馆。此外，还有胎生红树林生态保育、潮间带节肢甲壳鱼类生态、台湾海滨植物培育园、珍奇动物园等自然生态展示区，物种十分丰富多样。当然，这里游乐活动项目更是数不胜数，如内海（海水湖）步行道景观区、维也纳森林林荫步行道、生存者野战训练场、露营区、观海楼、夜间营火场等，并设有套房住宿设备。炎炎夏日则开放通霄白沙滩海水浴场，可以与碧海蓝天为伍，消暑一番。

北二高下通霄交流道后，续接西滨快速道路南下往苗栗方向，经通霄后，依指标续行不久即可到达；或由台中、彰化走西滨公路北上，一个多小时路程亦可到达。

飞牛牧场

地址：苗栗县通霄镇南和里166号
电话：(037)782-999

从原本中部酪农村到今日的休闲牧场，除保持原有的酪农生态，还增添许多休闲设施与活动，露营、住宿、会议室等；保持土地的自净和环保，以不伤害自然为原则达到土地的完整利用，处处都可见其用心。

80公顷的盘固拉草，营造出青青草原的风貌，"蝴蝶生态区"里规划网室蝴蝶培育场，缤纷花草提供丰富的蜜源，亦设有解说牌，让游客了解其生命历程。"有机农园"的时令蔬果，是利用自然落叶堆肥的有机方式培育，健康的蔬果是餐厅盘飧的最佳食材，"水域生态区"则运用水的循环及水生植物的净化功能，栽植莲花、水生植物，展现自然资源的循环利用。"牧场生态区"有专员解说牛儿的知识与挤奶的注意事项，还可喂养台湾本土黑山羊与巴贝多黑肚绵羊，加上可爱动物区的家禽与迷你马作陪，更加热闹。

中山高下三义交流道后，续行130号县道至蕉埔后，转苗37号乡道前行，循指标即抵达，或北二高下通霄交流道后，循行台61线至通霄，再转121号县道前行不久即可到达。或行台61线经通霄后，转121号县道，即可抵达。

香格里拉乐园

地址：苗栗县造桥乡丰湖村1邻乳姑山15-3号
电话：(037)561-369

此处是以客家文化特色为卖点的知名大型休闲游乐园，在瓮墙水车池畔辟有一红瓦三合院"客家庄"，陈列有客家文物与各式农具用品等，不时举办生动活泼的客家歌舞表演，及充满乡土寓乐的童玩教学，精彩多姿。美轮美奂的水上乐园，是炎炎夏日的戏水天堂；宇宙广场设置

有360度太空龙卷风、冲天飞车等机械游乐设备，玩乐十足；悠闲漫步于浓浓风情画的欧式花园里，享受花草的芳泽；园内并提供有客家山庄或露营等度假过夜方式，领你体验分外美妙的梦乡。

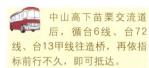
中山高下苗栗交流道后，循台6线、台72线、台13甲线往造桥，再依指标前行不久，即可抵达。

华陶窑

地址：苗栗县苑里镇南势里2邻31号
电话：(037)743-611（采预约参观）

成立于1984年，是台湾地区最早的现代柴烧陶艺，是兼具本土人文园林的知名陶艺窑场文化站；1991年正式对外开放，二十多年来历经无数爱好陶艺的游客的亲访，颇受各界赞誉及好评，亦让陶艺美学文化风采营造出新生命与新风貌。红砖黑瓦建筑坐落于绿林中，时雨雾氤飘，时绚阳悠洒，让窑园呈现出古朴新韵的逸静景致。可以近览欣赏与深切体验到本土人文庭园、原生植物园、相思

中山高下三义交流道后，沿台13线、130甲号县道，右循苗43号乡道前行，即可抵达；或自北二高下苑里交流道后，循130甲号县道，依指标即抵达。或行西滨快速公路至苑里后，左转苗43号乡道前往亦可到达。

柴烧窑、手捏陶、野茶等人文情、自然风的陶之旅飨宴，昼夜幻妙的华陶风情，随时欢迎来亲自走一遭，相信会无比心动。

苗栗县 MIAOLI COUNTY

台湾油矿陈列馆

地址：苗栗县公馆乡开矿村36号
电话：(037)221-300～235

1813年，日本人在今日公馆乡出矿坑场附近探得石油，这是台湾地区最早发现石油露头，当时以为探得的是硫矿，故命名此处为"出矿坑"。台湾某石油公司的油矿探勘总处于1981年在出矿坑矿场设立了油矿开发陈列馆，详尽地纪录了台湾地区石油开发的过程以及保存重要的史料。由于参观民众日渐增多，原场地已经不堪使用，便于现址再建立新馆体，于1990年正式使用，并改名为"台湾油矿陈列馆"。馆内展览包含探测文献、油气处理等重要资料。

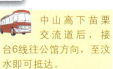

中山高下苗栗交流道后，接台6线往公馆方向，至汶水即可抵达。

大湖草莓园·大湖酒庄

地址：苗栗县大湖乡富兴村八寮湾2-4号
电话：(037)996-736～8

大湖地区向来以盛产寄接梨、柑橘、甜柿、桃、李、花卉等农产品而闻名，最负盛名的就是鲜红清香的草莓。在纵贯整个乡境的台3线大湖路段附近沿途便有多处草莓园，每年12月至翌年4月为草莓季，而2~4月是最佳采摘时节，经常吸引许多游客来此亲自体验采摘草莓的乐趣，而描绘出一幅热闹的乡村休闲风情画。

以大湖地区著名的草莓作为宣传品牌，将农特产品与观光产业作结合，主体建筑分为制酒中心、品酒中心与草莓文化馆三大部分：五层楼高的草莓文化馆内，完整详尽地介绍了大湖草莓的文化以及草莓生态。在专人引导之下，可于制酒中心观赏到榨汁、过滤、调酒、包装等过程。当然，来到此地千万别错过品尝果香四溢、色泽瑰丽的草莓酒与李子酒。

中山高下苗栗交流道后，行台6线往公馆方向前行，至汶水转行台3线，至130.5K处，便能到达。

狮头山风景区

狮头山风景区地址: 苗栗县三湾乡、南庄乡与新竹县峨嵋乡交据处

狮头山位于苗栗县三湾乡、南庄乡与新竹县峨嵋乡的交界处，属于鹿场大山的支脉，山峦叠翠，景色秀丽，海拔高度约500米。清道光六年（1826年），当时的淡水厅计划开拓中港溪山区，偶然观望此座山头酷似狮头，故称为"狮头山"。

与高雄的佛光山同为全台知名的两大佛教圣地，整区山峦叠翠、古木参天、绿意盎然，气候冬暖夏凉，十分宜人。山中点缀有多处古刹名寺，大部分依山势而建造，昔为台湾地区旧十二胜景之一。

狮头山建有相当多的寺院，光是位于苗栗县境内的便有劝化堂、开善寺、狮头岩、紫阳门、舍利洞与饶益院等，而新竹县境内则有望月亭、灵霞洞、金刚寺、元光寺等，俨然是台湾地区的一座宗教朝山圣地。

从狮山旅游服务中心顺着狮山古道或六寮古道登沿而上，一路上分别有灵霞洞、望月亭、水濂洞、七星树等景点。而狮岩洞元光寺最为悠久，距今已有一百多年历史，寺内主祀释迦佛祖。此外，其他尚有金刚寺、开善寺、劝化堂、饶益院、海会庵、万佛庵等寺庙。

位于苗栗县境内的劝化堂，可说是狮头山上规模最大、建造最辉煌的一座寺庙，庙身盖入山腹之中。

此外，狮头山的林相完整，孕育了相当丰富的动植物生态，如台湾猕猴、绿绣眼、台湾蓝鹊、画眉、赤腹松鼠等。自然清新的环境，是最佳的天然生态学园，更是假日休闲娱乐之所。

狮山旅游服务中心
地址: 新竹县峨嵋乡七星村六寮60-8号
电话: (03)580-9296

灵霞洞
地址: 新竹县峨嵋乡七星村56号
电话: (03)580-0371

水濂洞
地址: 新竹县峨嵋乡七星村61号
电话: (03)580-0862

元光寺
地址: 新竹县峨嵋乡藤坪村狮头山53号
电话: (03)580-0547

金刚寺
地址: 新竹县峨嵋乡七星村57号
电话: (03)580-0368

开善寺
地址: 苗栗县南庄乡狮山村226号
电话: (037)821-111

劝化堂
地址: 苗栗县南庄乡狮山村242号
电话: (037)822-020

海会庵
地址: 新竹县峨嵋乡七星村54号
电话: (03)580-0866

苗栗县南庄乡公所
地址: 苗栗县南庄乡东村四邻大同路3号
电话: (037)823-115

新竹县峨嵋乡公所
地址: 新竹县峨嵋乡峨眉村峨眉街1号
电话: (03)580-0253

中山高下头份交流道后，行124号县道、台3线，过三湾后，转124甲号县道续行，便可抵达狮头山；或从新竹县峨眉乡行竹41号乡道，直行便可到达。

苗栗县 MIAOLI COUNTY

南庄·向天湖

向天湖地址：苗栗县南庄乡东河村

赛夏族民俗文物馆
地址：苗栗县南庄乡东河村16邻向天湖25号
电话：(037)825-428

赛夏湖岸咖啡馆
地址：苗栗县南庄乡东河村16邻向天湖25号
电话：(037)825-559

围绕于清翠山岭间的向天湖，海拔约七百多米，景色秀丽，动植物生态众多；因地势高而经常雾气弥漫，山气缥缈如仙境。此处过去为赛夏族的聚集之处，相传昔日前人于此湖仰望天空，而得名"向天湖"，是赛夏族的圣湖。

传说，矮人族曾居住于一个神秘之处——瓦禄，其族人擅长农耕与巫术，并且帮助此地的赛夏人耕作。多年之后双方起了争执，赛夏族歼灭了矮人族，但赛夏人却因此遭受灾难。在诸事不顺的情况下，为告慰矮灵，赛夏族人每两年便举办矮灵祭，希望以此来祈求一切顺利。

每两年一小祭、十年一大祭的矮灵祭，由于极富浓厚原始神秘的色彩，近年来成为许多游客们极感兴趣的部落族群民俗祭典活动之一。举行日期为逢年农历十月中旬前后，祭祀活动在月夜里进行，极为神秘，分为告灵、迎灵、会灵、娱灵、逐灵等步骤。其中，游客仅能参加会灵及娱灵的活动，让整个祭典更显神秘。当然，在非祭典时期，特别是初秋时分，往向天湖的沿路上，亦是一处欣赏满布秋芒、徐徐飘逸景象的好地点。

位于向天湖旁坐落一间极富当地少数民族特色的小屋，是赛夏族民俗文物馆与赛夏湖岸咖啡馆二者的结合。民俗文物馆展示了属于赛夏族独特的染织工艺，是一窥赛夏文化的极佳场所。赛夏湖岸咖啡馆则是南庄地区唯一邻湖的咖啡馆，暂时忘却世俗忧虑，坐下并来杯香醇的咖啡，或是由苏打特调而成的蓝色向天湖、柠檬汁所调制的迷雾森林等饮品。大片的落地窗拥有极佳的视野，啜饮咖啡与饮品的同时还能远眺雾气氤氲中的向天湖，十分惬意。

中山高下头份交流道后，循124号县道往珊珠湖，接台3线往狮潭方向，过狮头山后续行往南庄方向，接苗21号乡道直行，过南庄大桥后，再行不久便可抵达。

泰安温泉区

地址：苗栗县泰安乡锦水村

泰安温泉区包含有"虎山温泉"、"腾龙温泉"及"泰安温泉"。位于泰安乡汶水溪畔，泉质是属碱性碳酸泉，水源充沛，无色无嗅，泉温约为40℃，可饮可浴。据说有治胃酸过多的毛病，且对多年风湿、神经衰弱，亦颇有舒缓之效。经过虎山吊桥后，即可抵达位于汶水溪床沙洲上的"虎山温泉"，而续往东行则可到"腾龙温泉"，再续往内走便会来到这温泉的水源头"泰安温泉"，水质呈乳白润滑状，位于深山幽谷中，值得一游。

中山高下苗栗交流道后，走台6线经过公馆后，往汶水方向续行，过汶水不久循指标左转进苗62号产业道路，即可抵达各温泉景点。

锦水温泉饭店

地址：苗栗县泰安乡锦水村72号
电话：(037)941-333

坚持采用高优质的设施与服务之经营路线，稳健扎实地建立起声誉卓著的好口碑，赢得来访者的喜爱，着实成为祥逸宁静的泰安山泉乡一颗闪亮耀眼的泡汤休闲新星。

温泉馆里外的泡汤设施与空间环境，有置身于浓浓热带雨林风格造景氛围的泡汤区，或者纾解身心压力、优质养生的KURHAUS池与SPA养生区，还有恋眷个人家庭间和乐增进的私密汤池等，可令身心极度舒展。泡完汤后，再品尝由馆方所精心准备的各式养生料理，是视觉、味觉上的多重享受。

日出温泉度假饭店

地址：苗栗县泰安乡锦水村横龙山34号
电话：(037)941-988

整栋温泉馆格调具有浓厚的南洋巴厘岛风味，对于赏汤的质感，日出分外挑剔与坚持，无论是露天风吕、养生SPA，到私密汤屋的铺陈，将"泉汤"、"人文"与"自然"等三者，自然而然地融入与契合，营造出属于"日出"独树一格的温泉特色。此外，在典雅的餐厅或宁静的咖啡厅里，尝着美食或者喝着咖啡，均是享受和乐、静思的绝佳休闲空间。当然，于"山水庭园楼"的各式尊贵隐秘下榻客房里，窗棂为浑然天成的画框，让你日赏山水、夜览星宿，睡梦分恬。

中山高下苗栗交流道后，走台6线经公馆、汶水后不久，循指标左转行苗62号乡道前往，即可抵达；或北二高下竹东交流道后，走台3线过汶水后不久，循指标左转行苗62号乡道前往，亦可抵达。

台中市 TAIZHONG CITY

台中火车站·20号仓库

地址：台中市中区建国路172号
电话：(04)2222-7236

作为台中都会交通枢纽的"台中火车站"，距今已走过八十多年岁月，属于当地二级古迹。老车站红白色砖瓦外观交织，颇有古欧式文艺复兴风韵，采左右对称的结构，红白相间的色彩，相当引人注目。古典风格的水泥浮雕与精美

的雕刻，为火车站增添了艺术气息。后站的20号仓库化身为铁道艺术展演场所，在各式驻站与非驻站的艺术家的巧思与创意之下，弥漫着无限的想象与文化氛围，为中部地区文艺活动再掀风潮。

中山高下台中交流道后，循台中港路往台中市区方向，再接前行，即可抵达。

台中自然科学博物馆

地址：台中市馆前路1号
电话：(04)2322-6940

为全台地区第一座科学博物馆，是以自然科学为生态展示主题的大型博物馆。整个馆内外完善辟划有演化史步行道、中国科学厅、生命科学厅、地球环境厅、科学中心、剧场放映厅、植物公园等展示区域，软硬体设施十分先进，为台中地区具超人气的公营展览景点，参观人潮络绎不绝。

中国科学厅以中国文化为主题，包括中国医药、科学与技术等各主题展示；生命科学厅则以介绍大自然中存在的奥秘为总主题，再分为植物演化、恐龙时代等14个次题展示区，可了解生命的发生、演化等奇妙的过程。在地球环境厅里，透过从小世界看大寰宇，配合各种不同展示方式，能了解探索自然现象的奥妙；太空剧场分别有太空、立体、鸟瞰、环境等剧场，透过现代化的科技声光影音效果来呈现，让观众犹如身历其境般，深受欢迎。

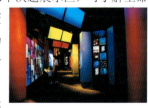

另有热带雨林馆，其间坐落一栋高达31米的热带雨林温室，馆型十分特殊，馆内仿照各种雨林生态环境铺陈展

中山高下台中交流道后，循台中港路往台中市区方向前行不久，即可到达。

示，植栽种类繁多，再加上最有特色的模仿雨林的西北雨，让参观者误以为就真正来到了雨林，新鲜感十足。

台湾美术馆

地址：台中市西区五权西路一段2号
电话：(04)2372-3552

为一座地下1层、地上3层的长条形建筑物，整个美术馆园区占地约10万平方米，是亚洲目前最大的美术馆。以视觉艺术、典藏品为主，主要典藏台湾地区明清时期至当代的美术作品，经常举办如国际版画、素描双年展与纪录片双年展等大型展示活动。馆内经常展出多项国内外著名的艺术展览，亦吸引许多爱好者前来共襄盛举；夜晚的美术馆建筑景致，别有另一番特色，为许多游客夜晚赏景活动的好去处。其周围的街区林立着各式各样风味餐厅、咖啡馆，装潢设计格调各具特色，是享受休闲时光的不错选择。

南下由中山高下台中交流道后，循台中港路往台中市区方向，右转美村路前行不久，即可到达；北上则由中山高下南屯交流道，循南屯路、五权西路往台中市区方向，亦能抵达。

TIGER CITY

地址：台中市河南路三段120号
电话：(04)3606-8888

占地近万平方米，共分为地下2楼与地上9楼；是由日本著名设计师精心打造的空间，极具流行与前卫。在简洁流畅的现代化建筑物空间商场内，规划有主题餐厅、影城、俱乐部、科技主题、时尚名品、生活品味、都会个性等购物美食娱乐楼层店铺，吃喝玩乐等消费休闲功能相当完善。

中山高于南屯交流道下，循南屯路三段，左转龙门路一段、市政路、河南路三段前行不久，即可抵达。

台中市 TAIZHONG CITY

东海大学

地址：台中市西屯区台中港路三段181号
电话：(04)2359-0121

园内著名的橘橙色斜张式建筑：路思义教堂，吸引许多新婚佳偶们纷纷来此留取最美丽动人的俪影，亦让上苍赠予最甜美的福音祝福，分外感人。东海大学周边街巷则是人潮汇聚的商圈集市区，吃喝玩乐应有尽有，十分完善。值得一提是校园对街的理想国一带，更是汇集坐落有各式各样风格独特的咖啡厅、茶坊，是爱好静思品茶者的休闲之处，许多名人雅士亦在此出没，想认识新朋友的话，不妨来此坐坐，或许会有意想不到的收获。

中山高下台中交流道后，循台中港路三段往龙井、沙鹿方向，经中港世贸中心后前行不久，便可到达东海大学；续行台中港路三段，再右转国际街，即可抵达理想国社区。

逢甲夜市

地址：台中市逢甲大学附近逢甲路、福星路与文华路一带

是台中西屯区一处人气火爆的热闹夜集市，各式各样民生百货、小吃餐饮，成为夜晚逛街用餐的好去处。低脂低糖的巨无霸冰激凌、料多且精致的五角冰铺、鲜美可口的章鱼丸子、香气浓郁的芝上上豆、入味十足的东山鸭头、鲜嫩多汁的鸡排等丰富的美味小吃，都是夜市中的人气美食呢！经由老旧建筑馆所改建的旗舰专区主题夜市，就坐落于逢甲大学的侧门旁，建筑物内拥有空调设备。在舒适的空间内，能同时感受到夜市摊位的乐趣，以及购物休闲的乐趣。

中山高下台中交流道后，循台中港路往台中市区方向，左转河南路二段往逢甲大学，即到达。

精明一街·中华夜市

精明一街地址：台中市大墩十九街与大隆路之间
中华夜市地址：台中市公园路与民权路之间的中华路段

近年来台中社区营造特色相当活络，其中以"精明一街"最具代表性与知名度，其街道设有休闲露天座椅，并且经常举办音乐会、社区文艺活动等，在此处不仅可以逛街、购物，具有丰富的娱乐性之外，更富有艺术文化的氛围。街道周间林立着各式精品店铺、餐饮小吃等，弥漫着浓厚的异国风情，为台中都会增添更多元的休闲娱乐性。中华夜市是一处拥有超人气的热闹夜市，拥有各式各样的民生百货、丰富多元的小吃餐饮，是夜晚逛街用餐的好去处。

中山高下台中交流道后，循台中港路往台中市区方向，再转民权路前行，便能抵达中华夜市；如由台中港路转精诚路前行不久，便能抵达精明一街。

中山公园

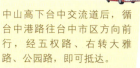

地址：台中市公园园路37-1号
电话：(04)2222-4174

中山高下台中交流道后，循台中港路往台中市区方向前行，经五权路、右转大雅路、公园路，即可抵达。

位于公园路的"中山公园"，可说是台中市最具代表性的游览观光景点，一般习称为"台中公园"。园内湖面上古色古香、玲珑雅致的中式源亭，建于清光绪年间，长久以来更是为台中市十分著名的市景代表建筑。而公园内林荫扶疏、花木茂密，更为台中市民时常作为休闲散心的好去处。每年元宵节的台中灯会，亦是将公园夜色点缀的千灯绽放佳节庆、万色缤纷鸿运显，吸引数万人同欢，热闹非凡。

台中市民俗公园

地址：台中市旅顺路二段73号
电话：(04)2245-1310

为全台首座民俗公园，采用中国传统闽南式庭园造景设计，阁楼园院，古色古香，并规划有"民艺"与"民俗"两大区，经常展演各种民俗技艺、传统戏剧等，别具传统特色。其"台湾民俗文物馆"里，展示有各种早期农具、民俗手工艺与宅院家饰等，是认识历史并回味古意的园地。

中山高下大雅交流道后，循中清路往市区，左转文心路四段、崇德路三段、旅顺路前行不久，即可抵达。

台湾香蕉新乐园人文生活馆

地址：台中市双十路二段111号 电话：(04)2234-5402

中山高下大雅交流道后，循中清路往市区，转文心路、双十路前行，便能抵达。

台湾香蕉新乐园是一处以20世纪五六十年代早期台湾地区社会缩影为主题的人文生活馆，规划有春露怀旧商店街、古茶坊、餐厅等街道、商铺、娱乐与人文等空间景象呈现，具有时下浓厚的怀旧氛围；以香蕉为名，意在以此中部重要的农产品作为对台中地区的认识与认同，为一处相当值得寻觅与回忆古代生活文化的园地。

台中市 TAIZHONG CITY

大坑风景区

地址：台中市北屯区东山路二段浊水巷9-1号
（台中市风景区管理所）
电话：(04)2239-4272

中山高下大雅交流道后，循中清路、文心路四段、北屯路、松竹路一段、东山路二段往大坑方向前行不久，即到达。

位于台中市东郊，山峦叠翠、风光宜人，向来为台中近郊假日休闲的好去处。区内不但可以登山、徒步、赏鸟、观赏野生植物、采果赏花、看风动石，并可从事大自然的森林浴，沉浸在清郁新鲜的芬多精围绕下，不但能洗涤身心疲惫，更可达到休闲目的。喻为万里长城的"大坑风景区"步行道绵亘有18公里长，步行道设计独具纯朴自然风貌，其间分设有原木凉亭、休憩平台等，均是走累时暂歇脚步的休憩站，而于各高处可远眺山间美景，让人心旷神怡，心胸豁然舒畅。漫步于各步行道间，不时可望见多种动植物的自然生态景致，亦是极为鲜活的户外自然教室。

【大坑风景区内共分为八条步行道，全长18公里，游客可依自己体力选择不同步行道前往。1号道：亲子同游步行道 2号道：幽静森林浴步行道 3号道：赏鸟步行道 4号道：体能挑战步行道 5号道：闲情雅致步行道 6、7、8号道：大众化步行道】

东山乐园

地址：台中市东山路二段151-2号
电话：(04)2239-1435

位于台中市大坑风景区境内，依山傍水，风景秀丽，是结合自然山水、艺术造景与游乐设施的大型休闲游乐园。园区内山水造景如桂林石林、龙蟠观音等各异其趣的奇岩怪石，置于青山绿水间，绵延汇聚而成犹似中国西南部的奇石山水景观。还有如万年树根、醉仙桶、仙履奇缘等造景，亦是饶富趣味的奇观；搭配园内还有多样花卉植物，让游客能获知更多的知性生态教育。在机械游乐区内，有滑翔翼、冲天飞船、太空飞象等数十种游乐设施，让游客感受到惊险刺激的娱乐效果；而水上游乐世界区则设有全台首创两段式泛舟冲浪滑道、360度云霄飞舟滑道、自由落体喷射滑道、漂漂河、儿童池等戏水设施，并提供时下最流行的温泉SPA泡汤水疗庭园世界，如中药美肤池、海盐浴等多种水疗池。此外，园内设有欧式国际交谊厅俱乐部餐厅、会议中心与土鸡城，提供多样美味及药膳食补，让你不但玩得开心，且吃得放心。

中山高下台中交流道后，循往北屯方向，转文心路三段、四段、东山路一段、二段前行，即可到达。

台中市立港区艺术中心

地址：台中市清水区忠贞路21号
电话：(04)2627-4568

建筑外观仿造闽南庭园式设计，相当秀丽典雅，兼具开放与地方特色；包括有展览厅、演艺厅、雅书廊、艺术广场、清水广场、图腾广场、回旋广场等，为清水地方文化采风的好去处。

中二高行至中港系统交流道，转4号道下清水交流道后，接台17线往清水方向，转三民路、忠贞路前行，即可抵达。

梧栖观光渔市

地址：台中市清水区海滨里北堤路30号
电话：(04)2656-2631

梧栖观光渔市是中部地区最有名的观光化鱼鲜供应市场，设有渔港景观、游艇码头、鲜鱼贩售区、鱼鲜餐饮区、渔港超市区及阿拉斯加海洋世界等，十分丰富。结合了生产、观光的梧栖鱼市外更有众多的小吃摊位，尤其是休闲假日，市场里外更是人潮汹涌。鱼松、鱿鱼丝、小鱼干、烧酒螺、炸龙珠、旗鱼黑轮等名产美食直让人垂涎三尺，不仅食客们吃得心满意足，而喜爱渔港文化的游客更是玩得不亦乐乎！喜爱海鲜的美食主义者，这丰富多元的梧栖观光渔市，可千万别错过了哦！

中二高于中港系统接4号道，于清水交流道下，续行台17线，再右转北堤路前行，即可到达。

镇澜宫

地址: 台中市大甲区顺天路158号
电话: (04)2676-3522

镇澜宫为全台极负盛名的妈祖庙之一，创建于清雍正年间，乾隆年间扩建并且改名为"镇澜宫"；庙宇建筑与格局是薪传奖大师之作，精致细腻的设计与雕刻，显现了富丽堂皇的恢弘气势，庙宇香火十分鼎盛。根据文献记载描述，开基建庙最早的妈祖为"开基

湄洲妈祖"，并来自于福建省湄州莆田一带，可见海峡两岸妈祖信仰渊源，颇为深厚。尤其是每年农历三月间的大甲妈祖进香绕境活动，数十万信徒虔诚跟随行脚景象，更是著名宗教盛事奇观之一，影响程度可见一斑，它不但是大甲乡亲的重要信仰中心，更是信仰妈祖的见证。

> 中二高下大甲交流道后，循行132号县道往大甲方向，接行中26号乡道、顺天路行不久，即可到达。

铁砧山风景特定区

地址: 台中市大甲区成功路87号
电话: (04)2687-4543

铁砧山风景特定区位于大甲区郊铁砧山之山丘上，以剑井神奇故事而声誉全台；传说当年郑成功来到大甲地区时，曾以剑插地而获甘泉，因而军队获得解渴之危，传奇性故事流传至今，深为世人所津津乐道。于观海楼旁矗立的延平郡王像，庄严具有气势，为此区的剑井传说添加更为传奇的神秘色彩。此区原本大多为保安林地，近来逐渐开发成为风景区；铁砧山顶视野辽阔，清代还有台湾十二美景之一的"铁砧晚霞"著称。目前区内有国姓庙、忠烈祠及永信运动公园等景点可连线游其中永信运动公园，是台中县政府规划的一处观光休闲场所，有公园、儿童乐园、龙潭、鲤鱼潭、六脚亭、小型森林步行道等游乐规划，信步其中，悠闲怡然。

> 中二高下大甲交流道后，循行132号县道往大甲方向，接行中26号乡道、中山路往苑里方向，再循成功路依指标前行，便能到达。

月眉育乐世界

地址：台中市后里区安眉路115号
电话：0800-054080

月眉育乐世界为台湾地区第一个BOT休闲产业中心，亦是台湾地区少有的大型水上乐园。而著名的"马拉湾"，拥有全世界最大的露天人造浪池，超过两米高的大浪侵袭而来，刺激畅快；快速的高空滑水道，可享受刺激、清凉，高空失速的惊奇戏水旅程。重量级的巫师飞艇让你尖叫连连，飙浪团团转；不断喷出水来的巫师迷阵，清凉带劲，酷暑时分不妨来一趟消暑娱乐之旅吧。

当然，如不想太过刺激的玩法，还可以在欢乐天地里获得惬意又不失欢乐的有趣另类体验。全家大小尽欢的互动式大型亲水游乐空间，拉近游客亲子间的距离。"探索乐园"分六种主题，规划有魔幻绿野仙境、魔汰森林、最后神秘之岛、月眉岛、神奇时空隧道、探索大道与主题商店等，多样又丰富。"抢救地心"是全球首座断轨式的云霄飞车，从17层楼高垂直坠落的刺激程度，玩得人惊声尖叫再三，为相当热门的游乐设施。

中山高下后里交流道后，循132号县道往后里方向，续行甲后路、安眉路，即到达。

月眉糖厂

地址：台中市后里区甲后路864号
电话：(04)2556-1100

创建于1909年，当时属于日糖兴业株式会社，现转型为观光糖厂，有全台唯一为排烟所设的囱底隧道，此隧道高度比一般人还高，现今隧道中展示着昔日糖厂的老照片。厂内还展示保存有曾风光一时的载糖专用老火车头、一些农村文物、制糖相关机器、载糖古拉车等文物，并且也贩卖台糖出产的相关农产品与透心凉的枝仔冰棒，为一处回忆孩童时光的好地方。

中山高下后里交流道后，循132号县道往后里，续行甲后路，依指标前行，即抵达。

台中市 TAIZHONG CITY

公老坪休闲农场

🏠 地址：台中市丰原区水源路坪顶巷12号
电话：(04)2524-5907

1977年开园，为全台首家观光果园，区内所生产的水果，都具有"吉园圃"合格标章，拥有一百多种果树及稀有水果观赏区。进入园区内你可尽情享用枝头新结的新鲜水果，一律免费，若需带走也仅须负担外带部分的费用。另外还供应精致套餐、各式点心、咖啡等，并有DIY活动、糕饼制作、彩绘T恤、果冻蜡烛制作、碳烤BBQ等。此外，园区还安排有如漆弹营、田园风情等套装行程，随时欢迎你的光临。

中山高下丰原交流道，往丰原市区，走接向阳路，再接圆环东路，续行至水源路，即可到达。

中山高行至台中系统交流道或中二高行至中港系统交流道，转循4号道下丰原端交流道，再转台3线往石冈方向前行，便能抵达。

土牛客家文化馆园区

 地址：台中市石冈区土牛村德成巷10号
电话：(04)2582-5312

以生态博物馆作为成立园区的理念，保存丰富的客家文化，其原址为昔日因921地震倒塌的土牛村刘家老伙房。园区内提供展示的区域有三合院的两侧横屋、周边的绿美化空间与土牛社区活动中心，其他周围的部分仍有私人的民宅区域，是全台首座"活"的客家文化馆。文化馆内展有关于921、石冈地区、土牛刘屋等在地文化介绍，对于大埔客家文化的保存与传承具有相当大的意义。

此外，来到石冈还可骑乘自行车，行越东丰绿色走廊自行车道，彻底感受当地的淳朴与自然之景。

台湾菇类文化馆

地址：台中市雾峰区四德路10号6楼
电话：(04)2330-3171

近年来台湾掀起一股健康养生的热潮，清淡且原汁原味的饮食观念颠覆了人们以往的饮食习惯。许多看似寻常的食物却富含着许多营养，尤其是菇类食物，其中含有丰富的蛋白质、矿物质、多糖体等，是味道鲜美又健康营养的食物。台中雾峰是全台也是东南亚金针菇产量最多之处，为了推广菇类产业，于雾峰区农会大楼里便成立

"台湾菇类文化馆"，是目前世界上仅有的两座菇类文物馆之一。文化馆占地约400坪，进入大门可见到比人还高的香菇模型；此馆以展示雾峰菇类之乡的各种香菇种类与生态、菇菌世界、养殖方式及过程等，是香菇生态展览园地。

中二高下雾峰交流道后，循127号县道往雾峰方向，再循四德路至雾峰区农会，即可抵达。

921地震教育园区

地址：台中市雾峰区坑口46号
电话：(04)2339-0906

九二一地震的威力致使台中、南投等地区严重受创，而台中雾峰地区更是灾情惨重。为了让后人铭记此大自然地震的反扑力量，因此特别将此处重新建设，并且规划为"雾峰921地震教育园区"，通过一系列如车垄埔断层保存馆、九二一亲水池、影像馆等图文影片的实景展示，重现当时地震的景象，极具教育意义。

中二高下雾峰交流道后，循127号县道往雾峰方向前行，再转台3线往南行，依循指标前行不久，便可抵达。

白冷圳

🏠 地址：台中市新社区白冷

据时期，为制糖事业繁殖蔗苗，而选定位于大甲溪上游的白冷地区作为灌溉水源，由于其间山势起伏多变，因此当时的台湾总督府殖产局内务局便于1928年主持圳道工程。原名"大南庄蔗养成工事"，1932年改名为"白冷圳"，分为制水井、明渠、倒虹吸

工、分水池、溢水门、支干水圳等构造。利用自然山势的高低落差，以倒虹吸的方式将大甲溪水引到地势较高的新社台地作为灌溉用水，其中位于抽藤坑溪的水泥管全长将近350米，是远东地区最大的倒虹吸管。此白冷圳灌溉面积将近790公顷，其范围包含有新社区白毛台、马鞍寮、大南、和平区白鹿等地，为这片土地长期提供了充足的灌溉与民生用水。

中山高行至台中系统交流道或中二高行至中港系统交流道，转循4号道下丰原端交流道，再转台3线往石冈方向前行，至转台8线往谷关方向，于新社龙安桥后循新社方向前行不久，便能抵达。

新社庄园

🏠 地址：台中市新社区协中街65号
电话：(04)2582-5628

顺着山势所设计庄园古堡，结合了绿色森林与欧式古堡建筑，处处弥漫着异国风情与自然氛围，自然美景之中彰显出精心设计的痕迹。以原石砖瓦所建构成的古堡建体，别具自然豪放的建筑语汇，巧妙地融入于周遭的绿意环境，欧式的庄园美景进入眼帘。庄园内的瞭望台、六角餐厅、西堤码头、观景台等，每一处都有令人惊艳的视觉享受。环绕于山间的新社庄园，所营造的南欧豪放风情，让置身于此的人都会恋上这里俯拾即是的异国景致。

中山高下大雅或台中交流道后，循中清路或中港路往台中市区方向前行，再接文心路、东山路往新社方向前行，再右转中93号乡道前行便能到达。

中横公路西起台中市东势区，东抵花莲县太鲁阁，全长约190公里。东段的太鲁阁峡谷以几近垂直的大理岩峡谷景观闻名，沿着立雾溪，尽是峭壁、断崖与曲折的山洞隧道，为外国观光客来台湾地区游览的必游之处。峡谷西段在大甲溪的冲积侵蚀下，形成谷关附近的河阶与峡谷地形，主要风景点有谷关温泉、八仙山森林游乐区、德基水库、梨山、东势林场、四角林林场等等。

【注意事项】目前谷关至德基水库段台8线已封闭，如欲由东势前往，可在天冷转台21线接台14线往雾社方向，至大禹岭即可接到台8线。行经中横各路段，应随时注意路况变化，在平时便应注意落石坍方、浓雾视线不佳；台风、大雨或地震后，更须注意沿途的路况，以免交通阻塞无法通行。

东势林场

地址：台中市东势区势林街6-1号
电话：(04)2688-6288

中山高下丰原交流道后，循台3线至东势，于东势区再转入势林路，约25分钟，即可到达。

原名"四角林"，日据时期原为台中州农业组合经营之林地，坐拥两百多公顷的旅游环境。规划了号称全台最美丽的露营烤肉场地，尤以位于油桐林间的"梧桐营区"，以及相思林间的"大安营区"，景致最令人赞不绝口。来此露营烤肉，兼赏山色林景、野生动物，让你真正回归自然。不时举办如油桐花季、萤火虫季等活动，是度假郊游、生态教学好场所，同时也是台湾地区森林游乐和休闲农业示范园区。

四角林林场

地址：台中市东势区市林街1号
电话：(04)2588-7161

以低海拔鸟类为主，有绿绣眼及铅色水鸟、大冠鹫、五色鸟等，是绝佳的赏鸟地点。三月入夜时，萤火虫在草丛中绽放光芒，仿佛是夜晚一颗颗耀眼的星星，相当迷人。除了丰富的资源外，也设置农民活动中心，提供住宿、会议室、简报室、卡拉OK室及运动器材室等，并设置了亲水公园，相当有自然教育的价值。

中山高下丰原交流道后，到丰原接台3线至东势区，沿着势林路约行29公里即可抵达。

台中市 TAIZHONG CITY

若茵农场

🏠 地址：台中市和平区中坑村雪山路1号
电话：(04)2597-1218

农场主人以老婆的名字命名，建造了仿若人间仙境的若茵农场，在此可俯瞰整个东势镇。云海环拥、仿若人间仙境的"若茵农场"，只有来这里，才真正体会到何谓"行到山穷处，坐看云起时"。这里的路虽然不好走，但是一想到不必跋山涉水，而且打开窗户就看到一年四季不同风貌的美丽云海、变幻多端的云层，偶尔从云缝之中还可以俯瞰整个东势镇的美景，一切辛苦都是值得的。坐在精心布置的露天景观餐厅，享受微风飘来阵阵的花香，颇有置身欧洲的错觉呢！位于小木屋二楼的观星台，有舒适的躺椅，让住宿的房客沐浴在月光底下细数美丽的星星，十分怡然自得。想要回归自然、投身山林的怀抱吗？那就不能错过"若茵环山步行道"、"竹林秘径"哦！

中山高下丰原交流道后，接台3线往东势、谷关方向前行，走东坑路便可以见到农场的导引指标。

八仙山森林游乐区

八仙山森林游乐区地址：台中市和平区博爱村平仙巷22号
电话：(04)2595-1214

八仙山森林游乐区为昔日台湾地区著名的一大林场之一，林区内的佳保台风光更为台湾八大景之一，使得海拔高度约2800米的八仙山盛名远播。园区被群山层峦所环绕，处处呈现出青翠绿意，除了植物种类丰富多样外，各式珍奇鸟类也会不时地在你的耳稍间鸣叫，分觉悦耳清心。区内的森林浴步行道超过5公里，拥有整齐的竹林与人造林，循着步行道的指标，可见到八景纪念碑、植物标本区、孟宗竹林、静海寺众多自然人文景致等。而流经境内的两条溪流——"十文溪"与"佳保溪"，由于未受人为污染和破坏，溪水更显清澈，环境极为幽静，更彰显出此区难得的自然美景，成为中部地区一处享受森林浴、登山、赏鸟、洗涤身心的绝佳场所。

中二高下草屯交流道，接台14线、台14甲线再接台8号线，过谷关后于笃明桥右转前行，可抵达。

谷关风景区

地址：台中市和平区（中横公路西部起点）

紧临于大甲溪畔的谷关，为中部横贯公路的西部起点，以"洗温泉"闻名于全台。此处泉质属于优良的碳酸泉，水质极佳，对于关节炎、神经痛、胃肠病、皮肤病等，颇具舒解缓和之效，因此深受泡汤人士的青睐，熙来攘往的旅游人潮让谷关旅游业非常活跃。由于温泉资源的丰富，这里规划有多处温泉旅馆、饭店，供游客各选所好。此外，它的吊桥文化亦是一项旅游特色，诸如谷关吊桥、龙谷吊桥、松鹤吊桥、捎来吊桥等，各具风姿，值得细细观览。另外，位居中横公路的第一个景点——谷关，此处还出产拥有高蛋白、接近于零胆固醇的鳟鱼，肉质相当鲜美可口。来趟谷关，一次就能享受到泡汤、赏花、品尝味美的鳟鱼料理，这便是最为舒畅充实的旅游。

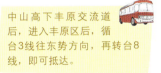

中山高下丰原交流道后，进入丰原区后，循台3线往东势方向，再转台8线，即可抵达。

谷关大饭店

地址：台中市和平区东关路一段温泉巷6号
电话：(04)2595-1355
泉质：弱碱性碳酸泉

在谷关地区民营旅店经营历史最悠久，紧临溪畔而建，共计有两百间余客房，餐厅与会议室的空间规划，更是容纳大型团体用餐和开会的好场所。临吊桥头旁的露天景观温泉池，更是最受欢迎的活动园地，有冷泉池、温泉池、热泉池、家庭池与瀑布按摩水疗等泡汤风吕设施。你大可以一面泡着汤，一面欣赏着自然山水风光，真是人间乐事。

中山高行至台中系统交流道，转行4号道下丰原端交流道，接台3线往东势，过东势大桥后，转循台8线往谷关方向，经中部东西横贯公路牌坊后，于丰原客运谷关站附近，依指标顺着山路下行不久，即可抵达。

梨山风景区

参山风景区管理处梨山旅游服务中心
地址：台中市和平区梨山村95号
电话：(04)2598-1331

梨山风景区与苗栗狮头山、彰化八卦山，合为"参山风景区"，由梨山文物陈列馆设立旅游服务中心，提供完善的旅游咨询服务。原名"萨拉茂"，旧为泰雅族所居，满山翠绿的松柏与白色如烟的云雾笼罩下，似一幅如诗的风景画，有"山中小瑞士"的美称。

6号道下埔里端交流道后，左转循台14线往南投仁爱方向前行，过雾社后，转台14甲线往清境农场方向，过合欢山后左转台8线往台中方向前行，便能到达梨山；或中二高下草屯交流道后，循台14线，接台14甲线，至大禹岭接台8线、中131号乡道前行，便可到达。

由于气候温和，四季分明，因此景区孕育相当丰富且颇具特色的农产品，有梨、苹果、水蜜桃等温带水果，还有高丽菜、蒜苗、芹菜等高冷蔬菜。每年的2～5月是最适合赏花的季节，有梅、樱、桃、李等。中横公路沿线是赏鸟活动的最佳路线，有紫啸鸫、白耳画眉、红头山鹊、黄腹琉璃鸟等。6～9月还可发现台湾地区特有种蝶类，如曙凤蝶、大红纹凤蝶等翩翩起舞的身影。

6号道下埔里端交流道后，左转循台14线往南投仁爱方向前行，过雾社后，转台14甲线往清境农场方向，过合欢山后左转台8线往台中方向前行，于梨山转福寿路前行，即可到达福寿山农场。或中二高下草屯交流道后，循台14线，接台14甲线，至大禹岭接台8线、中131号乡道前行，便可到达。

福寿山农场

地址：台中市和平区梨山村福寿路29号
电话：(04)2598-9205

原名为"台湾梨山荣民农场"，由"退辅会"辅导荣民种植温带水果及高冷蔬菜等高经济价值作物，并研究改进生产高山茶叶，成果卓著；以视野宽阔、景色宜人闻名全台，春天赏花、夏天观星、秋冬采果、赏月、赏枫、赏雪，一年四季各有不同惊喜。

农场内还有一株著名的"苹果王"，在一株树内嫁接多达43种苹果品种，结实累累的树身上大苹果如"世界一"、"陆澳"，小苹果如"圆叶海棠"，让人叹为观止。后又成功栽植"梨王"及"桃王"，枝繁叶茂，并称为福寿山三大王，更是全台农业界一大美谈。

农场内鸳鸯湖畔枫树摇曳，枫红之际与湖景相映，美景醉人；果树教学区种植两百多种果树，品种众多；森林步行道是沐浴芬多精洗礼的好地方，适宜徒步漫步，还能观察各式林地动植物生态。

德基水库

电话：(04)2598-1224

原名为"达见水库"的德基水库，为全台第一高的水坝，兴建于1969年，并于1974年竣工。它拦截了大甲溪流域上游清澈的溪水，圆弯式的坝身气势十分壮观，而水库集结约有210 000万立方米的总水量，是一座工程十分浩大的水库建筑，名列世界知名的水坝之一。自中横公路往下眺望，碧绿无垠的潭水，加上高耸的圆弧坝体，在蓝天云影的映衬之下，其壮观景色真是非言语所能形容，有待亲眼欣赏一下它的湖光山色之美，保证让你不虚此行。

6号道下埔里端交流道后，左转循台14线往南投仁爱方向前行，过雾社后，转台14甲线往清境农场方向，过合欢山后左转台8线往台中方向前行，便能到达德基水库。或中二高下草屯交流道，接台14线、台14甲线再接台8号线，亦可抵达。

武陵农场

地址：台中市和平区平等村武陵路3号
电话：(04)2590-1257

武陵农场占地辽阔，春季水果花遍开、争奇斗艳；夏旬水蜜桃、梨、苹果相继成熟好丰收；深秋枫香、青枫转红，分外迷人；冬意寒瑟，别具浪漫，是一处四季优美的知名风景点。武陵宾馆品茗、用餐、住宿皆适宜，农场规划有入口花园广场、落叶果树展示园、休闲农庄、昆虫植物园、松林小径、醒狮园、游客服务中心、茶厂、兆丰桥、雪霸公园游客服务中心、桃梨茶苹果园以及观鱼台区可欣赏珍贵的"樱花钩吻鲑"的复育故乡；七家湾溪波光潋滟，自然怡人。

武陵山庄邻近武陵吊桥，周境有桃山瀑布、喀拉业山、品田山等徒步森林步行道，除了从事森林浴、览翠赏鸟等活动，也深获登山、越野车爱好者的喜爱。

桃山瀑布又名"烟声瀑布"，踏上总长约4.3公里的桃山步行道寻访瀑布，在终点处先听见水声气势磅礴，然后发现一条高耸入云的白练，就是常年被云雾缭绕的烟声瀑布。由此回望武陵农场，仿佛身在世外桃源，幸运的话还能在登山的路上发现松鼠、雉鸡的踪影，不失为徒步的绝佳去处。

6号道下埔里端交流道后，左转循台14线往南投仁爱方向前行，过雾社后转行台14甲线，至大禹岭左转台8线往台中和平方向前行，于梨山再转台7甲线往雪霸公园前行，再左转进入武陵路，便能到达。或中二高下草屯交流道后，循台14线接台14甲线，至大禹岭接台8线至梨山接台7甲线往雪霸公园前行，再左转进入武陵路，便能到达。

彰化县 ZHANGHUA COUNTY

彰化火车站之扇形车库

地址：彰化县彰化市彰美路一段1号(彰化火车站北侧)
电话：(04)724-4537

中山高下彰化交流道后，循台19线往彰化市区方向前行，至彰化市转二段、三民路，便可抵达。或搭乘台铁至彰化火车站下车，亦可到达。

台铁彰化机务段动力车库又称"彰化扇形车库"，建立于1922年，呈现放射扇形的车库形态，作为维修蒸汽火车的车库设计，并设有一座可供火车回转的转车台以及辐射状的铁轨等。初建时股本仅有六股，在不断扩建后，成为今日的十二股。第二次世界大战时期，车库曾遭弹火击中；随着台湾西部铁路的全面电气化后，蒸汽火车功成身退，扇形车库也转型成为电联车维修基地。2000年，车库列为彰化县古迹，如今扇形车库是东亚地区仅存的"现役"车库，其内展示有多种机关车、65吨蒸汽救险吊车、CK101蒸汽火车、CK124蒸汽火车等，是台湾地区铁路交通发展史的最佳时代见证，未来将成为"蒸汽火车博物馆"。

孔庙

地址：彰化县彰化市永福里孔门路30号

清雍正四年(1726年)，由当时知县张镐筹建孔庙，曾为彰化县学的所在地。历经清乾隆、嘉庆、道光等时期的重修与增建。戟门右侧为义路、左侧为礼门，再向两侧拓展右是福德祠与明伦堂、左为白沙书院。通过戟门之后，中央为大成殿，右是东庑、左为西庑，大成殿旁为教谕署，殿后方还有乡贤祠、崇圣祠、名宦祠与学廨，是全台相当具有规模的孔庙之一。日据时期孔庙的礼门、义路等均受毁坏，于1976年由汉宝德教授依照原样整修，历经两年时间方竣工。庙宇风格属于闽南风格，形似于传统宫殿建筑样式，规模宏伟、气势稳重，为一级古迹。

中山高下彰化交流道后，循台19线往彰化市区方向前行，至彰化市再接孔门路前行，即可抵达。

八卦山风景区

八卦山生态旅游服务中心
地址：彰化县彰化市卦山路13之7号
电话：(04)728-9608

虎山岩展示馆
地址：彰化县花坛乡岩竹村大岭巷19号

猴探井展示馆
地址：南投县南投市福山里猴探井街300号

松柏岭旅游服务中心
地址：南投县名间乡名松路二段181号
电话：(049)258-0525

芬园宝藏寺
地址：彰化县芬园乡彰南路三段135巷100号

位于彰化、南投地区，昔称为"望寮山"、"定军山"的"八卦山脉"，因山形状似八卦，而被清朝知县更名为"八卦山"。在1991年成立"八卦山风景特定区"，并于2001年3月与苗栗县"狮头山风景区"、台中县"梨山风景区"合称定名为"叁山风景区"。

八卦山风景区面积超过两万公顷，全区包含彰化与南投两县市，共跨越10个乡镇市；其风景区范围往东则接台中盆地，往西则临彰化平原，往南则抵浊水溪，往北则到大肚溪。依照境内的自然特性，共分三大系统：八卦山、百果山与松柏岭。

大佛风景区中的如来坐佛，高大醒目，是相当著名的地标，建于1961年，是来此处参佛观光的旅客必定关注的大佛景观。而整个风景区规划有参佛大道、生态园区、游客服务中心、喷泉展演区、精致庭园区等众多设施与景点。

中山高下彰化交流道后，循台19线于彰化市区，再转接139号县道前往，即可抵达。

八卦山生态旅游服务中心重点介绍每年三月春分时节暂栖或飞经八卦山的灰面鵟鹰，还有八卦山的自然生态，是台湾地区第一个以展示生态旅游为主题的多元化旅游服务中心，是认识风景区辖境内各种动植物生态环境的补给站。

当然，八卦山风景特定区周边还有许多著名游览景点，则可以139号县道为旅游主干，沿路则有花坛虎山岩、芬园宝藏寺、清水岩寺、大樟公、荔枝王、猴探井、田中森林公园、松柏岭森林公园、受天宫、二水自行车道、丰柏广场等，各具旅游采风与景点特色，可登山徒步、古迹巡礼、享受森林浴、踏青活动、骑单车等，闲逸横生。

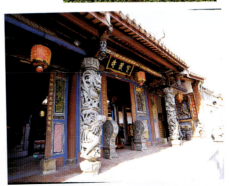

鹿港小镇

鹿港天后宫为1936年建成，主祀海上的守护神天上圣母，是全台具有名气声望的妈祖庙之一。相传清廷便是靠着妈祖的保祐，顺利取回台湾，便将妈祖神像留在鹿港供百姓奉祀。建筑十分富丽宏观，建造的师傅们均为当时地方上首届一指的雕工大师，让整座庙宇雕梁画栋、气派十足，三川殿更是集众家技艺精华所在，后殿设有"鹿港妈祖文物馆"。

摸乳巷因巷道狭窄，两人交会须贴身而过，昔日便戏谑"过巷必摸乳"，"摸乳巷"之名不胫而走。不过据当地老一辈表示，如男女相遇时，男方多会面对墙边，请女方先行通过，不会对女方有不雅的行为，故又称"君子巷"。

九曲巷即今日鹿港镇"金盛巷"，古时为了防盗贼的侵害，并防止强劲海风的吹袭，故将街坊巷道刻意建成迂回曲折的弯曲小径，素有"曲巷冬晴"的雅称。

在巷中有一长形走廊建筑，横空而过，联通长廊的建筑，即是古时文人雅士所聚集研讨的场所"十宜楼"，而两旁的建筑则是早期为抵御外敌侵略的防御措施枪楼。

和兴派出所旁有一"瓮墙"，以古瓮砌叠而成之，古意朴感。以"意楼春深"美称的"意楼"，窗花镂纹，含有富贵吉祥之意。

鹿港龙山寺初建于17世纪，直至1786年才迁至现址，中途曾历经数次整修改建，为当地一级古迹。主祀观音菩萨，庙庭内宁静素雅，兼具祭祀与修行的功能。

文开书院为台湾地区罕见的集书院、祠寺及庙宇于一身的特殊组合，成立于清道光年间，它开创鹿港书院制度之先河，孕育出许多鹿港的文化学术精英，清朝高中进士举人秀才不计其数，

【鹿港天后宫】
地址：彰化县鹿港镇中山路430号
电话：(04)777-9899

【万能锡铺】
地址：彰化县鹿港镇龙山街81号
电话：(04)776-8847

【施金玉香铺】
地址：彰化县鹿港镇复兴南路853-5号
电话：(04)778-0057

【吴敦厚灯笼铺】
地址：彰化县鹿港镇中山路312号
电话：(04)778-9375

【鹿港民俗文物馆】
地址：彰化县鹿港镇中山路152号
电话：(04)777-2019

【玉珍斋饼铺】
地址：彰化县鹿港镇民族路168
电话：(04)777-3672

【郑兴珍饼铺】
地址：彰化县鹿港镇中山路153号
电话：(04)777-2404

是早期鹿港地区人才的摇篮。

大和大厝为当年当地富商辜显荣的府邸，欧式的两层楼建筑设计外观富丽堂皇，极具豪门世家的气势。后来由辜家子孙捐出豪宅，设立了"鹿港民俗文物馆"，并提供展示一些颇具特色的地方文化收藏品。

金门馆为清朝时期奉命来台平凿林爽文叛变的金门水师创建，华彩美奂的馆堂里主祀五王府千岁，为鹿港族群荟萃融合的特色象征。

传统手工艺店以中山路上为最多，纵然已繁华过尽，仍保留有多处传统手工艺店铺，例如专制礼拜用香的"施金玉香铺"，已有两百多年的历史。

灯笼为一项节庆专用或纯欣赏的艺术品，制作纸糊竹灯笼，技艺要精湛，更具艺术美学功力，想要欣赏难得的传统工艺，不妨来鹿港"吴敦厚灯笼铺"看一看。

早期台湾地区把锡制品当作高级产品来看待，因此各种庙庆、喜庆场合，多以锡制品来作为必备用物或装饰品，虽然今非昔比，但仍可寻觅到一些专制锡品的店家，如"万能锡铺"等，值得一看。

【长兴饼铺】
地址：彰化县鹿港镇中山路431号
电话：(04)778-2993
- -
【鹿港龙山寺】
地址：彰化县鹿港镇金门巷81号
- -
【金门馆】
地址：彰化县鹿港镇金门街91号
- -
【九曲巷】
地址：彰化县鹿港镇金盛巷间
- -
【十宜楼．锁楼】
地址：彰化县鹿港镇金盛巷37号间
- -
【瓮墙】
地址：彰化县鹿港镇和兴派出所旁巷道后院左侧
- -
【意楼】
地址：彰化县鹿港镇中山路149号
- -
【君子巷】
地址：彰化县鹿港镇菜园路38号旁巷内
- -
【文开书院．文祠武庙】
地址：彰化县鹿港镇菁云路2号
- -

南下由中山高下彰化交流道，循指标走142号县道，即到达鹿港；北上由中山高行至埔盐系统交流道，转台76线于埔盐交流道下，接台19线、144号县道往鹿港，即可到达。或搭乘由台北往彰化的台铁或公路班车，至彰化搭换彰化客运前往，亦可到达鹿港。

彰化县 ZHANGHUA COUNTY

台湾民俗村

 地址：彰化县花坛乡湾雅村三芬路360号
电话：(04)787-2029

该村以台湾地区四百年来传统民俗文化为主题，并配合多项现代化科学设施，将当地民俗文化与乡土特色，通过观光休闲玩乐方式展现出来。其划分有游客服务、昨日台湾、今日台湾、山林胜迹、自然教育、时空剧场与啸月山庄七大区域，有诸如土角厝、竹管厝等台湾传统建筑展示，有手工面线、手工制纸、制香等特殊民俗技艺表演，充满惊险刺激的水上乐园与机械游乐设施，还有水族、奇石、蝴蝶、生物及农作物等展馆，是认识自然生态的好园地，为度假休闲的胜地。

中山高下彰化交流道下后，循台19线往彰化市区，再循台1线、台14线往芬园，再循彰南路、三芬路前行不久，即可抵达。

三春老树休闲农园

 地址：彰化县花坛乡长春村油车巷271号
电话：(04)786-0779

占地2.5公顷，醒目的欧式红屋顶大老远就在向你打招呼，花园里绿油油的草皮上随处展立着鲜红遮阳伞，尽责地为露天咖啡座遮荫纳凉；曲径通幽的白石步行道，指引游人美食咖啡厅的方向，步行道的两侧盛开着时令花卉，这由一群志同道合的好友联手筑梦的三春老树农场，宛如美梦成真的理想家园，吸引了四方游客亲临体验。

农场内精心研发多种特色料理，例如以茉莉花为食材的茉莉花猪排煲、茉莉牛柳等菜色，而饮品方面尤其推荐石莲花原汁。三春老树园区内设有石莲花栽培区，以求品质控制在最佳。放眼花架上大朵大朵的石莲花，是引人注目的健康食品素材，不但具有降血压功效，清香好喝的口感最是受游客喜爱的原因。来到彰化花坛，可别忘了来三春老树享受一段悠闲惬意的时光。

中山高下员林交流道，经花坛左转接144号县道走，再右转彰员路2公里，依三春老树休闲农场指标经过三家村派出所，直行2公里后右转斑鸠路到达。

王功渔港·芳苑灯塔

灯塔地址：彰化县王功渔港内
王功蚵文艺化协会地址：彰化县芳苑乡王功渔港路1号
电话：(04)893-6657

中山高行至埔盐系统交流道，转行台76线于埔盐交流道下，循台19线、142号县道往鹿港，转循台17线往芳苑王功方向，再转148号县道至芳汉路，依指标前行不久，即可抵达。

滨临芳苑乡后港溪出海口处的"王功渔港"，向来以盛产牡蛎（蚵仔）而闻名，渔港内的跨港拱桥以王功的引申"王者之弓"之意作为意象的设计，采用几何的构造，全长有82米。登行于渔港的拱桥上，可欣赏临港旁的八角状黑白条纹的"芳苑灯塔"，灯塔高将近38米、光程有16.6海里，每10秒明5秒暗5秒，为基隆海关所管辖的灯塔，是台湾岛上最高的灯塔。灯塔的北方是红树林区，也是赏鸟、观察招潮蟹的视野景点。翩翩港湾竹筏以及于海埔路外海遍布养殖的一亩亩蚵田，别具渔乡风情。

另外，横跨后港溪的"王功生态景观桥"设有可变化的折

板，兼具挡风、遮阳与扶手的功能；此桥更获得日本建筑杂志的SD奖，于此桥上能遥望王功渔港与后港溪口壮阔之景。位于王功渔港旁的渔火码头则是观赏夕阳的最佳据点。位于芳汉路上福海宫坐东朝西，有两百多年的历史，主祀天上圣母，是台湾地区相当著名的妈祖庙，更是当地乡亲们的信仰中心。沿着芳汉路"王功美食街"，汇集有多家蚵仔专卖店，诸如蚵嗲、蚵仔酥、青蚵汤、蚵仔炒面、蚵仔水饺等，应有尽有，肉鲜味美，相当值得一尝。

北斗肉圆

地址：彰化县北斗镇中华路192号
电话：(04)887-1349

肉圆是台湾地区相当著名的小吃，以彰化地区的肉圆最为出名，其中北斗肉圆历史最为悠久，甚至早年名声更凌驾于彰化肉圆。其他地区所出产的肉圆皆为圆形，皮薄馅料丰盛；但北斗肉圆却独树一帜，形状呈现元宝状，外皮以蕃薯粉制成，Q弹有嚼劲，内馅简单；或蒸或炸之后，淋上调味料更加鲜美。由于北斗肉圆较一般的肉圆小，因此多数来此品尝北斗肉圆的成人饕客们都能吃四五颗以上呢！此外，北斗镇旧称之为"宝斗"，因此北斗肉圆又称之为"宝斗肉圆"。北斗肉圆名声响亮，镇上聚集许多肉圆店家，例如中华路上最为出名的"肉圆生"，是历史悠久又口碑极佳的老店号。

中山高下北斗交流道后，循150号县道往北斗方向，接循中华路前行不久，即可抵达。

彰化县 ZHANGHUA COUNTY

彰化溪湖糖厂

地址：彰化县溪湖镇大竹里彰水路二段762号
电话：(04)885-5868

溪湖糖厂创于1919年，前身为"大和制糖会社"，台湾光复后，这座糖厂逐渐成为当时彰化唯一的糖厂。其五分车站外貌与嘉义的蒜头糖厂相似，是相当具有历史的建筑。目前糖厂朝向观光休闲，并善用丰富的蔗糖产业发展相关人文历史、生产设备、五分仔车、冰制品、兰花培育等特色，能够认识溪湖蔗糖文化，别具乡土休闲乐趣体验。

中山高下员林交流道后，循148号县道往溪湖，接循台19线，于彰水路二段，依指标前行不久，即可抵达。

溪湖 羊肉炉

阿明羊肉炉
地址：彰化县溪湖镇员鹿路二段416号
电话：(04)881-6961

阿枝羊肉炉
地址：彰化县溪湖镇忠溪路226号
电话：(04)881-5372

阿秀羊肉炉
地址：彰化县溪湖镇果菜市场内
电话：(04)882-1759

溪湖最知名的美食特产，就是"羊肉炉"了，选用台湾地区出产的土羊，肉质优良，镇上林立有多家老字号羊肉炉专卖店，如"阿明羊肉炉"、"阿枝羊肉炉"、"阿秀羊肉炉"等。在师傅们的精心改良之下，已打破"冬天吃羊肉进补"的观念，让羊肉变为四季皆宜的美食小吃，如中药羊肉炉、姜丝羊肉炉、凉拌羊肉等各式羊肉菜色佳肴，深受游客们的喜爱。

中山高下员林交流道后，循148号县道往溪湖，接循台19线，于彰水路二段，依指标前行不久，即可抵达。

田尾公路花园

地址：彰化县田尾乡民生路一段245号
电话：(04)883-2626

田尾公路花园地跨永靖、田尾两乡，有港西、溪畔、柳凤、打帘、饶平五个村落，区内花卉种类繁多，包括草花、球根花、木本花、盆栽等。为推广观光与带动当地产业，将紧邻于公路附近的两侧也纳入规划成为田尾花卉专业区。

每年的12月到次年2月是田尾公路花园的观光旺季，最具特色的就是"菊花不夜城"奇观，利用灯光来控制，以延长菊花的照明时间，夜幕低垂仍然一片灯火通明。此处是台湾地区最大的花卉苗木培植区，有将近250家的花艺苗圃进驻；另外，花蝶丛林生态蝴蝶主题馆，不失为假日结合赏花、生态、休闲的好去处。

中山高下员林交流道后，沿148号县道接循台1线南下，经永靖后至溪畔村，右转后4公里即可见沿途的田尾公路花园。

百花骑放自行车道

田尾公路花园的"花"名远播，为了让游客在园区广阔的公路花园真正地畅意悠游并沉浸于花香之中，因此规划设置了"百花骑放自行车道"的自由旅途。途中会经过打帘、溪畔、柳凤与田尾4个村落，以及公路花园与园艺特定区；沿途还设有导游标示，让你更轻松地进行自行车之旅。

整条车道可分作两大路线：一是以约3公里长的田尾公路为主要形象商圈，有花草DIY、了解花卉生态、品尝解压的花草茶、体验红色神秘果的滋味、探访各式千奇百怪的仙人掌、边品尝露天咖啡边欣赏花田景观、享受花与食材结合的美食等。

另一路线则是欣赏田尾沿途的各式花卉，长度约有9公里自行车道，不同季节可观赏到不同的花卉；光是菊花便有黄、白、紫、粉红等多样颜色与种类，令人目不暇接。此外，还有自助采花区，你可以卷起衣袖，亲自下田采花，与花作最贴近的接触，真正沉浸于花草世界之中，深刻感受花卉为生活带来的视觉与心灵上的美化。

南投县 NANTOU COUNTY

蓝田书院

地址：南投县南投市文昌街140号
电话：(049)222-1184

蓝田书院创于清道光十二年间，取名"蓝田"乃意在冀望乡里培育人才摇篮，且青出于蓝而胜于蓝，书院内主祀文昌帝君及明朝文豪朱熹。其为传统的闽南式三合院建筑，极具有历史文化及建筑文化价值，为南投县的七大古迹之一，并且与草屯镇的"登瀛书院"与集集镇的"明新书院"合称为南投县的三大书院，相当值得一游。现今书院仍起着宣传教育的作用，不仅经常举办各种书法、诗歌、美术等活动，并且开放自修室供学子使用。

中二高下南投交流道后，转循台14乙线往南投市方向，再循台3甲线、民权街、文昌街，依指标前行不久，即可抵达。

南投酒厂

地址：南投县南投市军功里东山路82号
电话：(049)223-4171

成立于1977年，占地广达13.6公顷，为观光酒厂，酒厂精酿盛产有荔枝、红葡萄、梅子等各种水果美酒，规划有造型独特的橡木桶制品酒屋、简报室、水果艺术雕塑、造景庭园等，并常举办水果酒节活动，成为南投县境内另一与埔里酒厂齐名的观光酒厂好去处。

中二高下南投交流道后，转循台14乙往南投市方向，再循台3甲线于军功桥前转行东山路，依指标前行不久，即可抵达。

台湾历史文化园区

地址：南投县南投市中兴新村光明路252号
电话：(049)231-6881

中兴新村台湾历史文化园区前身为"台湾省政府"行政办公所在处的"中兴新村"，成立于1957年。园区包括闽南式建筑物的文献大楼，珍藏了台湾地区数百年来的档案、丛书、手卷、文稿等数十万册。具文艺复兴式建筑外观的文物大楼，以展示台湾当地的民俗文物为主，包含了食衣住行育乐等生活各个层面，以及闽、客、台湾少数民族及其他生活在台湾的族群对于台湾地区的文化影响等。还有以中国北方宫殿为蓝本而设计的史迹大楼，将台湾地区自史前至光复时期的生活发展，作一脉络系统的历史介绍。

中二高行至中兴系统交流道，转循台14乙线往南投市方向，再循台3丙线依指标前行不久，即可抵达。

台湾工艺研究发展中心

地址：南投县草屯镇573号
电话：(049)233-4141

为积极发展台湾地区手工业的研究改良与创新设计而成立，并以"文化"作为当地工艺发展的价值与方向。其中的工文艺化馆为杨英风大师所设计，以四根椭圆形的庞大竖柱支撑，采用双十造型，横墙与竖柱交织成经纬编织意象的四层楼馆。馆内展示国内外各式优良的工艺品。由昔日的草屯工商旧图书馆改建的工艺资讯馆，则以工艺的展售、数码互动展示、3D立体电影、工艺书籍期刊等方式，提供工艺全方位的分享。生活工艺馆则实践了体验工艺实作的美学价值，孩子们可经由游戏、手创等形态领略生活即是美的纯真感动。工艺工坊则设有染织、陶瓷、木竹漆、金属石材四大工坊群类，致力于工艺的技术研究、培训工艺人才、扶植社区工艺、工艺薪传影像制作等。另外并在台北设有展示中心、莺歌与苗栗成立技术辅导中心、台中设立台湾工艺生活美学概念馆等。多元且全方位致力于台湾地区的工艺发展与研究，是喜爱工艺之人必定参访的创作朝圣之处。

6号道下东草屯交流道后，循东草屯交流道联络道右转(台14线)，往草屯市区前行即可抵达。

欣隆农场

地址：南投县草屯镇南埔里青宅巷35之21号
电话：(049) 256-4571

融合了生产、休闲、自然教育的欣隆农场，种植有秀珍菇、柳松菇、珊瑚菇、酒杯菇、黑木耳、灵芝、巴西蘑菇等菌类菇品，在农场里可以认识菇类的生长知识。另外，农场园区中香气扑鼻而来的玉兰花树林，更是来到欣隆不可错过的游览之处。仰望着远处九九峰的山峦景致，好不悠闲。园区内规划有菇类体验区、玉兰花园区、水草生态区、枫樟平台区、亲子活动游戏区、太极龙穴区、DIY活动区及饮食活动区等，丰富多元的设施与活动可满足大人与小孩的需求。当然，园方还不定期邀请书法、陶艺、绘画等艺术专家来到农场开班授课。因此，来到欣隆农场除了能拓展对菇类的认识，以及动手DIY太空包、创意蜡烛、担仔面等丰富活动之外，更有机会贴近艺术家，学习艺术创作，说不定还能见到你所心仪的艺术家呢！

6号道下东草屯交流道后，循东草屯交流道联络道左转台14线，再右转青宅巷前行便能到达。

大坪休闲农场

🏠 地址：南投县长福村大长路95号
电话：(049)243-1082/0921-707-145

大坪休闲农场以种植多样性的四季水果闻名，包括：水梨、荔枝、李子、水蜜桃、枇杷等，水果种类相当丰富，而且一年四季中均有水果可采。若你来这儿度假，农场主人还会免费招待现场采果活动，不过仅限于现场采食。在园区的环境方面，有客家产业文化馆、清代枪柜、三合院式民宿、樟脑丸制造机等。除了采果，农场主人还特地将过去的客家文化做一番整理后，开放给一般游客参观。此外，园区内有一处地方收藏有清代枪柜。整体而言，浓厚的文化气息让人感觉颇具教学意义。

6号道下国姓交流道后，循台14线往国姓方向，再转接133号县道、台21线行往大坪方向前行便可抵达。或6号道下爱兰交流道后，右转台14线，再转接133号县道、台21线行往大坪方向前行亦可抵达。

田园花卉休闲村

🏠 地址：南投县北港村长北路53-3号
电话：(049)246-2366/0922-881-180

田园花卉休闲村的园区内种植各品种的攻瑰花、向日葵及非洲菊、油麻菜花(1月间)，并种植各种香草植物，如薰衣草、迷迭香及盆栽植物蝴蝶兰、虎头兰、含羞草等。

每年的4~8月，园区里可见萤火虫到处飞舞；每当非月圆时分，即能欣赏到满天星斗的景象。另外，园区附近的水沟内（过去灌溉用）生长了许许多多的蚬仔，游客可与孩子们一起在水沟内摸蚬仔，体验一下什么叫做"一兼二顾，摸蚬兼洗裤"的乐趣。

6号道下国姓交流道后，循台14线往国姓方向，再转接133号县道、台21线行往北港村，便可抵达。或6号道下爱兰交流道后，右转台14线，再转接133号县道、台21线行往北港村，便可抵达。

糯米桥

🏠 地址：南投县北港村长北路

糯米桥位于国姓乡境内的北港溪上，日据时期太平洋战争爆发，日本人为加速征敛台湾地区物资，建造此桥以运输仁爱乡泰雅部落所生长的松柏木材。在当年缺乏水泥建材的背景之下，这由3座椭圆形拱柱支撑桥面的桥，采以糯米混合红糖、石灰等物质来代替水泥作为黏合石块的材料，故有"糯米桥"之称。糯米桥是早年工程工艺的文化表征，因而也公告成为当地三级古迹，是国姓乡境内唯一古迹。然而仍因2004年敏督利台风所引发的水灾而冲毁桥面，现今残破的桥面遗迹也成为当地不能抹灭的历史记忆。

6号道下国姓交流道后，循台14线往国姓方向，再转接133号县道、台21线往北港溪方向前行，即可抵达。

泰雅度假村

地址：南投县仁爱乡互助村清风路45号
电话：(049)246-1311

以泰雅族传统山地文化为主题内容，园区占地面积广阔，规划有多项旅游设施景观，各具特色。象征泰雅族民族精神的莫那鲁道勇士巨像，表现泰雅传统歌舞的泰雅剧场及泰雅族文物馆等，均是认识泰雅族文化的好地方。而香草植物园、动物园、养生药用植物教学园与地震教育纪念馆，则是自然常识的最佳教育园地。饶富山水美色的天池、台湾岛、喷泉环绕的钟楼及五彩缤纷的欧式玫瑰花园等，造景优雅，非常值得游赏，并有小火车、云龙飞车等多种机械式游乐设施。泰雅温泉区泉源属瑞岩、红香温泉脉，目前于露天温泉浴池共分设有高温、中温、冷泉、禅式意境水瀑、高氧等数种泉池。

6号道下国姓交流道后，循台14线往国姓方向，再转接133号县道、台21线往北港溪方向前行，过糯米石桥后不久，转进北山巷、北十邻、北原路前行便能到达。或6号道下埔里交流道后，转循台21线，依指标前行便能抵达。

北港溪温泉山庄

地址：南投县国姓乡北港村北原路34-1号
电话：(049)246-1776

原为香菇农场，1996年因在北港溪发现世界罕见的硫黄冷泉，因此改名为"北港溪温泉山庄"；2001年挖掘到碳酸温泉，使得山庄拥有两种不同的温泉水质。得天独厚的温泉资源让山庄逐步拓展更为多元的休闲设施，如游泳池、BBQ观景台、情人天梯、儿童游戏区、泡茶亭、卡拉OK等；而温泉的SPA设备则有背部冲击、气泡汤池、蒸汽室、温泉浴场、背部气泡按摩床、水帘针灸温泉瀑布、温泉水柱灌顶按摩、全身穴道按摩与腰部按摩等。山庄所提供住宿环境，包含一般套房、木屋、别墅，还能选择以露营来感受不同的山庄风情。

6号道下国姓交流道后，循台14线转接133号县道、台21线行往北港村，便可抵达。或6号道下爱兰交流道后，右转台14线接133号县道、台21线行往北港村，便可抵达。

南投县 NANTOU COUNTY

著名的"集集铁路"起自于彰化县的二水站，沿途经过源泉站、浊水站、龙泉站、集集站、水里站，终点抵达南投县的车埕车站。全长约30公里，原本是台湾电力公司兴建大观与巨工这两座发电厂时为了运送器具与建材而开发的专用铁路，后来为台铁所收购，并开始管理营运。由于沿途景色宜人、风光明媚，极富有旅游价值。

6号道下爱兰交流道后，右转行台14线接147号县道至水里，再接131号县道便能到达集集支线铁路。或中山高下王田交流道后，经草屯、南投、名间，再循台16线往日月潭方向，沿途便能行经集集、水里。或中二高下名间交流道后，循台16线往集集方向前行，便能抵达集集、水里等车站。或于台铁二水站，搭乘台铁集集支线铁路前往亦能到达。

二水车站

集集线的首站车站旁设置陈列有早期的CT278和比利时所制造的345号五分仔蒸汽火车头各一部，饶富历史意义。车站后方有沿着集集铁路支线至水门之间而设立二水观光自行车道，迎风驰乘的同时，欣赏附近悠闲的田野风光，还能感受火车从身旁呼啸而过的快感呢！

集集车站

曾为全台保存最为良好的小型车站之一，由红桧所搭建而成的车站，朴实中带有淡淡的典雅之美，虽受九二一大地震的波及，但现在已浴火重生，访客依旧如云。车站旁设有"集集铁路文物博物馆"，陈列展示有模型、陶器、照片等相关内容。来到集集境内，骑自行车游镇更是一项便利的旅游方式，既悠闲又健身。而车站的附近有一间"明新书院"，建于清末光绪年间，当年是此地第一所免费的私塾学校，曾因地震而损坏严重，今已修复。

龙泉车站

附近有当地三级古迹福兴宫，主奉天上圣母妈祖，清代因当地为水陆的渡水口，因而设立此庙护佑来往民众，创立至今已超过300年历史。绿色隧道为长达4.5公里的樟树景观。这些昔日所种植的樟树，历经六七十年的生长而形成如今枝繁叶茂之貌，绿荫之下悠闲地骑乘自行车，是最为逍遥舒服的运动享受。

添兴窑陶艺村坐落在绿色隧道旁，现将陶艺与体验结合，致力于陶艺休闲文化园区。经由园区内的桃源巷与窑史馆，可以很轻松地了解添兴窑的发展历史，五十多年的老蛇窑在不烧窑时，会提供游客入内参观体验窑烧的岁月痕迹，而DIY陶艺教室则提供玩土捏陶的陶艺乐趣。

水里车站

　　是集集支线铁路中最大的车站，创设立于1922年，是支线铁路中唯一的简易站，由于车站位于小镇的高处，因此由车站可看到周边街道景象。此站最为著名的景点为附近建于1927年的"蛇窑"，是台湾地区现存传统又古老的柴烧窑地；因百余尺的窑身，宛如长蛇状，所以称之为"蛇窑"。其中蛇窑主体曾于九二一地震损毁，后于千禧年重建而增建打造了象征

平安的千禧双口瓶与九二一震灾纪念馆；园区整合设立为水里蛇窑陶文艺化园区，是一处认识古窑与陶艺艺术文化的好地方。

车埕车站

　　集集支线的终点"车埕车站"，设立于1922年，有"最美丽小站"、"秘密花园"之称，历经九二一地震的摧残而产生龟裂。重建后的车埕车站除了造型美观外，尚保留了有火车早期加煤加水的设备，及部分木业的废弃遗迹，除了能拼凑出昔日车埕木业的繁荣景象，更突显此车站极为古意雅致的一面。

　　车埕车站要往日月潭方向的131县道右侧水里溪，有座"明潭水库"，为储蓄日月潭发电后尾水的人工湖泊，其明潭抽蓄电厂是台湾地区第二座抽蓄发电工程，更是亚洲最大的水力发电厂。明媚的湖潭风光，相当吸引人的目光。

　　位于车埕北方约2公里处，有昔日集集支线通过的古隧道遗迹，以及日据时期建造的拱状造型水桥。跨越电仔坑溪以供水流通过，当水流溢满而从出水口排泄而下时，将会形成10道壮丽的飞瀑，令人叹为观止。

【二水车站】
地址：彰化县二水乡光文路1号

【松柏岭游客中心】
地址：南投县名间乡名松路二段181号
电话：(049)258-0525

【受天宫】
地址：南投县名间乡松山村松山街118号
电话：(049)258-1008

【福兴宫】
地址：南投县名间乡浊水村福兴巷15号
电话：(049)273-4859

【绿色隧道】
南投县名间乡与集集镇之间的投152线

【添兴窑】
地址：南投县集集镇虎寨里枫林巷10号
电话：(049)278-1130

【集集车站】
南投县集集镇民生路75号

【自行车道】
南投县集集镇民权路与集集车站之间

【集集铁路文物博物馆】
南投县集集火车站旁

【明新书院】
地址：南投县集集镇东昌巷4号
电话：(049)276-2374

【水里车站】
地址：南投县水里乡水里村民权路92号
电话：(049)277-0015

【蛇窑】
地址：南投县水里乡顶崁村41号
电话：(049)277-0967

【明湖水库】
南投县水里乡明潭村水里溪谷

【车埕车站】
地址：南投县水里乡车埕村民权巷2号

Mid Taiwan

131

牛耳石雕公园·牛耳艺术度假村

地址：南投县埔里镇中山路四段1之1号
电话：(049)291-2432

牛耳石雕公园占地数万坪，因所在的位置原名"牛相触"，当年亦是埔里人牧牛的地方，加上其陈列雕刻艺术品，恰巧三位著名台湾雕刻家林渊、杨英风、朱铭，生肖都是属牛，于是在诸多机缘巧合之下，故取其名为"牛耳石雕公园"。公园主要是以展览名雕刻家林渊先生的作品为主，还有埔里有名的手工艺品店、蜜蜂生态场、手工造纸示范、乡土文物展示等。园内的牛耳艺术度假村坐拥于宁静的山间，设有各式套房并且还有SPA能量馆提供多样服务，服务专员可为游客解说林渊先生的创作艺品与带领游客游览全园，不过须事先电话预约，游客可多多利用。

6号道下爱兰交流道后，左转循台14线往埔里市区方向前行，便可抵达。

木生昆虫馆

地址：南投县埔里镇南村路6之2号
电话：(049)291-3311

1919首创的木生昆虫博物馆，于1986年迁入现址，是亚洲最大的昆虫博物馆，馆藏超过1万种昆虫，并展示有各类稀有昆虫标本，相当珍贵。全年无休的馆区有："昆虫博物馆"、"蝴蝶镇之历史馆"、"昆虫食草教育馆"、"蝴蝶生态园区"、"虫虫活体饲养区"、"模拟生态教育"、"多媒体昆虫教育中心"以及"儿童DIY教室"等，相当具有生态教育意义。馆内收藏有世界各地的昆虫标本，诸如有蝴蝶、甲虫、螳螂、蜻蜓等，种类繁多，不胜枚举。团体还可预约DIY制作书卡的活动，是一处除了欣赏埔里山水人文之外，更可学习认识自然科学常识的不错场所。

6号道下爱兰交流道后，左转循台14线往埔里市区方向前行，过牛耳艺术度假村后，右转台21线不久，再转进南村路前行即可抵达。

广兴纸寮

6号道下爱兰交流道后，左转循台14线往埔里市区方向前行，过爱兰桥后，循中山路三段左转铁山路前行，即能到达。

地址：南投县埔里镇铁山路310号
电话：(049)291-3037

来到广兴纸寮，不仅可亲眼浏览到纤维浆料经由蒸煮、漂洗、打浆、抄纸、压水、烘干等整个手工制纸过程，还有专业导游进行解说。另外，还可于"蔡伦造纸"教室亲自DIY动手造纸。若是以为纸只有誊写的功能，那一定要来广兴纸寮看看，纸寮里有许多诸如艺术纸扇、押花纸灯、纸扑满、撕画作品、纸钟等与纸相关的艺术产品，令人大开眼界。意犹未尽的话，不妨参访埔里纸产业文物馆，馆内保存与展示各类与手工纸有关的文物、文献等，是了解埔里产业文化的最佳之处，相当值得一游。

暨南大学

地址：南投县埔里镇大学路1号
电话：(049)291-0960

于1995年正式成立的暨南大学，是南投地区相当著名的公立大学，也是培育东亚语文人才与地方公务人才的摇篮之处。地处于集合南投最密集的著名观光地区，学校所在地也因有如此众多地方资源的地理位置配合，而发展有轻艇、马术、射箭、高尔夫球等具有特色的户外运动。在校园内不经意地就能随处可见景观雕塑，亦常有文艺团体在此表演，艺术走进了校园，也亲近了大众，更塑造出弥漫文艺氛围的学术环境。四周环

山，湛蓝的天空下，拥抱着苍劲的绿意，这是暨南大学所拥有的最美印象，走在远离城市喧嚣的偌大校园中，可感受单纯的学术文化熏陶；清净无染的环境将带给你属于南投埔里的静谧与舒适。

6号道下爱兰交流道后，左转循台14线往埔里市区方向前行，再右转台21线往日月潭方向前行，便能到达。

中台禅寺

地址：南投县埔里镇一新里中台路2号
电话：(049)293-0215

中台禅寺是由佛教界名僧惟觉法师所住持的佛寺，是南投相当著名的佛教禅寺，整座寺院建筑设计风格跳脱于一般传统寺庙建筑格局，融合了中西方建筑文化特色，将佛法、艺术、教育、生活相互结合，一瓦一石、一花一树皆具有佛法深意。其主殿建筑物楼高便有45层，内部陈设相当庄严辉煌，极富有现代感与设计感，并且获得2002年台湾建筑奖以及2003年国际灯光设计奖。

中台禅寺内广大清幽的园区景观，林木苍郁浓密，并且有一棵树龄两三百年的菩提树，加上特殊奇石置放其间，佛学禅意甚浓，常有出家僧众与游客信徒，于园内树荫下各隅处谈经论道，将佛学生活流露于无形当中，亦是另一种难得的体验。

6号道下埔里交流道后，循台21线，再转永丰路、中台路前行，便能到达。

埔里酒厂

地址：南投县埔里镇中山路三段219号
电话：(049)298-4006

埔里为台湾地区著名的绍兴酒酿造产地，初建于1917年，是座历史悠久的酒厂。日据时期曾为供日本宫廷御用的"万寿酒"之唯一产地，以埔里爱兰优质洁净的水质所酿造的酒类中，以"绍兴酒"、"爱兰白酒"与"爱兰囍酒"为酒中佳酿；其中属于黄酒系列的绍兴酒还曾荣获希腊世界食品评鉴会金牌奖。酒厂的"酒文物馆"内还研发许多酒类相关周边产品，比如绍兴鸡翅卤味、绍兴冰棒、绍兴米糕、茶酒蛋等，风味口感均颇受赞誉。近来酒厂还推出绍兴酒蛋糕，飘散出淡淡酒香的素雅蛋糕，拥有细致的口感，相当特别。

6号道下埔里交流道后，右转循台21线、信义路，再左转大城路、中山路三段前行，便可抵达。

龙南天然漆博物馆

地址：南投县埔里镇北平街211-1号
电话：(049)298-2076

昔日台湾的漆产地主要以苗栗铜锣为主，但由于埔里少台风、不临海而不受高盐分海风侵袭，相当适合漆树生长，后来日本生漆市场转而向台湾地区采购，于是埔里便逐渐成为台湾天然漆的主要产区，只是天然漆也随着大环境的变迁与台风的摧残，开始走向下坡。致力于保存台湾天然漆文化而成立的"龙

南天然漆博物馆"，不仅典藏诸多相关文物，更展示有与天然漆结合的文化创意产品。来一趟龙南漆艺博物馆，相信你会对这些有关传统漆艺与漆器的话题，有更多更深入的认识与了解。

6号道下埔里交流道后，右转循台21线、信义路，再左转仁爱路、北平街前行，便能到达。

造纸龙手创馆

地址：南投县埔里镇隆生路118-2号
电话：(049)290-2989

埔里的造纸工艺闻名全台，其中成立于1979年的埔里纸厂经历多年努力，其已研发生产出外销出口的众多纸品，而外销范围更遍及欧、亚、美、澳、非五大洲，超过60个国家和地区。在工研院的辅导之下，不仅将造纸工厂开放参观，更改造设立"造纸龙手创馆"，使产业与观光服务结合。手创馆内的布置均采以纸为主要素材，将造纸工艺运用在此，馆体内各隅都能见到将纸融入于建筑设计之中，如"万纸纤虹纸样墙"便是将造纸工厂曾经生产过的各式加工与外销的纸张样品，逐一整齐地摆设于高4米、宽12米的高墙之上，缤纷绚丽，令

人惊艳不已。当然，纸张生产过程所使用的机器，以及其他如印刷、加工等过程的机具，也是参观造纸工厂的重点。此外，DIY纸艺更是来到手创馆不能错过的活动，欢迎大朋友与小朋友一同进入这创意无限、欢乐无限的互动手创馆。

6号道下埔里交流道后，右转循台21线、信义路，再左转接忠孝路、隆生路，再过隆生桥后不久，即能到达。

惠荪林场

地址：南投县仁爱乡新生村山林巷1号
电话：(049)294-2001-3

惠荪林场北临北港溪，南接合欢山，隶属于中兴大学农学院，号称中兴四大林场之一。

旧称"能高林场"，1966年时为纪念中兴大学校长汤惠荪先生而改名。园区范围辽阔、古木参天，包括松树、扁柏、红桧、油桐林、蕨类等多种丰富自然森林植物生态景观，于此享受森林浴，备觉爽适清心。

全年都是绝佳赏鸟季，举凡台湾蓝鹊、五色鸟、赤腹山雀、薮鸟等，不时跳跃于林间。每年11月时序入秋之后，满山迷人枫红叶向游客招手，2~4月则是色泽粉嫩的山樱花盛开季，3~5月埔里杜鹃、台湾杜鹃声势抬头；4~6月油桐花季，仿佛夏日的树梢积雪，在迎风吹拂中好不迷人。林场内并生产有本土台湾惠荪咖啡，让来此的旅客可享受到本土森林原味咖啡，闲逸风情，更增浪漫。

6号道下埔里交流道后，循合21线往国姓乡方向前行，至国姓乡后右转投80号乡道前行，便能抵达。

台湾岛地理中心碑

6号道下埔里端交流道后，右转循中山路一段(台14线)前行，即可抵达。

地址：南投县埔里镇蜈蚣里和平东路旁

位处于台湾地区地理心脏地带的南投县埔里镇，四面环山，属于盆地地形，终年气候温和，以水质甜美、美酒与美人而闻名全台，素有"山城"之称。埔里镇境内东北方虎头山的"地理中心碑"，此为台湾岛的地理中心标的，其位置为东经120度58分25.9750秒、北纬23度58分32.3400秒，泛称"山清水秀碑"。登于园内山丘顶则可以眺望广大盆地城镇景致，风景相当宜人。此碑是日据时期日本人所设立的三角点所在之处。然而在经过重新测量后，台湾岛的真正地理几何中心其实是位于虎头山顶的三角点。

台一生态农场

地址：南投县埔里镇中山路一段176号
电话：(049)290-1346

6号道下埔里端交流道后，左转循中山路一段(台14线)前行，即可抵达。

面积广达23公顷，分布于埔里镇、仁爱乡及鱼池乡，农场主要是经营各种草木花卉植物的种苗培育盆栽，是颇具规模的培育中心，花卉种类多达三十余种，春夏有玛格丽特、康乃馨；秋冬则有马缨丹、非洲槿等，而且还设有专业的解说员做导游，为游客讲解如何栽培植物。

农场内辟有超大的蝴蝶生态馆，农园还设有蝴蝶生态馆，以网室圈围，种植了港口马兜铃等蜜源植物，吸引保育类的黄裳凤蝶在此羽化成虫，馆内随处可见蝴蝶翩翩起舞的芳迹，也可以了解蝴蝶的生态。

鲤鱼潭

地址：南投县埔里镇东郊的横屏山支棱下

旧称"鳄鱼窟"的鲤鱼潭，占地约13公顷，为一天然湖泊，相传是因为早年此潭盛产鳄鱼而得此名。由埔里农会所承接管理，曾经有大量养殖鲢、鲫、鲠等。潭中有一座将潭水一分为二的柳堤，而后为林务局所整建，并将堤岸遍值柳树，随风摇曳的柳树，迎着风轻柔地飘荡于波光潋滟的潭水之上，将潭水映衬得更具柔媚风情，极具诗情画意。

6号道下埔里端交流道后，右转循中山路一段(台14线)前行，再左转循鲤鱼路前行，即可抵达。

埔里酒庄

地址：南投县埔里镇骰蚣里鲤鱼路22-3号
电话：(049)242-3828

埔里酒庄为农委会于九二一重建区辅导设立的九家民营酒庄之一，坐落于南投埔里著名景点鲤鱼潭边，拥有湖光山色、波光潋滟的优美景致，两层楼的现式建筑物的酒庄，占地约150坪，属于休闲农庄。酒庄主要为研发花酒、水果酒与养生酒等。酒庄以玫瑰、百香果、五叶松等当地特产研制作一系列的产品，诸如由玫瑰花所浸制而成的"真情玫瑰"、将百香果发酵酿造的"百里飘香"以及由五叶松所蒸馏而出的"迷雾森林"等，均是酒庄极具有特色的主力商品，这些将传统农业转化为精致农业的魅力，正等待你的造访。

6号道下埔里端交流道后，右转循中山路一段(台14线)前行，再左转鲤鱼路前行，即可抵达。

雾社

地址：南投县仁爱乡大同村

雾社位于埔里往庐山的埔雾公路上，因为每年冬末春初时分，大片樱花盛开，争奇斗妍，十分美丽，因此素有"樱都"之称；又因山区终年山岚云雾缭绕，而改名为"雾社"。

日据时期，雾社的当地居民不堪日本人的残暴行为，因而暗地策划突袭起义，而有了这段最为著名的"雾社事件"。为了纪念在雾社事件中英勇抗日而牺牲的少数民族首领"莫那鲁道"，于雾社设立抗日纪念碑以及雾社事件纪念公园，以悼念当年那场可歌可泣的历史。

中山高下王田交流道或由台中行经中投快速道路，往草屯方向，循台14线往埔里后，再往雾社、春阳、庐山方向前行，即可抵达。或中二高下草屯交流道后，转台14线往埔里后，再往雾社、春阳、庐山方向前行，即可到达。

庐山温泉

地址：南投县仁爱乡雾社东北方之浊水溪上游河谷

于日据时期日本人所发现，并由于周境如同日本富士山而称为"富士温泉"，并有"天下第一泉"之称；台湾光复后因此处地貌犹似江西的庐山，而改名为"庐山温泉"。此区温泉的水质优良，泉温超过80℃，属碱性碳酸氢钠泉，据说可治疗风湿神经痛、调理胃酸、治慢性胃炎，或可饮用；并且还有美白、去疤痕的功效，于温泉头可煮温泉蛋。

庐山温泉周围有许多温泉旅馆，有传统泡汤、温泉游泳池、日式温泉、露天泡汤、SPA水疗等各式泡汤选择，是中部山区境内一处度假休闲观光的好去处。

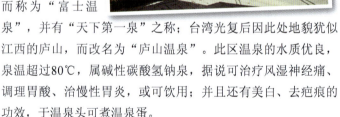

6号道下埔里端交流道后，左转循台14线往南投仁爱方向前行，往雾社、春阳、庐山方向前行，即可到达。

6号道下埔里端交流道后，左转循台14线往南投仁爱方向前行，过雾社后，左转行台14线过幼狮、松岗后不久，即可抵达。

梅峰农场

地址：南投县仁爱乡大同村仁和路215号
电话：(049)280-3148

梅峰农场处于台湾中心位置，其梅峰本场位居台14甲公路14.5公里处，春阳分场则处于台14公路83.5公里处附近；占地广达千余公顷，海拔高度900~2700米，形成了涵盖亚热带、温带及亚寒带的典型高山气候。园区内林相复杂，包括了原始林、次生林、草原灌丛、植被等，以落叶果树、高山蔬菜和温带花卉等作物之教学研究和示范经营为工作重点。

场区设置有花卉生产区、生态园、白杨步行道、水蜜桃园、温带花卉展示区、黑水塘、伴月坡等区域，拥有丰富多样的植物生态，提供高山生物绝佳栖息环境，当地观测到的鸟类就多达128种，如冠羽画眉、白耳画眉与山红头等，还曾发现数十种猛禽，不愧为台湾海拔山区中闻名的赏鸟胜地之一。

奥万大森林游乐区

地址：南投县仁爱乡亲爱村大安路153号
电话：(049)297-4511

以深秋赏枫活动，闻名于全台湾，满山整片的天然枫叶林，随风而逝的枫叶相继飘洒落坠满地，分外感觉诗情意境甚浓。春天园区内，粉白的雾社樱相当娇嫩纯洁，桃红色的山樱则显得鲜艳活泼，两种春樱将春天的奥万大装扮得相当具有生命力。

另外，循着调整池往瀑布群步行道前行，可以见到飞瀑、双瀑、连瀑这三种瀑布景观；层次分明的水瀑飞溅起沁凉的水花，顿时让人心神为之舒畅不已，阳光洒落于林间，与绿荫相互映衬，这淙淙的水声与森林芬多精营造了清静无瑕的氛围。

夏夜的奥万大更是令人期待的时刻，无光害的夜空闪烁着点点星光，醉人心扉。在奥万大里还有台湾蓝鹊、青背山雀、台湾猕猴、盘谷蟾蜍、山羊、松鼠等生物种类，以及如香杉、榉木等原生林貌，生态景观相当丰富多元。

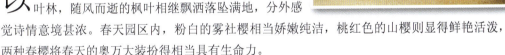

6号道下埔里端交流道后，左转循台14线往南投仁爱方向前行，于高峰右转投83号乡道(大安路)前行，即可到达。

清境农场

地址：南投县仁爱乡大同村定远巷25号
电话：(049)280-2748

清境农场位于雾社北方约11公里的高坡上，海拔大约2000米，占地广达378公顷，是中横支线旅游必经之地。气候平均温度约15~23℃，相当凉爽怡人，长年都是绿草遍墅的景象，有"雾上桃源"的美名。农场开放式经营，可分为果园、畜牧、花卉、茶园四大区块，全区有青青草原、畜牧中心、旅游服务休闲中心、寿山园生态区、清境小瑞士花园等。清境国民宾馆为农场自营，完善的安全设施与客房设备，是许多来到清境农场旅游者的钟爱之选。并附有餐厅，使用农场所自行生产的蔬菜与牛羊肉，并分有中、西式美食的多元选择。在此处有全台最高海拔的7-11超市、STARBUCKS咖啡连锁店等，可在此放松心情，远眺清境宜人的景致，品尝美食点心，享受人生。清境还有独特的风俗民情与云南美食，来到这里可千万别错过品味地道的民族风情。

小瑞士花园是一座欧式主题花园，占地约3.9公顷，园区精心种植了各式花卉、香草植物，场并规划了六条步行道有：翠湖步行道、畜牧步行道、落日步行道、玛格丽特步行道、步步高升步行道、柳杉步行道。

农场四季各有不同风情，春天常可见一大群可爱放牧的柯利黛绵羊与安格斯、海佛牛群，悠闲地踱步在草原上，仿佛置身瑞士。夏天，加州李子、水蜜桃相继成熟，农场也开放供游客参观果园选果。此时正值羊妹妹剪毛的季节，有位来自新西兰的台湾女婿格兰先生，身手矫捷地表演剪羊毛，深受大家喜爱。秋天枫树绿叶渐渐转红；草木也开始落叶变黄；满山的果实也陆续成熟，有不少候鸟会前来避冬觅食，此时高山的温带蔬果，如高丽菜、水梨都正是采摘的好时机。冬天，苹果、奇异果陆续采收，由于温度降低，绯寒樱、梅花等也开始绽放，为景色萧然的严冬增添几许美丽的色彩。

6号道下埔里端交流道后，左转循台14线往南投仁爱方向前行，至雾社转台14甲线往幼狮方向，即可到达清境农场。

合欢山

地址：南投县仁爱乡与花莲县秀林乡交界处
电话：(049)280-2732

合欢山位于台中、南投、花莲三县的交界处，属于中央山脉的北段，完整山区包括合欢主峰、合欢北峰、合欢西峰、合欢东峰与石门山等高度超过3000米的山峰；是中西部重要溪流大甲溪、浊水溪与东部立雾溪的发源地，有河流向源头侵蚀、侵蚀的地理景观。这里有广大的温寒带针叶林与高山草原，为一处天然林相保育完善的高山区，春夏季节可欣赏到满山翠谷的花卉绽放、争奇斗艳之美；入冬后一片片白色雪景更是闻名全台，为相当知名的雪之乡。

从雾社经台14甲公路往合欢山，先会经过"翠峰"，海拔为2960米，此

处有冬天雪季时上山的管制哨，无光害的夜空也是观星的最佳场所。之后沿途经过"昆阳"，由此便进入太鲁阁公园境内。

再来便来到"武岭"，处于合欢山主峰与东峰之间的鞍部，海拔3275米，雪季时分染了一身雪白的武岭更有"银鞍"的美称。往前行便会到达由林务局管辖的"合欢山庄"，是一层楼高的建筑物，共有通铺与三间套房，服务台也提供贩售饮料与泡面。

过了"松雪楼"再往大禹岭的方向下山，则会行经"克难关"，由于关口处位于中央山脉主脊东西两侧间，因有强劲怒吼的山风，故有"鬼门关"之称。

循路来到"小风口"，此地位于台14甲线36.6公里处，设立有太鲁阁公园的合欢山管理站，提供高山生态环境展示以及合欢山区的旅游资讯与解说服务。

再往前行能到达"大禹岭"，其位于中央山脉的主稜鞍部，海拔为2565米，是台中、南投、花莲三县的县界，公路由此地分岔成三路，一是台8线朝北往梨山方向，一是台8线向东往太鲁阁方向，另一路则是台14甲线往合欢山方向。

6号道下埔里端交流道后，左转循台14线往南投仁爱方向前行，过雾社后，左转行台14线过幼狮、松岗、梅峰、翠峰、鸢峰、武岭后，便能到达合欢山。或中山高下王田交流道后，循经草屯、雾社、昆阳，进入太鲁阁公园，即可到达。或中二高下草屯交流道后，转台14线往埔里后，再往雾社、合欢山方向前行，再续行转台14甲线，过武岭再前行不久，即可到达。

桃米生态休闲农村

地址：埔里镇桃米里桃米巷
电话：(049)242-2003

桃米，原作"挑米"，昔日因为此地不受盗匪侵扰，挑米运输者多选择由此往返埔里与日月潭，而后誊写抄录有误而成为"桃米"。如今桃米是中潭公路前往日月潭的必经之处，拥有相当多元的自然生态。在九二一大地震之后，当地居民重新思考桃米的未来，并与文教基金会和保育中心单位共同协力，让社区重新营造，复育自然生态，以打造生态村为目标。

在这桃米生态村中，纯净自然的生态环境拥有如桃实百日青、莲华池柃木等特有种植物，以及石菖蒲、满江红等水生植物与海金砂、肾蕨等蕨类；这里的蛙类种数更是超过23种，是台湾地区总蛙类的三分之二，因此"青蛙"便成为桃米村最重要的形象代表，处处可见到关于青蛙的设计，相当具有野趣。

6号道下爱兰交流道后，左转循台14线往埔里市区方向前行，再右转台21线往日月潭方向前行，过暨南大学后不久，再转进桃米巷前行，即可抵达。

三育基督学院

6号道下爱兰交流道后，左转循台14线往埔里市区方向前行，再右转台21线往日月潭方向前行，于台21线57公里处左转琼文巷前行，即可抵达。

地址：南投县鱼池乡琼文巷39号
电话：(049)289-7047

原校址为台北新店，1973年迁校至南投鱼池，1981年正式更名为"三育基督学院"，属于基督教会学校，旨在培育才德兼备、尽心尽力为人服务的基督学生。校园内拥有大片的如茵绿草，广阔无际的绿草坪，不只让人惊艳，信步其间更令人心醉，排列笔直的绿色隧道穿越其间，令人舒爽不已；散布于校园各处的建筑均经过精心的设计，因此很自然地与附近的优美景致融为一体，毫无突兀之感。校园宜人的景致犹如人间天堂，声名远播，假日总吸引众多游客来此摄取美景。蓝天、绿树、广大的草地构成了处处如画的景致，更成为结婚婚纱照、电视广告、电视剧场景等的热门拍摄地。

6号道下爱兰交流道后，左转循台14线往埔里市区方向前行，再右转台21线往日月潭方向前行，再左转131号县道往鱼池乡中心前行，再依循指标往九族文化村方向，再转金天巷前行便可抵达。

晶园休闲度假村

地址：南投县鱼池乡大林村金天巷70-1号
电话：(049)289-8740

度假村占地约有3万坪，内部的设备活动均与大自然息息相关，像是山泉自然游泳池、野菜园、金针花园、亲子野外烤肉区、露天咖啡座及耗资不菲的休闲度假桧木屋等。在园区内，游客可以漫步于绿草如茵的步行道，观赏着翩翩飞舞的蝴蝶；或是坐在优雅的露天咖啡座里，喝杯香醇咖啡，闲话家常，享受一个轻松惬意的午后时光；或是亲子同享烤肉、抓青蛙的乐趣。到了夜晚耳边的蛙鼓虫鸣，伴随着优雅乐声的是满夜空如星光闪烁的萤火虫，这样的美丽多姿的情景，十分醉人心扉。

九族文化村

地址：南投县鱼池乡大林村金天巷45号
电话：(049)289-5361

距离日月潭不远，占地60余公顷的九族文化村，由于园内景观游乐设施不断推陈出新，使其一直为旅游观光热门景点。设有水沙连欧洲花园、喷泉景观、九族部落景观区、娜鲁湾剧场与多项进口高级游乐设备。

想要观赏日月潭的美景，不只有环潭的方式，现在还有新的选择，便是搭乘日月潭缆车。日月潭缆车连接了日月潭与九族文化村这两个鱼池乡的著名景点，大大地缩减了来往两处景点所耗费的时间。车厢分有黄、红、蓝三色，相当艳丽醒目，八人座车厢共有86个，除了有通风设备之外，更备有太阳能板以提供车厢的广播通信系统与夜间车厢照明。这由九族文化村的观山楼为起点，10分钟的车程到达终点日月潭的青年活动中心，这将近1.9公里的缆车路线，将带领游客以不同的视野在空中俯瞰日月潭的景致。

6号道下爱兰交流道后，左转循台14线往埔里市区方向前行，再右转台21线往日月潭方向前行，再左转131号县道往鱼池乡中心前行，再依循指标便可抵达。

南投县 NANTOU COUNTY

日月潭风景区

日月潭海拔760米，是台湾本岛境内最大的淡水湖泊，面积一百多平方公里，湖面周围约33公里，潭水四周为群山环抱，以湖中拉鲁岛为界，北潭状似日，南潭形如月，因而称之为"日月潭"。

日月潭风景管理处风景处以"高山湖泊"与"邵族文化"为两大发展主轴。"水社游客服务中心"于2006年正式落成，为一地上四层楼与地下一层楼的建筑物，提供有游客中心、地方纪念品展售的服务；而户外广场则展示有日月潭的人文活动、特产、工艺、美食四个资讯柱，有助于游客充分认识日月潭。

潭中浮屿

为日月潭胜景之一，浮屿即是指"拉鲁岛"，为邵族语"心中圣岛"之意。后来日月潭蓄水而淹没山身，只剩小山头。九二一大地震之后，正式将光华岛正名为"拉鲁岛"，并且规划为邵族的祖灵岛。

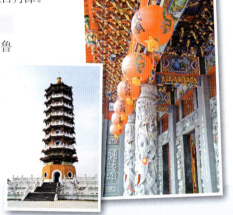

文武庙

日月潭初建潭坝蓄水后，淹没境内的龙凤宫与益化堂两座庙宇，故将两庙迁移松柏仑并且合建，始成今日的庙观。庙殿共分有三殿，前殿奉祀开基元祖与文昌君等神祇；正殿奉祀武圣关羽，故名"武圣殿"；后殿主祀孔子，于此可眺望全潭景致。

孔雀园

成立于1968年，为一座小型的孔雀养殖观光园，饲养如长尾雉、白冠鸡、蓝鹊等珍贵鸟类与禽类；蝴蝶博物馆内则珍藏了国内外各式蝴蝶标本，并有详细的解说介绍，是认识稀有禽鸟类与蝴蝶的最佳园地。

水蛙仔步行道

位于大竹湖至伊达邵之间的水蛙头处，其入口处有青蛙雕像，步行道总长约500米，采以高架木栈道的环状动线设计，步行道途中包含有许多原生林木与蕨类物种，周遭有蝴蝶、飞鸟等丰富的自然生态。

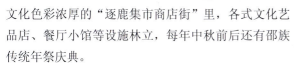

伊达邵

即是昔称的德化社，原是邵族的主要居住地，现在是邵族、泰雅族和汉族共同居住，为日月潭周边最重要的少数民族文化区。民族文化色彩浓厚的"逐鹿集市商店街"里，各式文化艺品店、餐厅小馆等设施林立，每年中秋前后还有邵族传统年祭庆典。

玄奘寺

为供奉唐朝高僧玄奘舍利子与释迦牟尼佛金身之处，寺庙建筑是仿唐式建筑风格。二次大战期间，日本人于南京夺走玄奘大师的灵骨，1955年迎灵骨回台并供奉于玄光寺，至1965年才将其迁入建好的玄奘寺中。

玄光寺

位于日潭与月潭的交界处，寺中奉有玄奘大师的金身，还曾供奉着他的灵骨。此寺位于日潭与月潭交接的陆地，距离日月潭仅有十多米，因此设有码头；而由玄光寺此处循着青龙山步行道前行，便可到达玄奘寺，这长约有560米的步行道因此也有"朝圣步行道"之称。

【日月潭风景区管理处】
地址：南投县鱼池乡中山路163号
电话：(049)285-5668

【日月潭青年活动中心】
地址：南投县鱼池乡日月村
电话：(049)285-0070

【文武庙】
地址：南投县鱼池乡中山路174号
电话：(049)285-5600

【日月潭游艇公会】
地址：南投县鱼池乡水社村名胜街30-1号
电话：(049)285-5118

【邵族文化村】
地址：南投县鱼池乡日月村日月街76号
电话：(049)285-0100

【伊达邵】
地址：南投县鱼池乡日月村中山路174号
电话：(049)289-5371

【小米酒博物馆】
地址：南投县鱼池乡日月村241号
电话：(049)285-0123

【玄奘寺】
地址：南投县鱼池乡日月村
电话：(049)286-0220

【玄光寺】
地址：南投县鱼池乡日月村

6号道下爱兰交流道后，左转循台14线往埔里市区方向前行，再右转台21线往日月潭方向前行，循指标即能到达。

溪头森林游乐区

地址：南投县鹿谷乡内湖村森林巷19号
电话：(049)261-2111

全区以茂密的林场著称，最著名的景观莫过于大学池和高耸的溪头神木。属于台大农学院的实验林地，园区内多样的植物林相，像一处生动活泼的自然教室。形似弯月状的大学池，其上筑有一座完全以孟宗竹架设的拱桥，是溪头的经典代表景观，驻足于拱桥之上，相当诗情画意。以原始木材建造而成的青年活动中心，位于环境清幽的山林间，是可提供多达五百人膳宿的活动场地。溪头山林拥有许多具有悠久树龄的神木群，如有2800年历史的红桧神木，树高就有四十多米，这类的参天神木是溪头地区生态延续的最佳见证者。而如同其名般优美的银杏林，

中二高下竹山交流道后，循台3线往竹山方向，经竹山、延平后，转151甲号县道、151号县道，依指标前行即可到达。

在台湾地区的分布相当零散，也相当少见，而溪头的银杏林便相当珍贵。想更加亲近溪头的自然生态与林相，自然不能错过长达近200米、约7层楼高的架空空中走廊，行走此处享受自然芬多精的洗礼。

杉林溪森林游乐区

地址：南投县竹山镇大鞍里溪山路6号
电话：(049)261-1211～3

为知名的"溪阿纵走"的中途站，常年气候温和，四季百花盛开，是一处避暑、度假、赏景的好地方。其中生肖弯是将每转180度的弯道以生肖命名，每转一次弯，视野也就逐渐随之宽阔，特殊又自然的美景，是杉林溪的著名景观。

距离入口约9公里的"相映波"，面迎凤凰山，视野辽阔；而"相思台"下方正是冻顶山茶乡；"石井几"显现了滴水穿石的神奇之景；高度有百来米的"青龙瀑布"，是洗涤心灵的佳泉；信步于"森林公园"，是亲近动植物的最佳场地；"松泷岩洞"空旷宽大，令人惊叹大自然的鬼斧神工；山腰上的半圆双洞形似眼睛，因而谓之"天地眼"；有四千多年树龄的"竹溪神木"提醒着人们珍惜大自然生态的重要性。宏伟的"安定隧道"，曾经守护许多先民的宝贵生命；想一探象征富贵的牡丹花，就不能错过每年3月中旬至4月中旬的牡丹花季。

中二高下竹山交流道后，循台3线往竹山方向前行，经竹山、延平后，转151甲号县道、151号县道，依指标前行即可到达。

新中横公路

塔塔加游客中心
地址：南投县信义乡同富村太平路118号
电话：(049)270-2200

玉山公园管理处观光游憩课
电话：(049)277-3121转281-283

住宿
【上东埔山庄】
电话：(049)270-2213

【和社森林教育中心】
电话：(049)270-1004

【东埔原住民青年活动中心】
电话：(049)270-1515

【东埔山庄】
电话：(049)270-2213

【联勤水里招待所】
地址：南投县水里乡顶崁村顶崁巷1-7号
电话：(049)277-7701～3

新中横起自于水里顶崁，终至于玉山公园内的塔塔加风景区，由台18线与台21线两公路连结而成，其中台18线是西起嘉义市经阿里山至塔塔加游客中心，称为"嘉玉段"；而台21线是由塔塔加经和社到南投县水里乡境，称为"水玉段"。由于此条公路塔塔加路段十分靠近玉山，玉山公园管理处便将此路段规划成玉山景观公路。沿途景观相当丰富，

包含了：峡谷、高山、云海、雪景、东埔温泉、壮观的瀑布群与布农族部落等各式自然、人文风情。

当地曹族语言的"塔塔加"指的是宽阔、草原平台之处，而塔塔加海拔两丁六百多米，是新中横公路最高之处，也是新中横台18线嘉玉段与台21线水玉段的分界处。绝佳的制高点地理位置与自然不受侵扰的周遭环境，使得玉山公园于塔塔加规划成立了旅游区，春天有盛开争妍的森式杜鹃，秋天则有风情万种的枫红。山岚与云海为此处显现朦胧神秘又壮丽的面纱，晚间纯净无光害的夜空，则是追星逐月的观景地点。

位于台21线水玉路段147公里处的"夫妻树"，原为两棵红桧巨木，后遭森林大火波及，但残留下的枯枝仍旧相依相偎，如同伴侣般牵手共度山中岁月，这般景象，便成为新中横公路上享誉盛名的代表景观之一。

东埔是进入玉山公园的门户，地理位置约在台21线106公里附近。极为著名的东埔温泉位于此处东侧，为弱碱性碳酸泉，水质清透，对于痛风、高血压、动脉硬化症有所功效；而周围有多家温泉旅社可供泡汤与住宿。附近还有绚丽的彩虹瀑布、S形的乙女瀑布、别名"父不知子断崖"的东埔断崖、全台最高与水量最丰的云龙瀑布等众多景观，都值得一游。

中山高下嘉义交流道后，经嘉义市，转行台18线，过阿里山森林游乐区后，即可进入新中横公路。或自南投水里循行台21线，便可进入新中横公路。或南二高下中埔交流道，即接台18线，往阿里山方向前行至塔塔加后，转入台21线，亦能进入新中横公路。

云林县 YUNLIN COUNTY

中
台
湾

台西海园观光区

 地址：云林县台西乡海岸地带

原为一处鱼塭密集的渔业养殖地区，是全台文蛤、牡蛎等最大生产与集散地之一。以台西海埔新生地将近七十公顷的土地设为"台西海园观光区"，规划有拾贝、浅滩捉鱼、水上活动、钓鱼、沙雕娱乐及野营等区域，海滨休闲设施十分完善。当然，台西的海鲜亦十分著名，如牡蛎、虾、竹滩等，均是肉质鲜美的海产佳肴。爱尝鲜的朋友，来台西游玩时记得可不要错过喔！

中山高下斗南交流道后，转行158号县道往台西，便可抵达。或可从麦寮行台17线往台西，亦能到达。

安西府

 地址：云林县台西乡五港村中央路76号

位于"台西海园观光区"入口处旁，创建于清嘉庆十一年。相传在清乾隆末年，台西当地渔民无意间拾获"张李莫府千岁"的香火于海丰岛上，于是便在岛上搭设一草寮奉祀其香火，尔后迁移宫庙建于五条港，并以张李莫府千岁为主神，陪祀有地藏王菩萨、南霁云将军、雷万春将军与注生娘娘等，庙宇极为富丽堂皇，为当地居民的信仰中心。

中山高下斗南交流道后，转行158号县道往台西，便可抵达。或可从麦寮行台17线往台西，亦能到达。

西螺大桥

地址：云林县西螺镇建兴路要往彰化县
溪州乡的145县道

连接云林西螺镇与彰化县溪州乡之间，艳红色的"西螺大桥"横跨浊水溪两岸，搭配着夕阳，呈现出极佳的黄昏美景，令人动容，即是西螺著名的"红桥夕照"。这条全长约2000米的西螺大桥，整座桥身以钢铁作架、水泥作墩，曾有"东亚第一铁桥"之称。从前在汽车道旁，还附设有糖厂的小铁道，形成汽车及火车并行的特殊景观趣味画面。虽然中山高速公路中沙大桥的完成通车，而使西螺大桥的重要性略减，但西螺大桥却是为西螺地方代表性建筑景观，仍吸引有不少观光客慕名前来一赏，2004年彰化县政府更将此桥列为彰化县历史建筑。

中山高下西螺交流道后，循台1线往西螺方向前行，转154号县道、145号乡道前行即可抵达。

振文书院

地址：云林县西螺镇广福里兴农西路6号
电话：(05)586-2765

中山高下西螺交流道后，循台1线往西螺方向前行，转兴农东路、兴农西路前行即可抵达。

振文书院奉祀文昌帝君，创建于清嘉庆十七年（1812年），原本为一间单纯的宗教文祠，由于当时文风相当兴盛，文人雅士经常在此聚会，成为当时文教风气发源地，因而将宗教与地方义学结合，形成书院与宗教的结合之样貌。书院建筑古色古香，虽架构简朴，但其木雕装饰却显得相当细腻，其间石鼓、山门匾额、斜魁、香井、圣迹亭、神轿等，古色古香，值得一游。书院内并收藏有多幅具有历史意义的匾额，已列为当地三级古迹，是云林地区仅存的古书院，相当珍贵。

振兴宫

地址：云林县西螺镇广兴里70号
电话：(05)587-3265

昔日西螺因地方治安欠佳，附近乡镇便与西螺等七个地方作为守望相助的依据，以联防的方式来保卫乡里，这便是西螺七崁之源。而位于广兴里的振兴宫，供奉着清道光年间西螺本地名人刘明善"阿善师"的神位。当时阿善师开创西螺七崁武术馆，目的便是要使西螺地区的居民，更加团结融合，而其热心公益、诚恳待人的态度，更使西螺人民感念万分，尔后便以"振兴宫"来供奉其神位，以供后人拜祀。此为台湾地区一座极为特别的地方性庙宇，其旁辟有"西螺七崁雕塑公园"，让西螺武术文化更增添些许传奇。

中山高下西螺交流道后，循台1线往西螺方向前行，转兴农东路、广兴路前行即可抵达。

云林县 YUNLIN COUNTY

朝天宫

地址：云林县北港镇中山路178号
电话：(05)783-2055

中山高下大林交流道后，循着162号、157号县道至新港，接164号县道、台19线至北港，转行义民路、民主路，依指标前行即可抵达。

北港朝天宫创建于清康熙三十三年(1694年)，主祀天上圣母，已有三百余年历史，为当地民众重要信仰中心。庙宇巍峨庄严、雕梁画栋、金碧辉煌，是台湾地区著名妈祖庙之一，为当地二级古迹。庙方设有"历史文物展示馆"，内部陈列着多尊不同神像及雕刻品，均为上百年文化古物，十分珍贵。白色巨型妈祖圣像从中山路大老远处便可瞧见她器宇轩昂、慈海祐境的英姿矗立，为"朝天宫"一大醒目标。信徒遍及全台的朝天宫，每年达数百万人次前往朝拜，尤其逢农历3月23日妈祖诞辰前后，庙堂内外总是人头攒动的景象，是南部地区最重要迎妈祖盛会之一。

湖山岩

地址：云林县斗六市湖山里岩山路48号
电话：(05)557-2323

初建于清雍正三年，庙观则为20世纪六七十年代所翻修而成的庙貌，两层楼宫殿式的庙宇建筑。殿内奉祀着观世音菩萨、泰国玉佛等法相慈悲庄严的神尊，顶楼的瞭望台是欣赏寺内外景致的极佳场所。大佛殿的石阶前置有两座金身大鹏鸟，雕工栩栩如生。寺旁有石碑、石像，为初建庙宇留今的历史古文物，造景庭园，供游客休憩。池塘周边有达摩祖师像与观音大士雕塑神像，更显园区的庄严静谧。对面山坡上辟建有佛教雕塑景观公园，陆续完成千佛雕塑、紫竹林罗汉与弥勒大佛等。

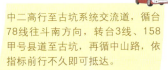

中山高下西螺交流道后，沿台1线至斗六，再行往石榴派出所后，依指标前行，即可抵达。或中二高下斗六交流道后，沿台3线至斗六市区，转行大学路、云214号乡路至梅林，再依指标前行即可达。

中二高行至古坑系统交流道，循台78线往斗南方向，转台3线、158甲号县道至古坑，再循中山路，依指标前行不久即可抵达。

福禄寿民营酒厂

地址：云林县古坑乡中山路11号
电话：(05)582-3106

福禄寿民营酒厂为全台首家民营酒厂，其泉源引自玉山山脉的"朱公泉"泉水，质净甘甜，为PH6.8接近中性的水质，选用高粱、小麦等原料，并以高科技设备，采以"阿米诺法"制产出料理米酒等佳酿。还有如绍兴酒、少数民族小米酒、水果酿造酒，品种相当多元。

剑湖山世界

 地址：云林县古坑乡永光村大湖口67号
电话：(05)582-5789

为全台极具超人气的民营大型游乐园，共划分为"游客服务区"、"耐斯影城区"、"摩天广场区"、"儿童王国区"以及"和园纪念花园"五大主题区。在"游客服务区"设有服务中心、入园广场、联谊中心、特产中心、购物中心、餐厅、小吃区等。拥有全国高科技尖端视觉效果的"耐斯影城区"，如3D剧场、彩虹剧场、巨蛋剧场、巨无霸广场、震撼剧场等，有三度空间视觉新魔幻及全球第一超巨大荧幕等号召特色，提供前所未有的视觉体验。

"摩天广场区"是游乐设施的精华区，如超级战斧、飞天潜艇G5、大海神、劲爆乐翻天等，深受爱刺激疯狂的游客喜爱。其中极速落体的擎天飞梭，从约65米的高空急速降下的自由落体快感，让人惊狂不已；而狂飙飞碟的疯狂飙旋，犹如人旋地转般的狂舞感受，带领游客穿梭三度空间并激发出冒险勇气来。专为小朋友所设计的"儿童王国区"里，有飞天法宝、欢乐金银岛、皇家马车等，均是适合儿童欢乐玩耍的游乐设施，既安全又有趣。

北上由中二高下梅山交流道后，转台3线往永光，于永光转往212号县道，即可抵达。南下于中二高行至古坑系统交流道，转台78线往斗南方向前行，再转台3线至永光，于永光转往212县道，亦可抵达。

荷苞山咖啡游乐区

 地址：云林县古坑乡荷包村

位居海拔300米高的"荷苞山"，因境内沙质土壤、亚热带气候区、水质纯净无污染等天然环境条件佳，极为适合咖啡树生长，所以远自清光绪年间便开始种植咖啡树，更赢得"咖啡山"的称誉；而此处所种植的咖啡树则属于阿拉伯品种（Coffea arabica Linn.），咖啡因含量较低，口味苦涩，咖啡品质较好、也较昂贵。此外，荷包山规划有全长约两公里的石板步

行道、山林步行道，沿途绿意盎然，景致宜人，视野辽阔；每年四五月的油桐花季，白花点点纷飞，映衬着周遭的绿荫山林，极具诗意与浪漫情调。

中二高行至古坑系统交流道，循台78线往斗南，转台3线、158甲号县道至古坑，再依指标前往即可抵达。

华山 · 樟湖 · 石壁 · 草岭风景区

 地址：云林县古坑乡

华山、樟湖、石壁与草岭风景区，均位于云林县东南方的古坑乡，均属于原始景观丰富的自然游乐区，且各有特殊景观而闻名于全台。

中山高北上由大林交流道下，往古坑方向续行，陆续抵达华山、樟湖、石壁、草岭等风景区。或中山高南下由斗南交流道下，往古坑方向前行，陆续亦可达各景点。中二高下梅山交流道后，循台3线、149号县道往谷关方向前行，即可陆续抵达各景点。

华山

"华山风景区"位于古坑（剑湖山）与樟湖风景区之间，交通便捷，主体大尖山约有1300米高，林荫苍郁，峦山叠翠，景致秀丽，目前设有登山步行道，并提供烤肉、露营等多项功能的游乐场所，是一处结合运动、健身、娱乐的不错选择。区内设置有一座具多样化教育功能的"华山教育农园活动中心"，可使游客体验到山林农村生活的独特乐趣。

石壁

"石壁风景区"位于古坑乡草岭村，以自然山川风景取胜而闻名，其入口处附近的九芎神木，由于树龄相当久远，树干呈现出多种奇形怪状的皱褶纹路，十分特殊，成为该风景区著名的景点之一。海拔位置较高的"石壁风景区"，环山览翠秀丽，石壁浑然天成，是一处适合做登山徒步的好地方。

樟湖

樟湖风景区位于古坑乡草岭的西北方，是由清水溪和番子田所孕育而成的天然景观，青山绿水、景致宜人，包括山海关、聚仙大石、蛇皇宫、龙凤瀑布、玛宝石、千年神木、清水幽谷、地久瀑布、长青瀑布、神仙沐浴池、天长瀑布等峭壁奇岩及飞瀑溪涧景观，多数是未经人工雕琢过的自然景致，深具原始自然之美。樟湖村盛产竹笋、笋干、苦茶油、木耳、香菇等农特产，物鲜价廉，值得一尝。

草岭

　　"草岭风景区"位于古坑乡的东南方山区内，四周群山环绕，略呈盆地地形，涵盖面积极为广阔，规划有多处景观区供游客游览，如气势雄壮的蓬莱瀑布、因山崩形成特殊景观的峭壁雄风、清新秀丽的清溪小天地、还有青蛙石、断崖春秋等"草岭十景"，是一处旅游资源丰富的自然风景区。此外，由九二一大地震所新形成的"新草岭潭"，亦成为此区的新兴景点，但游客应注意勿进入危险区域，方能玩得尽兴。

嘉义市 JIAYI CITY

嘉义公园

 地址：嘉义市公园路上

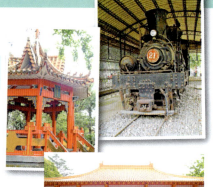

昔日拥有"公园雨霁"胜景闻名，公园内包含有九十多岁的"21号阿里山老火车"，于1912年由美国引进，日据时期配置于奋起湖车站。新风情特色的"射日塔"，于塔顶可眺望整个嘉义市。1964年迁至现址，为儒礼仪教圣殿的"孔庙"，收藏有台湾杰出前辈画家陈澄波作品的复制画，以及为了纪念嘉义辉煌棒球历史的"威震甲子园"等。

中山高下嘉义交流道后，循159号县道往嘉义市区，经博爱路，续行民族路、启明路前行不久，即可抵达。

二二八纪念公园

 地址：嘉义市大雅路二段695号
电话：(05)278-6228

位于嘉义市启明路与大雅路交界口，成立于1996年，为全台第一座以纪念"二二八事件"为主题的公园及纪念馆。共有八处景标"镇魂之碑"、"诸罗之年轮"、"诸罗之哭墙"等纪念碑品，并以梅花鹿象征族群和平共存。此外，还设立有"二二八纪念馆"，整座馆体以半埋于地下的方式建造而成，有"出头天"的喻意。

中山高下嘉义交流道后，循159号县道往嘉义市区，经博爱路，续行民族路前行不久，即可抵达。

交趾陶博物馆

地址：嘉义市忠孝路275号
电话：(05)278-8225

以塑造、绘画、烧陶于一体的交趾陶技艺闻名全台的嘉义，为了薪传与推广交趾陶艺术文化，成立了全台第一座以交趾陶为展览主题的博物馆，位于嘉义市文化中心地下一楼。规划有交趾陶探源区、斗墙区与建筑装饰之美区、林添木展示区、儿童创作品、现代艺师创作区等。从嘉义交趾陶泰斗叶王诉说其发展源流，到新一代改良钻研技艺，及对于交趾陶的练泥捏塑、修胚素烧、上釉完烧等制作过程解说，皆可在博物馆一览。

中山高下嘉义交流道后，循159号县道直行，转行博爱路，过博爱陆桥后，右转忠孝路，即可到达。

嘉义市立博物馆

地址：嘉义市忠孝路275-1号
电话：(05)278-0303

位于嘉义市文化中心旁，属于综合性的博物馆，馆体分有地下一层与地上三层：一楼为地质厅与特展区，展有北回归线的意义、阿里山地质结构、地震成因等；二楼则是化石厅、交趾陶特展区与石猴特展区，探索化石的形成与发现、介绍交趾陶的历史与艺术，以及展示嘉义石猴精湛的雕刻精华；三楼为美术厅、陈澄波纪念区与嘉义艺术空间，揭示台湾著名画家陈澄波的《画中世界》，以及展览当代艺术等，是一座兼具地质科学与艺术的珍贵宝库。

中山高下嘉义交流道后，循159号县道直行，转行博爱路，过博爱陆桥后，右转忠孝路，即可到达。

嘉义市 JIAYI CITY

城隍庙

地址：嘉义市东区吴凤北路168号
电话：(05)222-8419

清康熙五十四年(1715年)由当时知县等捐俸创建，随着风雨侵蚀而倾毁，于雍正、乾隆年间均有整修重建，成为当时诸罗城内最为壮观、华丽的宫庙。光绪元年敕封为绥靖侯，使得嘉义城隍庙成为台湾地区各级城隍中，唯一拥有尊号的神祇。日据时期日本推行皇民化运动而摧毁众多庙宇，嘉义城隍庙因收容全嘉义市所废的宫庙神祇而幸免于难，并于1922年由当时的市长伊藤英三发起捐募整建，此后又经历整建方得今日之外观。城隍庙宇为典型的街屋式庙宇配置，拜殿采以精致华丽的装饰设计，其水车堵左右两侧并有著名交趾陶大师之作。正殿则呈现具有秩序的空间格局，弥漫着庄严肃穆的氛围，另外庙中并保存有古匾、古碑等珍贵的历史文物。

中山高下嘉义交流道后，循159号县道往嘉义市区前行，至嘉义市区后转159甲号县道左转吴凤北路前行，即能到达。

文化路夜市

地址：嘉义市文化路一带

中山高下嘉义交流道后，循159号县道往嘉义市区前行，至嘉义市区再转中山路、文化路前行，即可抵达。

文化路商圈夜市是嘉义市最著名的夜市，由圆环至嘉义女中之间的文化路一带，在此夜市商圈内大多数为店面形态，远近驰名的鸡肉饭、传统手工的粿仔汤、营养丰富的冬菜虾仁蛋黄、香酥可口的方块酥等众多的小吃美食，每一样都令人食指大动。

嘉义鸡肉饭 & 方块酥

鸡肉饭 地址：嘉义市中山路325号
电话：(05)222-2433
方块酥 地址：嘉义市中山路249号
电话：(05)227-5121

鸡肉饭是嘉义市极为知名的美食小吃，以其特殊口味与吃法深受大众喜爱。鸡肉饭的做法是将鸡胸肉或切或撕成细丝状后置于白饭上，再淋上些许的鸡汤汁，这爽口的滋味可是会让人一碗接着一碗吃呢！方块酥是由中国南、北方不同类的酥饼所改良而成的，纯手工混合面粉、奶油等原料，经慢火烘焙成具有多层香酥口感的酥饼。除了原味之外，更有海苔、鸡蛋、抹茶、芝麻、杏仁、蔬菜等多种咸、甜口味，也是相当受欢迎的土特产之一。

中山高下嘉义交流道后，循159号县道往嘉义市区，至嘉义市区转中山路前行便能抵达。

弥陀寺

地址：嘉义市东区弥陀路1号
电话：(05)222-4203

兴建于清乾隆年间，为一座佛教寺院，主祀阿弥陀佛，陪祀为亦奘大师与开山祖师。该寺历经多次修建，现今以金黄色为外观主调，寺院内部则以深茶色系为主，更由于周遭环境清幽，庄严肃穆的寺院钟鼓声响、梵音缭绕不绝，因此有嘉义八景之一"弥陀晓钟"的美称。

寺庙附近的八掌溪，由于洪水期与枯水期的水量变化极大，往昔仅能依靠竹筏穿渡溪水，方能往来两岸。基于因溪水暴涨而交通受阻，因此附近居民便于溪水沿岸设立渡口，方便停靠竹筏，这样的义渡设施也促使增进了嘉义市的商旅运输，加速商业贸易的繁荣，故于义渡的吊桥旁设有"八掌溪义渡纪念碑"。此碑列为当地三级古迹，然而今日吊桥已毁损封闭，碑文也逐渐难以辨认。

中山高下嘉义交流道后，循159号县道往嘉义市区前行，过嘉义市区接159甲号县道、启明路、弥陀路前行，即可到达。

兰潭水库

地址：嘉义市东北郊山仔顶附近

据传是在17世纪由当时来台的荷兰人所辟建，最初目的是提供给水师学习水中战技用，昔称"红毛埤"，今则为嘉义市的水源供给地。水库的面积广达约70公顷，形略似葫芦状。月升树梢，静幽如镜的潭面，倒映着月儿，颇为引人遐思，此乃称为"兰潭泛月"，是嘉义市著名的景色之一。

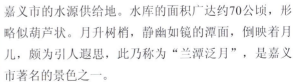

中山高下嘉义交流道后，循159号县道往嘉义市区前行，转友爱路、159甲号县道直行，过崇仁护校后即抵达。或南二高下中埔交流道后，沿嘉义市学府路前行，即可到达。

嘉义县 JIAYI COUNTY

新港奉天宫·新港饴

地址：嘉义县新港乡新民路53号
电话：(05)374-2432

新港奉天宫主祀开台妈祖，香火十分鼎盛，为全台著名的妈祖庙之一。1988年大甲妈祖绕境活动，进香对象由原来的云林北港朝天宫改为嘉义新港的奉天宫之后，致使奉天宫的信众更为增加，活动热闹程度也更为盛大。庙内的建筑雕刻，雕梁画栋，精致宏伟，深具观赏价值。

新港相当有名的特产——"新港饴"、"花果酥"、"麻米老"等，滋味可口多样，均十分受欢迎，于庙前街道四周林立有多家食品老店铺，游客前往"奉天宫"祭拜或游览时，不妨顺道参观选购。

南下在中山高大林交流道下后，循157号县道往新港方向，即可抵达。北上在中山高下嘉义交流道后，循159号县道往新港方向，即可抵达。

蒜头蔗埕文化园区

地址：嘉义县六脚乡工厂村1号
电话：(05)380-0215

历史悠久的"蒜头糖厂"位于六脚乡工厂村，前身为创建于1905年的"明治制糖株式会社蒜头制糖所"，现为台糖事业之"新营糖厂"所在处，且已规划为"蒜头蔗埕文化园区"；从糖厂高耸的门烟囱地标、仓库冰品部、原住民炭烤小火车、小型脚踏板车、机务轨段、糖厂车站、旧宿舍、招待所等，均会认识与巡礼到"蒜头蔗埕"糖业文化历史的丰富，坐趟五分车之旅，别具怀旧知性体验。此外，景致宜人的蒜头糖厂，略带复古的景观，可作为许多知名电视剧的拍摄场景，具有浓厚怀旧气氛，是追寻童年回忆的最佳去处。

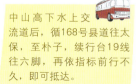
中山高下水上交流道后，循168号县道往太保，至朴子，续行台19线往六脚，再依指标前行不久，即可抵达。

北回归线园区

地址：嘉义县水上乡下寮村鸽溪寮21-25号
电话：(05)286-4905

所谓北回归线，指的是太阳直射地球的最北端纬度，此线度数为23.5°，而此条纬线也通过台湾地区的嘉义和花莲等地。清光绪末年便设立纪念碑以标示北回归线于嘉义此地通过，是世界上最早建立北回归线通过标示之处。历经多次修建，嘉义此地的纪念碑已成为北回归线园区，园区内并置有自光绪年间至今的六座纪念碑。整体园区分为北回意象标线、历代标示展示区、北回太阳馆、古天文区、古天文步行道、星座区、时光轨迹与绿色隧道、九大行星戏水区、太阳广场等区域，其中太阳馆内有如似身历其境般的3D立体剧场、可学习到关于太阳方面天文知识的空间主题墙、18种天文物理仪器可供亲身操作的探索厅、可欣赏整座园区与观赏立体星座的眺望区，以及不定时推出主题展的特展区等，相当值得全家出游。

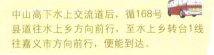
中山高下水上交流道后，循168号县道往水上乡方向前行，至水上乡转台1线往嘉义市方向前行，便能到达。

吴凤庙忠王祠

地址：嘉义县中埔乡社口村23邻1号
电话：(05)253-6601

建立于清嘉庆年间，为纪念当年吴凤成就仁义的事迹；其醒目的红色三檐尾式正门牌坊："三仙门"，亦为中埔乡的代表性地标景观。正殿供奉有吴凤公神牌位。

中山高下嘉义交流道后，循北港路，再转垂杨路、弥陀路往阿里山方向续行，即可抵达。或南二高下中埔交流道后，循台18线往阿里山方向至社口，依指标前行，亦可抵达。

葫芦庄教育农园

地址：嘉义县民雄乡东兴村叶仔寮1邻10号电话：(05)272-0289

中山高下嘉义交流道后，循159号县道往嘉义，经博爱陆续行台1线往民雄，至叶仔寮后，再依指标即可到达。或南二高下竹崎交流道后，沿166号县道往民雄工业区方向，至北势仔转入嘉107乡道直行，亦可抵达。

在葫芦艺术馆中，可欣赏到各式琳琅满目的葫芦创作艺品，无论是山水画、动植物、偈语诗词等，让一个个看似其貌不扬的葫芦，忽然间换了个新妆，令人惊叹不已。当然，园方还辟有葫芦、玩具南瓜生态、凤梨、桑葚果、荔枝、竹笋等园区，让游客DIY享受采果子玩葫芦，乐趣横生，同时看看各式昆虫、蝴蝶的身影，农村野趣乐陶陶。

松田岗创意生活农庄

地址：嘉义县民雄乡松山村松子脚48-15号
电话：(05)272-2342

坐落于民雄松山近郊的"松田岗创意生活农庄"，是由NICE GROUP剑湖山世界休闲产业集团所经营的合家欢主题式农场。其前身为爱之味畜牧农场，占地十多公顷，以南洋岛屿度假胜地特色来规划设置，包括有露营区、树屋、野餐烤肉区、漆弹场、礼品店、人工茅屋等。此外，夜间的松田岗宁静安详之外、灯光点点、美景如诗，在微黄的灯下享受最怡然自得的佳肴美饮，是相当闲适的人间乐事。松田岗创意生活农场花草翠艳，景致秀丽，活动亦相当多元化，为亲子同游或其他团体游乐的好去处。

中山高下嘉义交流道后，循159号县道往嘉义市区，经博爱路，续行台1线往民雄，再转行西南方向，至松子脚再依指标前行不久，即可抵达。

嘉义酒厂文化馆

地址：嘉义县民雄乡福乐村中山路4号
电话：(05)221-5721

位于民雄工业区靠近台1线公路旁的"嘉义酒厂文化馆"，于1996年完工，占地近千坪，为三层楼的建筑：一楼规划有品酒柜、贩卖部、简报室与大厅；二楼规划为嘉义酒厂设厂以来，多项制酒文物珍贵史料展示，以及历年来所生产的各式酒酿名品与其他酒厂生产的酒品展示；三楼则为会议室。拥有百年制酒历史的嘉义酒厂，可以说是收藏最为丰富的制酒文物宝库。如果你想了解台湾地区的酿酒技术、酒文化精华所在，以及盛产白酒的故乡，那么来一趟"嘉义酒厂文化馆"，相信你会收获良多。

中山高嘉义交流道下，循159号县道往嘉义市区，经博爱路，续行台1线往民雄工业区前行便可到达；或南二高下竹崎交流道后，续接166号县道往北势仔方向前行进入民雄工业区，再于福乐中山路前行，即可抵达。

绿盈农场

地址：嘉义县中埔乡盐馆村4邻2-3号
电话：(05)253-8505

农场细心地规划各项活动，带你认识兔子、绿头鸭、鸵鸟、蛙类、野鸟等动物，辨认常见的野生花草，还可和奶牛做最亲密的接触，挤牛奶、喂奶牛，同乐之中一起变成大自然的好朋友。盖在小山上的观景餐厅，是用餐的好地方，白天可眺望嘉南平原壮阔的风光，夜晚则可欣赏嘉义市区灯火辉煌的夜景，远离城市的喧嚣，感受大自然的生命乐章。一个人可以来份鲜奶小火锅，或奶酪柠檬鸡腿餐，拼盘的话，则有中埔风味餐、香草风味餐、牧场风味餐等多样选择，满足你不同的味觉享受。

南二高下中埔交流道后，沿台18线接台3线往大埔方向，再接134号县道前行即可到达。

嘉义县 JIAYI COUNTY

曾文水库风景区

地址：台南县楠西乡密枝村70号
电话：(06)575-3251-9

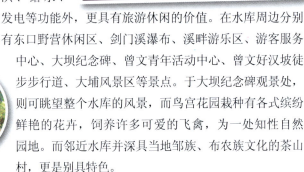

除兼具储水、防洪、给水、发电等功能外，更具有旅游休闲的价值。在水库周边分别有东口野营休闲区、剑门溪瀑布、溪畔游乐区、游客服务中心、大坝纪念碑、曾文青年活动中心、曾文好汉坡徒步步行道、大埔风景区等景点。于大坝纪念碑观景处，则可眺望整个水库的风景，而鸟宫花园栽种有各式缤纷鲜艳的花卉，饲养许多可爱的飞禽，为一处知性自然园地。而邻近水库并深具当地邹族、布农族文化的茶山村，更是别具特色。

南二高行至官田系统交流道，走台84线至玉井，再转台3线往曾文水库方向前行，即可抵达。

欧都纳山野度假村

地址：嘉义市大埔乡大埔村202号
电话：(05)252-1717

以广大翠绿的青青草原及湖光山色的自然美景为吸引力，成为曾文水库周边休闲旅游路线上极具知名度的休闲游乐景点。由于度假村与情人、湖滨两个秀丽公园紧邻相依，加上园内是欧式浪漫庭园原木建筑风格设计，且点缀着各式石雕造景作品，既充满浓厚森林味，又散发出宁静优雅的艺术气息。无论是绿草如茵的草原上，或是下榻房间窗前，触目所及均为美丽的山光水景，犹如置身于欧洲乡境之中，分外恬逸。除了拥有园内秀丽景致与各式餐饮、品茗、游泳设施外，园方亦不时为访客们精心设计各种自然、人文之旅行程路段，散发出"欧都纳"的浓溢乡野风情与知性旅游内涵。

中山高下水上交流道后，经嘉义市、中埔、澐水、大埔后，即可到达。或中山高下新营交流道后，经林凤营、六甲、楠西后，转台3线续行至大埔，即可抵达。或南二高行至官田系统交流道，行台84线至玉井，再转台3线往曾文水库方向前行，即可抵达。

嘉义农场生态度假王国

地址：嘉义市大埔乡西兴村4邻3号
电话：(05)252-2285

倚滨曾文水库湖畔，景色秀丽，农场内错置着各式欧式风格的建筑，景致十分怡人。一年四季依序盛产枣子、锡兰橄榄、玉荷包、龙眼、芒果、马达加西巨竹笋、澳洲胡桃、百香果等各种鲜美可口的蔬果。除了开放观赏外，有些还能让游客亲自采收，体验田园采摘之乐。还有鲜郁缤纷的花卉培育中心，湖光山色尽览的翠影、碧云亭，闪闪亮亮的萤火虫复育馆，翩翩飞舞的蝴蝶生态区，享受溜溜乐趣的滑草场，体验神射手风采的射箭场，可以玩飞盘、放风筝的亲子草原，以及好玩又丰富的亲子游戏场等游乐项目，还可搭游艇轻松游览水库，于钓鱼区享受垂钓闲趣。

南下由南二高下中埔交流道后，循行台18线往十字路，转180线往南行，上曾文水库风景区，再依指标前行，即可抵达。北上南二高下玉井交流道334.9公里，接台84线，途经玉井乡往楠西乡，约348公里处即入大埔乡中心交流道至农场约1小时20分钟抵达。

跳跳农场

地址：嘉义市大埔乡西兴村菜瓜坪1号
电话：(05)252-1529

位于"曾文水库"旁，入口处有一只彩绘大袋鼠，是十分醒目的农场迎宾景观。农场以多样化农业经营来展现园区的休闲风，不同的季节均能看到不同的蔬果与植物，例如12月的寒梅、3～4月的紫苏梅、5～6月的枝芒果、6～7月的龙眼、7～12月的百香果与全年生产的杨桃，均是汁多味美的极品。

此外园内辟植有名为马达加斯加的巨竹，浓密高大的竹林景观，是享受闲逸清风绿林浴的极佳园地。在生态活动方面，农场早于1994年开始进行火金姑的复育，并建有专区，让消失许久的"夜晚小灯笼"再度现身于游客眼前，颇为难得。

南二高下玉井交流道后，接台84线，途经玉井乡往楠西乡，再转台3线（348公里处）大埔乡由交流道至农场约1小时20分钟抵达。

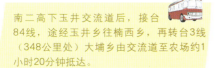

东石渔人码头

地址：嘉义县东石乡东石渔港

东石乡是嘉义县最北端的滨海乡镇地区，为鱼米之乡，盛产"东石蚵"，而鳌鼓村中有一"港口宫"，主祀黑面妈祖，长祐乡里，香火昌盛。近来并举办有特殊的"蚵贝艺术节"，如蚵贝艺术创作、剥蚵体验、串蚵壳比赛等，不仅继承了地方产业特色，亦带动了渔乡

观光休闲发展商机。由日本人设计，采以风、鱼、船、阳光、海洋、灯塔等概念所结合的东石港渔人码头，有海滨漫步平台、特产馆、商店街等设备之外，并有蚵壳屋、喷水池、风车造型的渔人码头地标等特殊设施；许多大型活动亦于此举办，相当热闹。走在渔人码头广大宽敞的步行道上，感受舒爽的海风迎面吹拂，真有偷得浮生半日闲的惬意快感。

中山高下水上交流道后，循168号县道往东石方向前行，便能到达。

布袋盐田·蚵田

中山高下新营交流道后，循172号县道经盐水、布袋，依指标前行即可抵达。

地址：嘉义县布袋镇沿海地带

布袋是嘉义县临海的三个乡镇之一，因海港形似布袋而得其名，而"布袋渔港"是自然形势良好的港湾，盛产大量的渔产和蚵仔（牡蛎）。提到布袋最有名的景致，莫过于那一望无垠的盐田。布袋是南台湾最有名的盐场，而盐田便占全镇面积的二分之一，处处可见到堆积如山的盐堆，晶莹亮丽地散落在盐田区内，尤其是在夕阳映照下，仿佛一座座白皙亮丽的金字塔矗立在游客眼前，仿佛栩栩如生的印象派画作。此外镇内好美里的潟湖，拥有丰富的红树林动植物生态自然景观，从另一个角度向游客们展示了布袋的地方特色。

太平风景区

 地址：嘉义县梅山乡太平村

位于梅山乡太平村，气候温和，境内群山环绕，景致变化万千，民风相当淳朴，是一处享受宁静山林生活的佳境。区内沿途景观有供奉尧、舜、禹三官大帝的三元宫、莲蓬瀑布、相逢瀑布、千年石洞等自然人文景观，十分丰富。并有祝寿山与望风台，可眺望太平四周景色和日出云雾各种不同风貌，很适合健身、清心、休憩。

中山高下大林交流道后，行162号县道，接台3线抵梅山后，转162甲号县道前行，即可达太平风景区。或从南二高下梅山交流道后，循162号县道，接台3线抵梅山后，再转162甲号县道前行，即可抵达。

瑞峰风景区

瑞峰风景区
地址：嘉义县梅山乡瑞峰村

瑞峰休闲农园区
地址：嘉义县梅山乡瑞峰村
电话：(05)250-1578

瑞峰风景区以悬谷、瀑布、峭壁及林木等为主要景观特色而闻名。数十道瀑布奔泻而下，景色雄伟而壮丽，以位居最高的石井三号瀑布最为有名，

阳光照射在水气丰沛的瀑布处，会折射形成一道缤纷彩虹美景，又被称为彩虹瀑布。此外，青龙瀑布、龙宫瀑布、石井一、二号瀑布等，可以说是瀑布的表演会。喜爱攀岩运动挑战的好手们，青年大峭壁的极陡坡度，是训练胆量与熟练技巧的不错据点。农业资源结合旅游休闲的风行，梅山乡农民们规划"瑞峰休闲农园区"，全园面积约70公顷，栽植高山茶、蔗糖、爱玉子、甜柿、梅山蜜果、杨梅、红肉李、加州李、淮山、何首乌、孟宗笋及轿篙笋等，一年到头都有盛产的农特产品。

中山高下大林交流道，行162号县道接台3线抵梅山后，转162甲号县道前行即到达瑞峰。或从南二高下梅山交流道，循162号县道接台3线抵达梅山后，转162甲号县道前行，即抵达瑞峰。

嘉义县 JIAYI COUNTY

瑞里风景区

瑞里风景区地址：嘉义县梅山乡瑞里村
瑞太旅游服务中心
地址：嘉义县梅山乡瑞里村幼叶林6邻1-1号
电话：(05)250-1070

以清溪峻岭景色取胜，景点十分丰富。"云潭瀑布"分为三层，数百米高，潭水自山岩石缝中倾泻而下，极为壮观。贺伯风灾后所形成的"贺伯峡谷"景致，大自然鬼斧神工之精湛，令人惊撼。以陡峭程度闻名的"青年岭"，是考验体力与耐力的所在；两大相连的山壁崖洞胜景有"千年蝙蝠洞"和"燕子崖"，曾有众多燕子、蝙蝠栖息于其间，现已不复见，多了一份幽境的绝妙遐想。另外"瑞太古道"的沿途布有孟宗竹、桂竹，十分清幽。瑞里日出、云海皆颇负盛名，其中以标高一千六百多米的长山为著名的观日地点。由阿里山风景区所管辖的瑞太旅游服务中心，地点位于通往太和、瑞峰和瑞里的三岔路口，海拔约1000米。馆内展示瑞里、瑞峰以及太和风景区的旅游与地理资讯，而中心旁高大的百年相思树，不仅是相当醒目的地标，更是中心的吉祥之物。

中山高下大林交流道，行162号县道接台3线抵达梅山后，行162甲号县道、149号县道即抵达。或从南二高下梅山交流道，循162号县道接台3线抵梅山后，转162甲号县道前行，即可抵达。

奋起湖风景区

地址：嘉义县竹崎乡中和村奋起湖103号
（林务局奋起湖车库）
电话：(05)256-1007

三面环山的"奋起湖"，远观形似畚箕，于是昔称为"畚箕湖"，后来更名为"奋起湖"。景致散布于周间，以"奋起湖车站"为中心，是阿里山森林铁路的中继站，在车站前附近有片竹林茂布，因竹子的枝干呈四方状而得名"四方竹"，目前全台仅有奋起湖与溪头才有，相当稀有珍贵。极富怀旧且历史韵味的奋起湖火车便当，作为传统美食菜肴，形成一种相当独特的便当文化；在奋起湖旧街坊里，可觅得火车饼、草籽粿、公婆饼等各式当地名产，别具风味。

奋起湖的日出丝毫不逊于祝日，别有一种美，大冻山为最佳观日据点。此外，流星岩与明月窟，有独特的自然崖壁岩景，不容错过；而十八灵岩洞，有十多个大大小小如同迷宫般的涵洞地道，这里可眺望对面的奋起湖全貌，十分优美。当花季来临时，车站四周与大冻山一带，笼罩着一片花海美丽景象，绝对让你不虚此行。

南二高下梅山交流道后，循162号县道、台3线抵梅山后、162甲号县道、169号县道往奋起湖方向即可抵达。或由南二高下竹崎交流道后，循行159甲号县道、169号县道往奋起湖方向便到达。或于台铁嘉义站搭往阿里山线火车亦可抵达。

阿里山森林铁路

嘉义站搭往阿里山线火车，即可抵达各站。

沼平车站 电话：(05)267-9197

祝日车站 电话：(05)267-9685

北门车站 地址：嘉义市忠孝路304号
电话：(05)276-8094

阿里山车站
地址：阿里山乡
电话：(05)267-9833

沼平—祝山的观日出列车发车班次
电洽：(05)267-9200
注意事项：
通常北门站上山发车班次时间以上午为主，而沼平站（终点站）下山发车班次时间则以下午为主，详情可电洽北门车站、沼平车站。

阿里山森林铁路，是全世界著名的登山铁路之一，与秘鲁的中央铁路、印度的大吉岭喜马拉雅铁路，并称为全世界现存的三大登高山铁路。日据时期，日本人于阿里山发现当地蕴藏丰富的红桧、扁柏等珍贵树种，展开了掠夺性的森林开发，也开始阿里山森林铁路的兴建。1912年完成了阿里山铁路，由嘉义火车站至沼平车站，沿路停靠17个车站；从海拔30米至2216米，经过47个隧道、72座桥梁。

由嘉义至竹崎为平地线，竹崎到阿里山则为山地线，共分有三条支线。"祝山线"由沼平车站出发至祝山火车站，其为因其出名后，而且是为欣赏阿里山日出所兴建的观光铁路，每日依照日出时间而调整发车时班次。"眠月线"是早期阿里山上两条主要林道铁路之一，又称"塔山线"，为运送木材所兴建的，曾因林木枯竭而停驶，后因观光风潮而重新通车，终点站石猴站因地震毁损，尚未修复，现仅能步行通过。

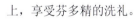

"神木线"则提供所有班车行驶至神木站，方便游客观赏阿里山神木，走在栈道

上，享受芬多精的洗礼。

阿里山森林铁路的特色在于其为螺旋状登山与Z字形爬升，由于山区崎岖险峻，以螺旋方式（右二、左一）环绕三圈盘旋行至山顶；而这时前时后的特殊Z字形爬坡前进方式，更有"阿里山火车碰壁"之称，相当特别。此外火车如要交会，则等待的列车须先开进站内，等另一列车驶离后，再倒退开出，此折返式车站以樟脑寮车站为典型代表。阿里山火车轨道比台湾一般火车轨道略窄，仅有76.2厘米。全线经过嘉义、北门、竹崎、木履寮、樟脑寮、独立山、梨园寮、交力坪、水社寮、奋起湖、多林、十字路、屏遮那、二万平、神木、沼平、祝山17个车站，沿途可观赏到山间热带、暖带与温带三种林相。

※目前阿里山森林铁路因莫拉克台风造成多处毁损而停驶，复驶时间请依公告为准。

阿里山森林游乐区

阿里山游客服务中心
地址：嘉义县阿里山乡59号
电话：(05)267-9917

阿里山森林游乐区，东临玉山山脉，与玉山公园相邻，西边则紧邻嘉南平原，北界南投县。素来以云海、日出、晚霞、森林与高山铁路"阿里山五奇"誉称于世，深受各界人士喜爱。森林游

乐区拥有非常丰富的森林资源，其中以桧木原始林最为珍贵，有三兄弟与四姊妹等多种上千年树龄的红桧二

代木、三代木自然奇景，汇集多株千百年树龄的巨木群栈道区，当中达两千年以上树龄的巨桧——"光武"和"千岁"，更是雄伟挺拔；树灵塔的传奇异事，耐人寻味；隽永凄美爱情神话的"姊妹潭"，深幽的景致显增神秘感。每年农历3月间，"受镇宫"玄天上帝会有神蝴蝶前来祝寿，蔚为奇景。栽有各式花卉的"木兰园"、沼平公园与"梅园"，宫殿式建筑造型的"阿里山邮局"及芬多精浓郁的森林浴步行道，可谓美不胜收。

原为阿里山代表景观，高达三千年树龄的红桧神木，因几度遭受雷击劈裂而难以幸存，于1998年6月将其放倒

从南二高竹崎交流道下，循159号、159甲号县道过火烧寮、过溪，至石卓转台18线往阿里山方向前行，即可到达；或于南二高中埔交流道下，循台18线往阿里山方向前行，即可抵达。可由台铁嘉义、北门站搭乘往阿里山线的火车，也可抵达。

告终，如今只能在原地望着枯老斑驳的神木残影，让人不胜欷觑与怀念。

旅游阿里山的重点观赏景致"看日出"，其最佳的观景点位于"祝山"，新辟建的观日平台里置有两座八角亭，地面上的太阳图腾铺有彩虹光纤，夜里可见到各色五彩光芒放射，景象别致，每当日出时霞光乍现，璀璨动人的演出，直让人惊艳不已。而祝山的"云海"，翻腾起伏的云雾波浪，十分壮丽。此处亦是欣赏"晚霞"的好据点，绚丽缤纷的色光，既浪漫又动人。

每年春旬花季间，繁花盛开，并以绯寒樱、古野樱最为有名，缤纷华丽的朵朵樱花，片片花瓣伴随着和风优雅飘落的美丽景致，让人又恋又怜，就连"阿里山号"亦彩绘上樱花铁道风情画新妆，粉墨登场，再度掀起阿里山旅游新热潮。

※目前阿里山森林铁路因莫拉克台风造成多处毁损而停驶，复驶时间请依公告为准。欲前往观赏日出的游客，可搭乘免费游车。

旅馆

【阿里山青年活动中心】
地址：嘉义市阿里山乡香林村二万平106号
电话：(05)267-9874

【阿里山阁大饭店】
地址：嘉义市阿里山乡香林村1号
电话：(05)267-9611

【樱山大饭店】
地址：嘉义市阿里山乡东阿里山39号
电话：(05)267-9803

【高峰大饭店】
地址：嘉义市阿里山乡东阿里山41号
电话：(05)267-9739

【高山青宾馆】
地址：嘉义市阿里山乡43号
电话：(05)267-9988、267-9716

【登山别馆】
地址：嘉义市阿里山乡东阿里山47号
电话：(05)267-9758

【阿里山宾馆】
地址：嘉义市阿里山乡香林村16号
电话：(05)267-9811

【青山别馆】
地址：嘉义市阿里山乡东阿里山42号
电话：(05)267-9333

民宿

【闲云居】
地址：嘉义市阿里山乡乐野村210号
电话：(05)256-1580

【阿里山欣欣民宿】
地址：嘉义市阿里山乡24号
电话：(05)267-9748

【新天山茶业民宿】
地址：嘉义市阿里山乡乐野村118之1号
电话：(05)256-1642

台南市 TAINAN CITY

赤崁楼

地址：台南市民族路二段212号

中山高下永康交流道后，接台1线往台南市区，进入市区入公园路前行，转成功路，再转赤崁街，便能抵达赤崁楼。

赤崁楼兴于明永历年间（1853年），是台南地区现存年代最久远的一级重要古迹。是当时荷兰人所兴建的行政中心，昔称为"普罗民遮城"，目的是防止当地居民的反抗。日据时期曾借用为陆军医院，后改为台湾总督府日语学校台南分校。原为荷式建筑主体，加上了中国式的建筑。现今的赤崁楼南面为庭园，北面为阁楼，西面则由蓬壶书院所组成。靠近阁楼墙面基上还立有九块石龟的御碑，碑石为花岗岩所雕成，是由大南门城边所移来的，为赞赏平定林爽文之役的记功碑；实际上碑体是立于形状似于石龟的赑屃之上，但其为龙之九子之一，生而好负重，外貌与龟并无差异，因此一般人均称之为"龟碑"。"文昌阁"祀有魁星爷，常有考生来此祈求考运顺遂。

大天后宫

地址：台南市永福路二段227巷18号

大天后宫又称为台南妈祖庙。

中山高下永康交流道后，接台1线往台南市区，进入市区入南路、公园路前行，转成功路，再转赤崁街，接民族路二段、永福路，便可到达大天后宫。

大天后宫是全台首座官建的妈祖庙，是唯一列入官方春秋祭典的妈祖庙。庙内外的龙柱、石雕等彩雕建筑，皆是出自于当时名匠的精湛技艺，庙内还收藏丰富的古碑、匾额，具有历史意义与艺术价值。

历经多次修整，大天后宫主结构仍维持嘉庆年间重修后的规模。每年农历3月间的大天后宫妈祖出巡是相当著名的"城迓妈祖"绕境祈福活动，诸如迎神赛会等，热闹非凡。

祀典武庙

地址：台南市永福路二段229号

武庙主祀武圣关公，当地人习称"大关帝庙"，相传祀典武庙建于明永历年间。庙殿采三进格局设计，外墙为朱红色建筑，庙宇显得庄严肃穆，忠肝义胆旌扬，为全台唯一名列官方祀典的"武庙"。祀典武庙分三进，第一进奉祀关公，第二进为武圣三代祖先，第三进是观世音菩萨与十八罗汉。庙内还典藏了许多古匾，如"至大至刚"、"文经武纬"等。武庙的设立，可见关公在人民信仰中的重要性。

中山高下永康交流道之后，接台1线往台南市区，进入市区公园路前行，转成功路，再转赤崁街，接民族路二段、便可抵达永福路武庙。

开基天后宫

 地址：台南市自强街12号

中山高下永康交流道后，接台1线往台南市区，进入市区入公园路前行，转成功路、自强街便能抵达开基天后宫。

明 朝永历年间所建的开基天后宫，为当时府城内最早建造的妈祖庙，因而称为"开基"，但由于其庙规模不及大天后宫，因而俗称"小妈祖庙"，与大天后宫的"大妈祖庙"相对应。庙内奉祀的妈祖神像，身高虽仅只有一尺左右，但却是明朝所刻制的金身神尊，历史相当悠久。此外，正殿内拥有相当罕见的三爪龙柱雕刻，由花岗岩所雕刻而成，是清初时期的雕刻作品。

台湾府城隍庙

 地址：台南市青年路133号

中山高下永康交流道，接台1线往台南市区，进入市区入公园路前行，再转成功路，再转赤崁街，接民族路二段、行中山路、民权路一段、青年路，便可抵达。

台 湾府城隍庙，相传建于明永历二十三年（1669年）。台湾府城隍庙是台湾地区历史最悠久的城隍庙，列为当地二级古迹。殿内主奉掌管人鬼阴阳常善冠燕分止审判的城隍爷，其旁陪祀着七爷与八爷，具有肃严凛然的气势，而人算不如天算的"大算盘"，拨增勾减之间，绝无分毫之差。为城隍爷执事公正的表征，亦保佑府城乡境一切平安。高悬于中央大门入口的"尔来了"匾额，显现了城隍爷至高无上的权威与气势，此匾额也是府城三大名匾之一。庙内陈设相当肃穆，对联、楹联都具有宣教善恶与警世意味。

城隍庙右厢设有"文物陈列室"，收藏有清乾隆时期的重修城隍庙图碑、嘉庆年间的香炉、超级大算盘等，可供参观。

开元寺

 地址：台南市新胜里北园街89号
电话：(06)237-5635

距 今已有三百多年的"开元寺"，前身溯及明末郑经于台为母所建的"北园别馆"。寺院采三进式的建筑格局，前为弥勒殿，中为大雄宝殿，后为大士殿，为纯粹的佛教寺院。大雄宝殿主祀释迦牟尼，其他陪祀佛像极多。寺内有井一口，称"郑经井"，后花园植有罕见的七弦竹，相传是由郑经母亲所栽植，环境相当清幽。寺中还有一座古铜钟，重达1600斤，是开山住持志中法师募缘所铸造的，为台湾地区目前现存年代最久的铜钟。

南下由中山高下永康交流道后，接台1线往台南市区，进入市区入公园路、南门路、府前路一段、开山路，转入北园街即可到达开元寺。

台南市 TAINAN CITY

孔庙

中山高下永康交流道后，接台1线往台南市区，进入市区入公园路、南门路，即能到达孔庙。

明郑时期，郑经采以谘议参军陈永华建议，于明永历十九年（1685年）开始动工兴建孔庙，翌年便完工此全台首座孔庙。孔庙为全台第一间学府，故有"全台首学"之称，在清末之前仍是台湾官办的最高学府。在第二次世界大战中受到战火波及而略有毁损，而后逐步修建，今日庙观为1985年整修后的样貌。正殿主祀至圣先师——孔子，旁边则为教授学生的明伦堂。每年孔子诞辰纪念日均会举行六佾文舞祭孔大典，遵循古礼献祭，十分特别，届时参观游客络绎不绝。

亿载金城

地址：台南市光州路3号
电话：(06)298-2151

中山高下台南交流道后，转182号县道入台南市区，续接东门路、林森路、健康路往安平方向，即可抵达。

位于安平港一隅的"亿载金城"，为台湾第一座西式炮台，建于清同治十三年（1874年）九月，是清朝洋务运动下的西化产物，为了巩固台南沿海地区的御守炮台。在护城河桥上向其城门拱眉上望之，可瞧见"亿载金城"四个大字醒语，相对城门背内则有"万流砥柱"，皆

是由当时清朝大臣沈葆桢于光绪二年所落款亲题。亿载金城为西洋式的红砖建筑，四方的稜堡用于放置大炮之用，另外，其更是首座配有"阿姆斯壮大炮"的炮台，相当具有历史意义。固若金汤地守护着城池，是现存的一级城池古迹。目前城内所存放供人观赏的大炮，为1975年市政府仿制的。

安平古堡

地址：台南市国胜路82号
电话：(06)226-7348

南下由中山高下永康交流道，接台1线往市区走公园路往安平方向，转入古堡街便到达安平古堡。北上由中山高下台南交流道，进市区入东门路、民权路一段、青年路、民生路、安平路往安平，转古堡街即抵达。

原名"热兰遮城"，系荷兰人于1624年为统治台湾所建立的军事中心堡垒，以糖水调蚵仔壳灰、糯米浆砌建制而成，为西方稜堡形的构造。1661年郑成功将荷兰人驱逐，将此处改名为安平，作为

反清复明的基地，此堡也称之为"台湾府"。台湾入清版图之后，此堡改为军装局；清末受到战火波及，古堡因残破而不受重视。日据时期，日本人将古堡残迹夷平，改建为方形台阶，在高台上并筑起洋楼建筑，作为安平海关宿舍。现今所见的建筑外貌，便是日本人重建的样貌。

台湾开拓史料蜡像馆
（原英商德记洋行）

地址：台南市古堡街106号
电话：(06)391-3901

南下由中山高下永康交流道，接台1线往市区，走公园路、民生路、安平路往安平方向，再转入古堡街便可到达；北上由中山高下台南交流道，进市区入东门路、民权路一段、青年路、民生路、安平路往安平方向，再转入古堡街，即可抵达。

台湾开拓史料蜡像馆纯白素雅的两层楼馆里，划分有先民平埔族狩猎织布、郑成功对荷兰人媾和谈判、私塾、晒盐、制糖、农耕、兵马俑等栩栩如生的蜡像展示，以蜡像展出台湾地区早期生活样貌，

是认识早期台湾地区历史文化进展的课堂。另设置有"时空走廊"，将英商德记洋行的成长轨迹以图片资料展示。后方的树屋原是仓库，因荒废多年已被一棵棵榕树盘踞，而有"树屋"之名，现规划为艺术村，将有艺术家会进驻于此。

安平外商贸易纪念馆
（原德商东兴洋行）

地址：台南市安北路183巷19号

清代安平因港口之便，招引许多外商来此设立洋行商号，当时有"安平五大洋行"：英商德记、美商唻记、德商东兴、合记与怡记五家规模较为庞大的商号。日本人据台时期，大宗的樟脑、鸦片等货物归为日本人专卖，在商行贸易量锐减的情况下，东兴洋行宣告关闭。于是日本人便在此处改建为台南厅安平厅舍，之后又作为盐总场宿舍，于1986年改为安平外商贸易纪念馆，结构相当雅致。此馆为当地三级古迹，馆内展示安平贸易与相关产业的发展。

南下由中山高下永康交流道后，接台1线往市区，转行西门路四段、西门路三段、民生路、安平路、安北路，即可抵达。北上由中山高下台南交流道后，循182号县道往台南市区，入市区转行东门路、民权路、青年路、民生路、安平路、安北路，便可到达。

台南运河博物馆

地址：台南市安平区安平路97-15号
电话：(06)220-3808

南下由中山高下永康交流道后，接台1线往市区，转西门路四段、三段、民生路、安平路即可抵达。北上由中山高下台南交流道，循182号县道往市区，转行东门路、民权路、青年路、民生路、安平路，便可到达。

台南运河于1926年正式开通，沟通了台南与安平两地。清同治年间，台南安平港正式对外开港，使得英、美、德等外商由此港进入府城发展贸易，而府城海关则称为"台湾关"。"中日甲午战争"后，日本人占据台湾岛，于此设立安平税关，后移至新运河安平船坞；1978年原名安平海关的安平之所迁至新安平港后，原安平海关建筑便遭闲置，至2005年才将此建筑设立为台南运河博物馆。列为台南市定古迹，馆内展示有关于运河的老照片、古文物、各式渔货船模型、海关建筑模型等，可由此建构出昔日台湾地区海上贸易的样貌。

台南市 TAINAN CITY

台南故事馆(郑氏家庙)

 地址：台南市忠义路二段36号
电话：(06)211-3630(台南市文化协会)

位于台南旧城区的台南故事馆，是以郑氏家庙的空间作为整体故事馆的基地，将原本传统三合院式的宗祠家庙以及周边的历史古迹纳入范围，成为一座具有台南当地发展历史记忆的博物馆。拥有荷、明、清、日治等各式建筑街道与古迹庙宇等空间，并于此举办各类文化活动与社区活动。透过古迹活化为文化场地的方式，更利于推动乡土教育，并且能实地了解台南当地的民俗文化。此外，故事馆也将配合台南当地的文化节庆举办各式活动。

中山高下永康交流道，接台1线往台南市区，进入市区入公园路、公园南路、忠义路三段、二段前行，便可抵达。

陈德聚堂

地址：台南市永福路二段152巷20号

原是明郑时期东宁总制使陈永华的府邸，清朝收复台湾之后，于康熙五十二年（1713年）陈氏子孙便将此府邸改为陈氏宗祠，并名为"德聚堂"，可说是当时台南最早的祠堂。陈德聚堂采以二开间两造两廊两护龙的建筑构造，正堂留有初设祠堂时台厦道陈璸所立的"翰藻生华"匾，算是唯一历经战火浩劫后留存在堂内的古物。堂内的彩绘是一大特色，而窗棂则有以"陈"为主题的图案装饰；位于大门上则有"夔龙拱磐"图案的窗棂，雕镂精细。拜亭两侧的墙壁"舜耕历山"、"王羲之弄孙自乐"等彩绘名师陈玉峰的晚年力作，表现孝顺与薪传之意。

南下由中山高下永康交流道后，接台1线往台南市区，转行西门路四段、西门路三段、民生路一段、永福路二段，便能到达。北上由中山高下台南交流道后，循182号县道往台南市区，入市区转行东门路、民权路、青年路、民生路一段、永福路二段，便能到达。

法华寺

地址：台南市法华街100号

南下由中山高下永康交流道后，接台1线往台南市区，进入市区入公园路、南门路、府前路一段、开山路，转法华街，即可抵达法华寺。

位于台南市区东南的法华寺，其前身为明郑时期的梦蝶园，后来更名改为寺庵，因清康熙年间大兴佛寺，从而易名为"法华寺"，成为府城著名的明郑时期名园代表。现为当地三级古迹，寺院十分静逸，极显佛门圣地之貌。现今样貌为"二战"后所重建，寺庙为坐北朝南，中央为三进式，寺中还有彩绘大师潘立水的许多作品。

成功大学旧文学院及大成馆

🏠 地址：台南市大学路1号（成功大学光复校区内）

成功大学旧文学院及大成馆原是日据时期，日本陆军第二联军驻扎台南之处，以钢筋混凝土的实验方式所建构而成，两栋馆体皆为一字形平面设计，古典罗马式的主入口门廊，显现宏大的纪念气势，而回廊式的连续拱圈，可减少南方阳光直射室内，并于建筑物设立有通风口的基座，具有防潮的意义。红白相间的色调，古典中更添稳重之势。

旧文学院为当时第二联队部长以及幕僚的办公室，大成馆则为第二联队的司令部；光复后，此二处改作他用，1966年划归成功大学。

中山高下台南交流道后，循182号县道往台南市区方向，入市区转行东门路三段、二段、胜利路、大学路，即可抵达。

鹿耳门天后宫

🏠 地址：台南市显草街二段1巷236号
电话：(06)284-0098

鹿耳门天后宫外观为1977年所改建，格局与孔庙类似，同为"回字形"格局，为闽南重檐歇山式的屋顶，由正门可俯视鹿耳门港口。每年的鹿耳门天后宫文化季，是想体验台湾新庙会文化的游客所不可错过的，兼具当地文化及传统信仰新传承的活动。

南下由中山高行至台南系统交流道后，续接8号道于台南端交流道下，沿安吉路、安中路往安南农场方向，转入显草街三段即可到达。北上由中山高下永康交流道后，接台1线往大崎，由中央路、台19线入台南市区，接安中路往安南农场方向，转显草街三段，即可到达。

正统鹿耳门圣母庙

🏠 地址：台南市城北路245巷160号
电话：(06)257-7547

正统鹿耳门圣母庙，原本名为"保安宫"，于1960年申请改名而沿用至今。后由信众集资重新修建，号称为东南亚最大的民间信仰中心之一。整座庙堂雕刻、装潢相当繁复华丽，具富丽堂皇之气势。

南下由中山高行至台南系统交流道后，续接8号道至台南端交流道下，沿安吉路、安中路往安南农场方向行，转城北路即能抵达。北上由中山高下永康交流道后，接台1线往大崎，由中央路、台19线入台南市区，接安中路往安南农场方向前行，转城北路即可抵达。

台南市 TAINAN CITY

🏠 开隆宫

地址：台南市中山路79巷56号

南下由中山高下永康交流道后，接台1线进入台南市，走公园路，转入中山路便可到达；北上由中山高下台南交流道后，沿182号县道进入台南市区，转入东门路、民权路一段后，再转入中山路便可到达。

位于台南火车站附近的中山路巷弄中有一处庙宇，逢每年七夕"七星娘娘"圣诞之际，均会举行已有多年历史传统习俗："做十六岁"，亦成为台南人家喻户晓的成年礼仪活动，这正是"开隆宫"。有两百多年历史的开隆宫，主祀注生娘娘、临水夫人与七星娘娘等，皆为中国道教信仰中司掌关于新生命的孕育、婴儿呱呱落地诞生顺利与孩童平安长大成人的神尊，所以来庙膜拜的信众多为父母和儿童，亦可谓是彰显信仰中兼具有亲子关系互动之意。

延平郡王祠

地址：台南市开山路152号

延平郡王祠昔称为"开山王庙"，为清末时期（1662年）百姓为感念郑成功的丰功伟绩而兴建的。1961年重建，主建筑为台湾唯一的福州式庙宇建筑。祠堂内部设有台南市民族文物馆，陈列台南地区的历史文物，相当珍贵。

南下由中山高下永康交流道后，接台1号公路往台南市区，进入市区入公园路前行，再接开山路不久，便可到达；北上由中山高下台南交流道后，沿台182号县道往台南市区，进市区入东门路，接府前路一段，再右转入开山路，即可抵达。

台湾文学馆

地址：台南市1号
电话：(06)221-7201

中山高下台南交流道后，转行182号县道或台1线往台南市区方向，即可抵达。

以原台南市政府旧址规划文学馆舍，共规划设立了"展览空间"、"文学书坊"与"文学教室"、"图书与视听阅览室"、"会议室"以及"户外多功能广场"等，是认识与研究台湾地方文学宝藏的知识殿堂。

台南小吃

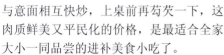

鳝鱼面

传统的进补食材，去鱼头、脊骨等，与洋葱、糖、醋与意面相互快炒，上桌前再勾芡一下，这肉质鲜美又平民化的价格，是最适合全家大小一同品尝的进补美食小吃了。

棺材板

厚片土司炸成金黄色后捞起，将吐司中间部分挖空，另外洋葱、鸡肉、豌豆、红萝卜等食材与面粉高汤勾芡煮成浓稠状后，置入吐司中空处，再将挖起的吐司部分盖上即可。

冬瓜茶

老式的冬瓜茶以古法制造，将去皮的冬瓜与糖水一起熬煮到水分蒸发，成为干化的冬瓜糖。

台南米糕

将长糯米煮熟后，加上肉臊、花生、鱼松、腌小黄瓜等配料。一碗米糕便能吃尽Q劲十足的糯米、香味四溢的肉臊、花生、小黄瓜以及鱼松的多重口感。

画糖

将白砂糖加水煮成焦黄浓稠的糖浆后，置于铜板上边倒边画，在变硬而尚未冷却前粘上竹棒即完成。这样可吃可玩又能看的小吃，相当具有古早味。

历史悠久的担仔面：将以猪肉制成的肉臊浇于油面上，并加上去壳的鲜虾、香菜，最后再倒入用鲜虾熬成的高汤与酱汁等。

碗粿

将再来米一种有弹性的粳米磨成浆后，加入沸水烫熟米浆并搅拌，米浆呈现黏稠状时，置入碗内，并放入萝卜干、红葱头酥、猪肉、香菇等配料，蒸熟后即大功告成。

鸡卷

将猪肉、洋葱、荸荠、鱼浆、调味料等搅拌均匀，再以豆腐皮包成长条状后，入锅油炸成金黄色，一条条香浓的鸡卷便能上桌了。

椪糖

是现今少见的独特老式小吃，先将大汤勺舀上红糖，加水调匀后，置于炉火上不断地以同一方向画圈搅拌，在糖水呈现膏状冒泡的同时，添加些许的小苏打粉，再继续搅拌，糖膏会膨胀逐渐形成糖饼。黄褐色的椪糖外表是酥软的，咬下入口即化，口感十分特殊。

安平豆花

滑嫩的外表，入口相当绵密，是一种传统的平民化小吃。还可以添加粉圆、红豆等配料，无论冬夏都能感受这甜品带来的迷人滋味。

South Taiwan

南
台湾

南鯤鯓代天府

地址：台南市北门区鲲江976号

南鯤鯓代天府为台湾地区历史最悠久的王爷庙，早在明末清初时便已建立，而于清嘉庆年间迁建于现址，庙内主奉李王、池王、吴王、宋王与范王"五府千岁"。无论平日或众王爷圣诞千秋期间，即有远从各地分灵庙宇銮驾纷纷回娘家刈香祝寿者，当然还有不少远道而来的进香团，其香火鼎盛程度不必赘言。整座庙宇不论庙埕的门坊及庙内建筑装潢，都极具宏伟气派之势；梁柱、石壁、藻井、庙檐等剪粘与雕刻精美，均为上乘之作，是全台王爷庙之中的佼佼者。每年农历四月二十六、二十七日，适逢大王李千岁与五王范千岁圣诞，是南鯤鯓代天府庙庆活动最为热闹的时刻。

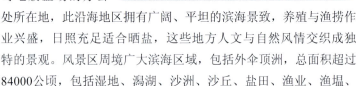

中山高下麻豆交流道后，循171号县道往学甲、北门方向，过北门后转台17线往北续行，依指标前行，即可抵达。

云嘉南滨海风景区

地址：台南市北门区北门村旧埕119号（管理处）
电话：(06)786-0000

为台湾地区成立的第12个大型风景区，管理处设于北门区原台盐公司七股盐场的办公处所在地，此沿海地区拥有广阔、平坦的滨海景致，养殖与渔捞作业兴盛，日照充足适合晒盐，这些地方人文与自然风情交织成独特的景观。风景区周境广大滨海区域，包括外伞顶洲，总面积超过84000公顷，包括湿地、潟湖、沙洲、沙丘、盐田、渔业、渔塭、黑面琵鹭栖地保护区等生态资源丰富之处，加上台江内海地区开台历史遗址、众多庙宇名胜文化，为南瀛海滨旅游新据点。

中山高下麻豆交流道后，循171号县道，经学甲至北门，再依指标前行不久即可抵达。

七股盐田·潟湖

地址：台南市七股区盐埕村66号
电话：(06)780-0511转49

七股区为台南地区一处以盐田及潟湖风光著称的临海区域，素有"盐田之乡"的称誉。境内盐田里一座座雪白晶亮的盐山景观，仿佛置身于雪国之中，极为特别。为了丰富盐业文化发展，更于境内七股盐场旁规划辟设有名为"不沈之海"的SPA健身池，还有特殊沙浴，让你尽享盐疗、漂浮的乐趣。

七股潟湖是目前台湾地区最大的潟湖，为天然的养殖场所，有不少渔民乡亲赖以为生，当地有两百多种鱼类及三十多种蟹类栖息生活于此。而此地更有多种鸟类栖息过冬，如黑面琵鹭、白鹭鸶等，是赏鸟的不错去处。沿近的沙洲、沙丘、牡蛎养殖池、红树林等景观，亦值得一游。

台湾盐博物馆

地址：台南市七股区盐埕村69号
电话：(06)780-0691

盐这种民生必需品，与地方、生活紧密地结合着，台湾盐博物馆的创立，见证了台湾百年盐业的历史与文化。四层楼的建筑，共有三个展示楼层：一楼为早年盐田风光的展示，二楼则为台湾盐业历史的简介，四楼是世界盐业的介绍。拥有上万件文物，台湾盐博物馆是台湾地区唯一以"盐业"为主题的博物馆，外观如金字塔造型的外观，象征着盐山的形象，是相当别出心裁的建筑设计。想了解由传统产业转型而掀起一股保养品旋风的台盐早年产业历史与在地人文发展，来一趟台湾盐博物馆就没错了。

中山高下麻豆交流道后，循176号县道往七股方向前进，即可抵达，或行台61线往七股方向前往，于七股盐场转接176号县道便可到达。

中山高麻豆交流道下，行176县往佳里、七股方向，即可抵七股盐田场。

黑面琵鹭保育管理与研究中心

地址：台南市七股区十份村海埔47号
电话：(06)788-0642

中山高行至台南系统交流道或南二高行至新化系统交流道，转8号道下台南端交流道后，循台17线往七股方向，转173号县道前行，便能抵达。

黑面琵鹭属于东亚地区的特有鸟种，列为濒临灭绝的保护级动物；每年秋季自北飞往南方过冬，至翌年春季再飞回北方，于台主要分布于曾文溪出海口海埔新生地一带。台南市政府除了于主栖息地设立保护区外，并于栖息地附近设立黑面琵鹭保育管理与研究中心，展示黑面琵鹭相关的生态介绍与保育运动，有展示室区、生态影片播映室、观景平台等设施；每年十月至翌年四五月为赏鸟时期，可于此观赏来自北方的黑面琵鹭。

台南市 TAINAN CITY

乌树林文化园区

地址：台南市后壁区乌林村184号
电话：(06)685-2681

1910年创立的乌树林糖厂，随着制糖事业的没落已不再制糖，1979年转型为旅客运输形态的乌树林车站，后也因营业线路停驶而关门不再使用，2001年重新规划后蜕变成一文化园区。园区内有保存珍贵的铁道文物的铁道文化区、可浏览周边田野美景的五分车怀旧之旅系统、最生动有趣的昆虫生态教育馆，结合了恐龙、美女画像、古早民俗、石雕铜塑、法轮石球的综合休闲博物馆，还有展出各式兰花的兰花主题展示馆、体验田间野炊乐趣的焢窑烤肉区、幸福洋溢的百年夫妻树许愿区，以及可一尝古早美味与浓醇咖啡的休闲美食区等，是亲子同游的最佳去处。

中山高下新营交流道后，循172号往新营方向前行，至新营转台1线，再续接172号县道往后壁方向前行，便能抵达。或南二高下白河交流道后，循172号县道往白河、后壁方向前行，亦可抵达。

新营铁道文化园区

铁道文化园区
地址：台南市新营区中兴路31巷4号
电话：(06)632-4570

乳牛的家休闲牧场
地址：台南区柳营区八翁村93之138号
电话：(06)622-5199

前身为"新营糖厂"，占地辽阔，现已规划成立"新营铁道文化园区"，游客可搭乘由五分车所改设的八翁线观光小火车，沿途经原甘蔗称量场的中兴车站、新营区真武殿、台糖急水溪铁桥、柳营台糖果毅后岐站、火烧店，终点站为柳营乡八翁酪农区的"乳牛的家休闲牧场"，全程4.5公里。巡礼见识到日据时期巴洛克式建筑、塑胶加工厂、办公所、铁路文物、车辆、机具、轨道、日式宿舍等近百年糖业文化历史足迹，品尝各式台糖冰品、产品、古早糖等，感受地方产业特色风貌，别具另类铁道风情。

中山高下新营交流道后，循172号县道（复兴路）往新营区，续行中山路、中兴路，再依指标前行不久，即可抵达。

南瀛总爷文艺中心

 地址：台南市麻豆区南势里总爷5号
电话：(06)571-8123

曾是"明治制糖株式会社总社"所在，于1974年更为"麻豆总爷糖厂"，占地面积广达37公顷，为麻豆地区重要制糖产业中心，现已规划成立"南瀛总爷文艺中心"。其内融合百年老榕树、樟树、茄冬树、榄仁树、紫檀、龙眼树与芒果树等绿意盎然的园区，另有古色古香的红楼、木构招待所、餐厅与厂长宿舍，已列为当地三级古迹。为活络其珍贵地方产业文化历史价值，并且通过文化艺术进驻方式，以地方艺术、音乐、文史、社区、社团、南瀛动植物生态等特色，来呈现总爷新风貌，值得一游。

 中山高下麻豆交流道后，循176号县道至麻豆总爷，再依指标前行不久即可抵达。

萧垄文化园区

 地址：台南市佳里区六安里六安130号
电话：(06)723-4596

昔日佳里地区称做"萧垄"，为平埔族语"契约之地"之意，为西拉雅系四大社之一。于1909年开始制糖的萧垄糖厂，为日本明治制糖株式会社在台所设立的首座新式糖厂，曾因"第二次世界大战"而停工。20世纪50年代以后再度复工，后因制糖事业萎缩而于1995年关闭。经过重新规划之后，将糖厂化身为文化园区，以重现制糖业历史的文化精神。园区内总共分有九大区域，分别是为提供咨询与售票服务的"入口意象"、拥有10座展览馆的"主题馆区"、保存铁路风貌的"铁道地景区"、可用做餐饮与展演使用的"次仓库区"、种植有特有树种的"儿童科教馆生态示范园区"、展示糖厂景观的"制糖保存区"、拥有宽广空间的"活动广场区"，另外还有"河岸风光体验区"与"铁枝路运输"，等等，除了制糖业的产业文化之外，更结合当地的自然与艺术，以塑造出多面向的园区形态。

中山高下麻豆交流道后，循176号县道往佳里方向前行，至佳里再右转台19线前行，即可到达。

尖山埤江南度假村

地址：台南市柳营区旭山村60号
电话：(06)623-1304

昔日是台糖新营厂的专属水库，由于难得的湖光山色秀丽美景，因此园方特地规划经营成为一处充满江南山水庭园味的旅游景点，共分为五大区域。在"大观园"部分，如天埤览月、尖山听钟、远翠迎曦、木屋卧闲、紫竹静思等，日月为伴，山水为伍，美不胜收；而"绿乡苑"里，如莲池荷花园、艺术回廊、老爷火车头等，是艺术采风、陶冶心灵的好去处；拥有醉月小楼、爱情岛等的"相思湖"区，则是情深意浓尽露；"野宴地"的部分，是适合于露营、烤肉、养生水疗等活动进行的欢乐园地；至于有游客服务中心、湖畔林荫大道、虹桥映月、度假旅馆等设施铺陈的"雅仕居"，贴心的服务，赏心的景致，一定让你的假日时光行囊载满欢欣。

中山高下新营交流道后，循行台1线往林凤营、六甲方向，经六甲，抵山仔脚村庄时，再依循指标前往即可抵达。或南二高下乌山头交流道后，沿165号县道往北行，抵山仔脚村庄后，依指标前行即可抵达。

南元休闲农场

地址：台南市柳营区果毅村南胡25号
电话：(06)699-0726

有广达25公顷的天然景观，花卉植物约1500种，树木十二万余株，堪称生物界大观园。保育鸟类也有一百五十余种，还拥有6座自然生态丰富的湖泊，更有全台少见的水上高尔夫。湖畔欧式度假原木屋构筑湖面上，与水波山色相互辉映，是岛内数一数二的湖上度假木屋。其他并有桃花心木区、鸟园、钓鱼区、杜鹃谷、亲水步行道、动物岛、天鹅湖、古奇木区、桂花迷宫、扶桑道、垂榕区、野生鸟类区等，皆是经过精心规划而成的大自然园地，让你与自然生态环境融为一体；散步、品茗、捉泥鳅、赏景，闲情逸致、怡然自得。

中山高下新营交流道，接台1线往六甲，再转174号县道往普文水库方向行走，约3公里即可到达。

乌山头水库·
西拉雅风景区管理处

乌山头水库
地址：台南市官田区嘉南村68-2号
电话：(06)698-2103

西拉雅风景区管理处
地址：台南市官田区嘉南村69-2号
电话：(06)699-0335

乌山头自高空俯瞰，潭畔曲折蜿蜒，形似珊瑚状，有"珊瑚潭"美称；主要功能为供应嘉南地区农田灌溉用水、大台南地区民生与工业用水，湖畔景致优美。水库境内规划许多景点，如三角埤公园、香榭大道、天坛、吊桥等，十分多样，其中南洋风情亲水公园可尽情游泳戏水。水库设计者"八田与一"技师纪念铜像及载运石材的老火车头，令人流露思古之情；仿北京知名景观——天坛，坐落于湖畔一隅，别具风情。

位于乌山头水库区域内的西拉雅风景区管理处，是台湾地区排名第十二位的风景区，以西拉雅平埔族为名，风景区包含有关仔岭、曾文溪、乌山头、左镇及虎头埤五大旅游系统，拥有丰富且具特色的观光资源。

中山高下新营交流道后，循台1线抵林凤营后，转174号县道直行即可到达。或南二高下乌山头交流道后，循174号县道往乌山头方向，再依指标前行不久即可抵达。

虎头埤风景区

青年活动中心
地址：台南市新化区中兴路42巷36号
电话：(06)590-2011（青年活动中心）
590-1325（管理所）

南二高至新化系统交流道，循8号道下新化端交流道，再沿指标前行即可抵达。

初建于清朝道光时期，由于潭旁的山势状似虎头，故名"虎头埤"；其山水秀丽的景致，曾为台湾地区十二胜景之一。园区内辟有环湖步行道、划船码头、游泳池、跑马场、露营区、忠烈祠等。此外，位于风景区东端山丘上的青年活动中心，提供有露营活动场地、团体宿舍、各式套房、交谊厅与会议室等场所，是团体旅游活动的不错选择。

盐水蜂炮

地址：台南市盐水区武庙路87号

中山高下新营交流道后，循172号县道至盐水，转行南门路、西门路、武庙路前行，即可到达。

盐水早期曾是繁华热闹的对外港口，古时候有"一府、二鹿、三艋舺、四月津"之称，这当中的"月津"便是"盐水"，古称月津港。

相传清朝盐水当地一带发生瘟疫，当时百姓居民们遂以请神降福的方法，于关圣帝君诞辰时期，迎驾关公绕境的方式来祈求上苍的帮助，而为了表示对帝君爷的敬意，民众便用大量的炮仗燃放来表"盛迎"之意。说也奇怪，瘟疫居然

就此平息了。居民为了感蒙圣恩，便于往后每年元宵节以庆贺关圣帝君及祈求平安为由，用大量燃放炮仗来庆祝，延续至今。这上百余年历史的民俗传统习俗，发展成为每年元宵节全台最著名的民俗活动之一，而有"北天灯、南蜂炮"的美誉。届时武庙周边一带街头巷尾，人山人海的景象，加上万蜂齐发，炮声响彻云霄，将整座盐水镇的夜空，装点成一座闪亮的不夜城，热闹非凡。

顽皮世界野生动物园

地址：台南市学甲区顶洲里75-25号
电话：(06)781-0000

位于学甲区与盐水区交界旁，为一处极具规模的民营野生动物园。譬如金刚鹦鹉、澳洲袋鼠、鸵鸟、非洲犀鸟、企鹅和水獭等动物展示，种类繁多，令人目不暇接。尤其在动物园区，还有世界上最大的老鼠，重达71.6公斤，更是令游客啧啧称奇。还有两栖爬虫教育馆内的大蜥蜴、变色龙及巨大的黄金蟒蛇等，都是难得一见的珍奇异兽。另外，仙人掌植物观赏公园里，共收集有千余种原产于美国西部、墨西哥及中美洲等地的珍奇仙人掌植物，许多仙人掌的树龄还超过了100岁，可说是一处活的植物教室。

南下由中山高下新营交流道后，循172号县道往盐水方向，转台19线往学甲方向，即可到达；北上由中山高下麻豆交流道后，循171县道至学甲后，转台19线至欢雅，依指标前行即可抵达。

菜寮化石馆

地址：台南市左镇区荣和村61之1号
电话：(06)573-1174

台南市左镇区菜寮溪流域，地层组成特殊，每逢豪雨的冲刷，河床上即散布大量古生物化石。1931年建立至今七十多年的历史，馆内收藏有许多以化石为主题的陈列展示重点，诸如犀牛、象、鹿、鳄鱼等，其中还包括台湾地区所挖掘出的许多具有学术研究价值的重要文化遗物，并且还有许多鱼类、贝类及其他生物的远古化石，是一处内容相当丰富且完整的陈列展示中心，是一个作为自然教育之旅的好去处。

中山高行至台南系统交流道，转循行台8线，再接行台20线，循指标前往即可抵菜寮化石馆。或南二高行至新化系统交流道后，转循8号道下新化端交流道后，沿台20线往左镇方

走马濑农场

地址：台南市大内区二溪村墈哩瓦61号
电话：(06)576-0121

是全台第一个休闲农业主题游乐园，广达120公顷的园区，绝大部分是绿油油的青青牧野草原，浩瀚壮丽。农场为嘉南地区第一个合法观光酒庄，有一百五十多种野生动物，其中有11种还被列入"野生动物保育法"的动物名单中。区内规划有多项休闲设施，遍布有新兴的戏水世界、水上游乐区、机械游乐场、高尔夫球打击场、滑草、射箭、骑协力车、跑马场、草园小火车、烤肉等动态活动内容，还有田园艺廊、蜜蜂生态区、四季鲜果屋、产业文化广场等静态参观项目；活动包括农业体验、生态旅游、观光酒庄、草食餐点、节庆活动等，贴近最真实的农场生活。

南二高行至官田系统交流道，接台84线往玉井，走马濑隧道38K处右转即抵达。

台南市 TAINAN CITY

白河莲花公园

地址：台南市白河区三民路412号
（白河区农会旅客服务中心）
电话：(06)683-0122

占地超过4公顷，植栽莲荷遍布，白河农会分部旁的"莲花产业文化资讯馆"，充分展现出白河莲花四季生态特色、莲子采收与莲藕粉制作过程，与莲花相关艺术创作、莲花种类介绍等，内容十分丰富。每年的5~9月举办全台地区文艺季与白河莲花节，来此赏莲之人数以万计，而镇内的莲花将会以最美丽优雅的花姿，欢迎游客的造访。

南二高下白河交流道后，接172号县道，依指标往白河区方向前行即可抵达。

六溪电影文化城

地址：台南市白河区六溪里21之6号
电话：(06)684-0169

影城坐落于山间，占地约35公顷，而片场则约有两公顷，内部主要以台湾地区20世纪30~60年代的乡村风貌为背景陈设，建筑样式则有闽南式的二合院与日据时期的巴洛克式牌楼建筑；面摊、旅社、温泉会馆等复古的场景重现了昔日的生活场景，是目前台湾地区规模相当大的影城场景之一。在此影城所拍摄过诸如"后山日先照"、"缘"、"祖师爷的女儿"、"第一世家"等电影、电视剧不计其数；除了承租给剧组拍戏之外，也提供婚纱拍摄场景、夜宿服务等。

南二高下白河交流道后，接172号县道，依指标往白河区方向前行，再转南97-1乡道前行即可抵达。

关仔岭风景区

【关仔岭旅游资讯站】
地址：台南市白河区关岭里46号
电话：(06)682-2274

【警光山庄】
地址：台南市白河区关岭里16号
电话：(06)682-2626

【大仙寺】
地址：台南市白河区仙草里岩前1号
电话：(06)685-2143

【碧云寺】
地址：台南市白河区仙草里火山路1号
电话：(06)685-2811

曾名列全台八景之一的关仔岭，旧称高仔岭，以泥浆温泉而闻名，赢得"天下第一灵泉"的佳誉。目前共探掘到三处泉源，一是火山王爷庙前方，二是宝泉桥旁，还有岭顶公园一带。它与台北的北投、阳明山、屏东的四重溪，合称为"台湾四大温泉"，是南台湾著名的观光温泉重镇。关仔岭以温泉著称，与意大利西西里岛及日本鹿儿岛，并称世界三大浊泉，相当特殊。其温泉是全台唯一的灰色泥浆温泉，有"黑色温泉"的盛誉，对于养颜美容、舒畅身心等效用颇佳。

南二高下白河交流道后，循172号县道往关仔岭方向，经白河水库，再依指标前行不久，即可抵达。

形象商圈·红叶公园

关仔岭形象商圈位于警光山庄宝泉桥附近，有一"温泉源头"，此源为1898年所掘得，桥旁的观光街道前行，于右侧处可见一关仔岭新形象碑，其为促进当地旅游业的发展而特立。温泉老街洋溢着一种泉乡怀旧感，附近更有一登山石阶道，其上为红叶公园，深秋之旬，遍山通红，景致优美。

好汉坡·岭顶公园·温泉展示馆

约有二百三十级石阶的好汉坡，笔直的阶道是考验体力和耐力的好地点。其上方有一岭顶公园，于间石头镌刻着"关岭览胜"四个大字，此便是"拼南瀛十胜"的其景点，情幽的桂花巷别具风情。附近温泉展示馆，展示中外各地泉汤，别具知性。

关仔岭基督长老教会·水火同源

建于1931年的"关仔岭基督长老教会"，教堂以方正的石块所砌筑而成，朴质坚毅，宁静祥和。位于枕头山麓西南境的水火洞，即是著名的"水火同源"景点。由于崖壁中不断地散出天然气，所以点燃的火不曾熄灭过，而下方不断地冒出泉水，便造成此极为罕见的水火交融的天然景象。

大仙寺·碧云寺

与水火同源相继不远处，坐落着碧云古寺，主祀观世音菩萨，枕山晓翠、麟屏夕照与出米洞等，蔚为胜景，为县定古迹。而俗称"旧岩"的大仙寺，拥有百年历史，主祀释迦牟尼、观世音菩萨、三宝佛祖、地藏王菩萨等，佛门祥境，渡佑众生，现已被列为当地三级古迹。

莲池潭风景区

 地址：高雄市左营区翠华路1435号
电话：(07)588-3242

原为一座小型的蓄水潭，尔后于潭畔周也庙宇陆续兴建，使得莲池潭发展为高雄一处宗教胜地与观光景点。建于20世纪50年代初期的"春秋阁"，于潭面上建有两座高度、大小皆相同的塔楼，一为春阁、另一为秋阁，用来纪念武圣关帝爷，阁楼建筑十分别致。

两塔楼间衔建有一尊驾龙的观音雕像，宏然庄严。"龙虎塔"建于1976年，外观以两座阁塔为建筑主体，于阁塔底层处，并有一龙一虎的大型雕塑，可从龙口进入，而于虎口出来，据说这是取堪舆学上所谓"龙口入，虎口出"有逢凶化吉之意，"龙虎塔"亦列入代表性景观。"孔庙"位于"春秋阁"旁边，整栋建筑以仿宋造型格局设计，壮观雄伟的气势和规模，堪为全台之冠。逢每年9月28日孔子诞辰，此处会举办盛大的祭孔大典，相当庄严肃穆。

中山高行至鼎金系统交流道，转循10号道下左营端交流道，沿大中一、二路前行，即可抵达。

金狮湖风景区

 地址：高雄市三民区金鼎路114巷11-2号
电话：(07)347-5317

三民区的"金狮湖"，仅次于"莲池潭风景区"，为高雄市郊另一个知名湖潭游乐区。"金狮湖"环境静幽，景色宜人，附近翠依环苍的"狮山"，林荫盎然，是休闲徒步踏青的好园地。覆顶金保安宫于湖滨的保安桥上，矗有大型华丽正门牌坊，桥栏两侧置有两百余只石狮雕像，庙观华丽庄严，主祀保生大帝，香火昌盛。道德院庙观古色古香，主祀以"道"为本的道家祖师老子，久远的院观在轻烟缭绕间，道风清骨修性之德，备显祥境。

中山高行至鼎金系统交流道，转循10号道下左营端交流道，循鼎中路、金鼎路，依指标前行不久，即可抵达。

寿山风景区·
柴山自然生态保护区

寿山又名鼓山、柴山，有多处的风景点如登山步行道、寿山动物园、忠烈祠、元亨寺及最让观光客激赏的柴山猕猴自然生态保护区。山径道路两旁绿树成荫，建置有小凉亭与休息区。寿山动物园展示有多种动物生态，其步行道上的彩绘十分醒目。忠烈祠坐落于山丘一隅，环境清幽，于此可鸟瞰高雄港的景色。元亨寺原名元兴寺，素称岩仔庙，相传始建于清康熙时期，几经整修，始成今之规模。旧称打鼓山、打狗山的柴山，其地势超过海拔300米，拥有广阔的俯瞰视野，能鸟瞰整个高雄市。柴山的天然林相环境以及长年作为军事管制区，都提供了猕猴栖息、繁殖的绝佳环境，使得柴山成为高雄市一处具有特殊生态的自然园区。

【寿山风景区】
地址：高雄市西南方鼓山区境内
【寿山风景区管理所】
地址：高雄市鼓山区万寿路350号
电话：(07)533-7095
【寿山动物园】
地址：高雄市鼓山区万寿路350号
电话：(07)521-5187
【元亨寺】
地址：高雄市鼓山区鼓山二路元亨街5号
【柴山自然生态保护区】
地址：高雄市寿山公园编向北方

南下由中山高行至鼎金系统交流道后，续接10号道于左营端交流道下，沿大中一路右转翠华路后，接中华路、雄峰路、鼓山路二、三路前行，即可抵达各景点；北上则由中山高下高雄交流道后，循九如一、二、三路前行，过爱河后，经华安街转接鼓山二、三路，即可抵达。

西子湾风景区

中山大学地址：高雄市鼓山区莲海路70号
电话：(07)525-2000

西子湾位于高雄港的西侧，以中山大学为中心，并有西子湾海滨公园、西子湾海水浴场、前英国领事馆等游乐景点，而哨船街临港一带的海滨公园亦是观看港湾船灯渔火夜景的好地方。"西子湾海水浴场"则是高雄市辖境内著名的海滨戏水区，每到盛夏来临，沙滩上尽是戏水逐浪的游客，顿时间让海洋热力的味道散发出消暑的清凉感来，这里还建有户外淡水游泳池，让戏水活动不受季节影响。位于中山大学校园内的"西湾艺廊"，其前身为西子湾行馆，是一座白顶绿墙黑色瓷瓦的二层楼建筑，1999年正式对外开放，为具有美术教育馆功能的公共艺术展示场，也是一处集知性、美感与一体的不错去处。

南下由中山高行至鼎金系统交流道，续接10号道于左营端交流道下，沿大中一路右转翠华路后，接中华路、雄峰路、鼓山路一、二、三路前行，再转临海二、三路，过寿山洞隧道，即可到达；北上由中山高下高雄交流道后，循九如一、二、三路前行，过爱河后，经华安街转接鼓山一、二、三路，再转临海二、三路，过寿山洞隧道，便能到达。

高雄市 GAOXIONG CITY

科学工艺博物馆

地址：高雄市三民区九如一路720号
电话：(07)380-0089

中山高下高雄交流道后，循驶九如一路，即可抵达。

为全亚洲最大、全世界第二大的应用科学博物馆（世界最大的位于法国巴黎的科技暨工业博物馆），在博物馆内规划有18个常态性的展示区与3个临时性的展示厅，另外还有科技教育中心、立体电影放映厅院、多媒体剧场、视听图书馆等多样现代化设施，以提供游客在科学环境中，学习丰富的大自然科学知识。

馆内展示主题内容可分类为四大类别，即科技历史与传承、生活中的科技、材料与机械、资讯与能源等，游客可在亲自操作中领会到科技的奥秘和神奇。电影馆里则播放犹如身历其境般的立体电影与多媒体剧场，经由声光科技效果生动的影片内容，让你一窥科学的缤纷世界。科技教育中心则会不定时推出不同的科技主题之展示内容，让游客能有不同且新鲜的感受，是南台湾地区一处结合休闲、知性、教育的极佳场所。

高雄市立美术馆

地址：高雄市鼓山区美术馆路20号
电话：(07)316-0331

连同主建筑物外部的美术公园绿地，共占地约41公顷，是南台湾的美术发展与艺术展览之重要展示中心，也是南台湾最大的美术馆。整个楼馆空间规划有特展区、典藏特展区、展览区、演讲厅、图书室、多功能使用室、馆刊室、餐厅等区域，经常举办各种大型艺术展览活动，深受好评。美术馆以积极推动本土艺术为宗旨，因此有计划地搜藏兼具时代性、地方性的艺术品，并有计划地展出，期望能达到区域文化与国际文化接轨交融。馆外辟有艺术气息浓郁的雕塑公园，并错置着各式著名大型户外雕塑艺品，

堪为没有空间障碍的开放展示；目前公园内有二十多件雕塑作品。在洒落的阳光下，让艺术彰显多了些自由与曼妙，是假日文艺休闲活动的不错去处。

南下由中山高至鼎金系统交流道后，续接10号道于左营端交流道下，沿大中一路右转翠华路后，再续转中华一路、美术馆路即可到达；北上由中山高下高雄交流道后，行九如一、二路，再转接中华二路、美术馆路，便可到达。

高雄市立历史博物馆

 地址：高雄市盐埕区
电话：(07)531-2560

前身为高雄市政府办公处，2000年设立为"高雄市立历史博物馆"，2004年定为高雄市定古迹，馆体为帝冠式建筑，暗绿色的屋瓦，中间主体建筑形似"高"字，两侧塔楼顶则属于中国传统式四角尖顶，尖顶上有宝瓶设计。馆内规划有旧市府建筑特色、旧市府的变迁与历史照片、南部历史变迁图片、历任市长介绍，以及各种文化展览等丰富的活动内容。

高雄史迹文物陈列馆

 地址：高雄市鼓山区莲海路19号
电话：(07)525-0916

位于西子湾哨船头旁的小山岗上，为古意浓厚的砖红式建筑，是清代由外国人在台湾地区正式兴筑的第一座领事馆，为当地二级古迹，现设为"高雄史迹文物陈列馆"，是了解高雄古往今来的不错去处。

南下由中山高行至鼎金系统交流道后，续接10号道于左营端交流道下，沿大中一路右转翠华路后，接中华路、雄峰路、鼓山路一、二、三路前行，再转临海二、三路，过寿山洞隧道即可到达；北上由中山高下高雄交流道后，循九如一、二、三路前行，过爱河后，经华安街转接鼓山一、二、三路，再转临海二、三路，过寿山洞隧道，便能到达。

高雄市立电影图书馆

 地址：高雄市盐埕区河西路10号
电话：(07)551-1211

馆体由高雄市实验音乐团排练场的旧建筑改建，采以现代科技化的建筑设计，经营理念以大众戏院为主，是南台湾首座专属推动电影文化的艺术园地，并提供电影教学课程，培育电影人才，还推动常态性的高雄电影节、南方影展等主题影展。馆体分为电影相关文物主题展的一楼展示区，具有电影专业书库与期刊室的二楼阅览室，以及可容纳近200席的大型放映室、容纳15人的小型放映室的三楼放映厅，而户外空间则设有开放式露天电影院、展示墙、星光广场、星光大道等。

中山高下高雄交流道下，往高雄市区方向前行，过大桥后后，左转循河西路前行便可到达。

高雄市 GAOXIONG CITY

统一梦时代购物中心

🏠 地址：高雄市前镇区中华五路789号
电话：(07)973-3888

由统一企业所建构的梦时代购物中心，占地超过15000坪，总楼地板面积超过12万坪；拥有102.5米高的Hello Kitty摩天轮，是座超大型的购物娱乐中心。将自然、海洋与生活等元素融合于其空间设计中，分为水、花卉、自然、宇宙四大主题，塑造出划时代的休闲娱乐购物空间。购物中心分为地下两层楼、地上九层楼与顶楼摩天轮，内部除了各式商店百货，更结合博物馆、传统艺术文化产业，举办各种文艺展览，为休闲生活增添感性的艺术氛围。

中山高下高雄端交流道后，循中山路往高雄市中心方向前行，再左转凯旋四路、中华五路前行，便能到达。

世运会主场馆

🏠 地址：高雄市左营区中海路200号
电话：(07)954-0085

2009年7月台湾当局主办了台湾地区最大型的运动赛事——世界运动会，为迎接此盛事而兴建了一座全球首座开口型的运动场馆。这座由国际知名建筑师伊东丰雄设计建造的世运主场馆，占地19公顷，拥有4万个固定座位。采用八千多片由玻璃压缩的太阳能光电板作为场馆的棚架，除了具有极高的遮光效果，更能有超过100万度的发电力，相当具有节能减排的功效。

这座外形结构为螺旋形的场馆，提供了世运开幕、闭幕的活动，以及7人制的橄榄球与飞盘竞赛。另外场馆周边还有生态池、喷水池、慢跑步行道、自行车道、景观溪流、大型公共艺术与餐饮美食区等设施，这座体育场馆将会是当地最令人引以为傲的地标建筑。

中山高行至鼎金交流道，转10号道于左营端交流道下，循大中路、翠华路、左楠路前行，再左转中海路便可抵达。

东帝士85国际广场

 地址：高雄市苓雅区自强三路1号

楼高85层，从楼底至楼顶塔尖的总高度为408米，造型雄伟典雅，其悬吊式的设计给人以意想不到的惊喜。采用三幢式结构，由两栋建筑结构来承拓中间的主楼，其城墙般的基座和多个飞檐的角位设计，有中国传统建筑的风格，为目前南台湾地区最高的摩天大楼。夜幕灯火璀璨更是鲜艳耀人，集百货、饭店、企业、娱乐商圈等于一身的多功能综合型大楼，而在75层楼处还设有观景台，鸟瞰高雄港和大高屏的地貌景致，极为撼人。

中山高下高雄交流道后，转至自强二、三路前行，即可到达。

三多路商圈

 地址：高雄市三多路一带

三多商圈拥有SOGO与新光三越两大日系百货的进驻，并坐拥南台湾最高的东帝士85国际广场。此商圈拥有相当多元的购物环境，除百货公司与商业大楼之外，还有各式服饰、杂货等精品屋铺，化妆品、配件、小饰品等琳琅满目，众多的购物选择与平实的价格，吸引了许多人驻足。这昔日著名的二手商街已逐渐走向新颖、完整与多样貌的商圈形态，将为高雄市塑造出顶级的商圈形象。

中山高下高雄交流道后，循三多路往高雄市区前行，便能到达。

新堀江商圈

地址：高雄市五福二路与中山二路巷弄之间

中山高下高雄交流道后，循三多一路、三多二路、三多三路、中山二路便可抵达。

新堀江商圈有"高雄西门町"之称，此名称是由于要对应高雄盐埕区的堀江商场而来的，是南台湾地区最具知名的舶来品销售地，具有浓浓的日本风格。

　　商场部分为两栋建筑物，其中汇集电影院、流行服饰、化妆品、珠宝、钟表、美容、咖啡、速食餐饮等各式摊商店铺，由于经过设计规划，行走动线相当舒适、洁净。美丽春步行街常有街头表演走秀等活动，以及艺人歌手的活动表演空间，为高雄都会充满活力、新潮、休闲、购物、饮食等流行逛街玩乐的好去处。

高雄市 GAOXIONG CITY

六和夜市

🏠 地址：高雄市六和二路上、中山一路到自立二路之间

中山高下高雄交流道，循驶九如一路，转行民族一、二路后，再转循六和一路前行于中山一路口，即可到达。

来到高雄，如果没有来"六和夜市"逛逛，相信你一定会有遗憾，这条从中山一路到自立二路之间的六和二路段街道两侧，汇聚林立着各式餐饮店摊，火锅、海鲜料理、炒烩、烧烤、肉粽、药炖排骨、木瓜牛奶、剉冰等，直让你饥肠辘辘的五脏庙得以丰盛犒赏一番。每到入夜以后，川流不息的人潮印证了它的魅力，真是名不虚传。一入夜就人气持续飙升，还吸引众多的外国观光客到此一游，甚至也有外国人摆设的摊位。

瑞丰夜市

 地址：高雄市左营区裕诚路与南屏路口（三民家商旁）

总摊贩店家数超过500家，是颇有历史的夜市；由于坐落于学校旁，因此经常吸引学生来此游逛。属于集中管理的瑞丰夜市，呈现L形的结构，有丰富多样的小吃与服饰百货。干净味美的烤肉、料多实在的火锅、脱油处理的盐酥鸡、浓郁香醇的木瓜牛奶、极富古早味的鸡蛋冰、吃得到鲜虾口感的月亮虾饼、卤汁入味的冬山鸭头、传统口味的杏仁茶、新鲜的现做寿司、历久不衰的面线羹等美食，每一样都是超人气小吃。

中山高行至鼎金系统交流道，转循10号道下左营端交流道，循大中一路、大中二路、博爱三路前行，即可抵达。

三凤中街

地址：高雄市三民区三凤中街一带 🏠

街道长约400米，是高雄市相当悠久的商街，由早年的主要以农产杂货为贩售商品，转型为各式南北杂货、加工食品的销售形态，更发展成为高雄市最大的南北货批发中心，是著名的年货大街。街道拥有良好的排水系统、美观且具一致性的商店招牌，并有遮雨棚、采光罩，价格也因批发形态而与其他零售商不同。过年期间，三凤中街除了南北杂货、糖果、农产谷物之外，更有其他如春联等年节应景的商品，因此每每农历年前，此街总是吸引众多的购物人潮。

中山高下高雄交流道九如路出口后，循九如路往高雄市区方向前行，再左转自立一路、三凤中街前行，即可抵达。

玫瑰天主堂

🏠 地址：高雄市苓雅区五福三路151号
电话：(07)282-3860

中山高下高雄交流道路出口后，循一路、五福一路、二路、三路往高雄市区方向前行，即可抵达。

玫瑰天主堂是天主教在台设立的首座教堂，清咸丰年间由两位神父来台传教时所建，1860年改建并命名为圣母堂；之后于教堂周围筑起围墙，将教堂映衬得更具壮丽的气势。此天主堂有哥特式的尖塔、彩绘玻璃、玫瑰窗等建筑设计；1928年重修，采以文艺复兴式的建筑结构，天花板具有层次分明又有几何图形美感的圆拱形装饰线条。今日所见的天主堂外观为1931年整修完工，教堂内圣坛上的神龛与神桌都具有中国传统的雕刻工艺，处处均可见中西两种文化相互交错的呈现，装潢艺术价值成就极高，相当值得观赏。

净园机场咖啡休闲农场

🏠 地址：高雄市小港区明圣街135巷10弄12号
电话：(07)793-2233

全台最贴近于机场的农场园区，占地约有1.9公顷，是市区中难得一见的休闲绿荫。园区内有观机坪、空中走廊、二鱼陶作坊、香草园、烤肉区、可爱动物区、儿童游戏区、迷你生态池等设施。其中观机坪拥有可容纳600人同时观看飞机起降的观景平台；小桥流水建构出的庭园，是喧闹城市中的一处休闲秘境。鹦鹉、白鹅、迷你马等动物正在可爱动物区内等待你的来访；挽起衣袖，动手制作出独一无二的陶饰品，别具纪念意义。当然，来杯浓郁的咖啡，或是品尝精致的风味套餐，都能为充实的游园之旅画下最完美的句号。

中山高下高雄端交流道后，循中山四路往小港机场方向前行，再左转中安路、右转明圣街，再转进135巷前行，便能抵达。

渡船头海之冰

🏠 地址：高雄市鼓山区滨海一路76号
电话：(07)551-3773

店内的墙面、柱子、桌椅尽是被涂鸦的痕迹，这些痕迹全都是来此的客人所挥洒留下的，这样的涂鸦特色让冰店相当出名。冰店还研发出大碗公的装冰方式，并以倍数计算之，相当适合众人一同分享。

中山高下高雄交流道后，往高雄市区方向，过大桥后再转鼓山一路、滨海一路前行，即可到达。

高雄市 GAOXIONG CITY

高雄渔人码头

地址：高雄市鼓山区蓬莱路17号2号码头

利用高雄旧港现有的内部仓库与码头重新规划为休闲娱乐区的高雄渔人码头，具有精心的建筑设计，以大型落地窗拓展内部仓库视野，包含美食街、主题餐厅、PUB等，不仅满足游客观景游憩后的口腹之欲，还有亲子游乐区；户外则有栈木步行道、表演舞台等提供动态的活动场地。另外于周六、周日下午，还可搭乘观光游轮，行经高字塔艺术文化园区、东帝士85国际广场及爱河口等地区，感受异于陆上的高雄港风情。

中山高下高雄交流道后，往市区前行，在接大公路、七贤三路前行便能抵达。

真爱码头

地址：高雄市盐埕区公园二路11号
电话：(07)521-2463、749-6747

中山高下高雄交流道路出口后，往市区前行，到接大公路、七贤三路、公园二路前行便能抵达。

巨型的雪白风帆造型棚架在蓝天白云之下，更显得耀眼迷人，这是真爱码头的建筑特色，以高雄第十二码头结合花卉而变换成真爱码头，塑造出"水岸花香"的独特浪漫情怀；雪白的风帆分别对着高雄市区与旗津渡轮码头，有着将市与港连为一体的意思，也有互相呼应的含义。来到真爱码头，可以沿着码头边的观景高架木栈步行道散步；也可于下午时刻，搭乘由此出发的观光游轮，来趟船行至旗津码头，或行至新光码头的蓝色公路之旅，以另一个角度观赏高雄的风情，绝对会有丰富的视觉缮宴。

新光码头

地址：高雄市新光路底

又名"海洋之星"、"21号码头"，许多大型活动均选择在此举行，如国庆烟火、跨年晚会等。夜间华灯初上，港口的景致逐渐渲染上醉人的风采，仰望着不远处的东帝士85大楼，雄伟气派的气象，直让人为之赞叹；水舞灯光绚丽夺目地展现曼妙的舞姿，令人不愿眨眼错过瞬间的表演感动。假日的午后，带着无比轻松的心情，搭乘来回于真爱码头与新光码头之间的观光游艇，十多分钟便能一览高雄的港口景致。

中山高下高雄交流道三多路出口，循三多一路、三多二路、三多三路、三多四路前行，再转成功一路、新光路即达。

旗津半岛

旗津灯塔＆旗后炮台

　　位于旗后山顶的旗津灯塔，素称高雄灯塔，为台湾本岛上第二座著名灯塔，仅次于屏东鹅銮鼻灯塔。塔高11米，内展示有海关发展介绍，为当地三级古迹。灯塔附近有座著名的旗后炮台遗迹，而这座当地二级古迹的正门楣上并镌刻有"威震天南"四个醒目大字，印证了当时炮台的重要性，为成守打狗地区的左翼重镇，现成立"旗后炮台古迹故事馆"，是文艺表演场所。

旗津海岸公园＆旗津海洋生物馆

　　旗津海岸公园设有游客服务中心、观海景观步行道、自然生态区、越野区与海水浴场等设施，以渔岛与海洋为设计主轴，土黄色的石拱门式长廊、活泼的鱼柱等，景致饶富海洋风光。飞机造型的七座白色风车，碧海蓝天之下，随风转动的景象展现了独特的海岸风情，所产生的风力发电，让夜间的风车公园也能持续它的魅力。

　　旗津海洋生物馆，是以表现海洋生态与海洋生物为展览主题内容，规划有鲨鱼、珊瑚礁、热带鱼、贝类标本以及深海大型鱼类等区，新奇且丰富。

【旗津风景区管理站】
地址：高雄市旗津区旗津三路990号
电话：(07)571-8920

【旗后灯塔】
地址：高雄市旗津区旗下巷34号

【旗津广济宫】
地址：高雄市旗津区旗津二路255号

【旗津海岸公园游客服务中心】
地址：高雄市旗津区旗津三路990号
电话：(07)571-8920

【旗津天后宫】
地址：高雄市旗津区庙前路86号

【旗津海洋生物馆】
地址：高雄市旗津区中洲二路289之1号
电话：(07)572-0023

【旗后炮台】
地址：高雄市旗津区旗后山顶处

中山高下高雄端交流道后，循中山四路往小港机场方向，转金福路前行，经过过港隧道后，便到达旗津半岛。或可自鼓山区鼓山一路底的渡轮码头搭往旗津的渡轮，亦可抵达旗津。

渡轮、三轮车

　　通行旗津与鼓山之间的渡轮，除了交通运输的任务外，也为旗津的一项重要的观光资源。三轮车这早期台湾兴盛的代步工具，是以车夫在前座驶力一步一脚印地踏着，使三轮车向前行，今日这些"打扮新颖"却又不失古意的车夫，是车掌兼导游，带领乘坐三轮车的旅客游览着旗津风貌。

旗津天后宫

　　邻近渡船头出口不远处的当地三级古迹，初建于康熙三十年，主祀妈祖，后来曾经几度翻修，迄今香火依旧昌盛，是高雄市境内唯一列入文化保护的最古老庙宇。天后宫采以工字形布局，因此能适应南台湾地区湿热的气候环境。

澄清湖风景区

澄清湖除了提供大高雄地区的供水之外，其所在的风景区还有"三桥、六胜、八景"之名。三桥指的是九曲桥、吊桥与鹊桥；六胜则为自由亭、丰源阁、千树林、百花冈、富国岛与更上台；八景分别为：曲桥钓月、柳岸观莲、梅陇春晓、高丘望海、湖山佳气、三亭览胜、深树鸣禽、蓬岛涌金。澄清湖原名为"大贝湖"，总面积达三百多公顷，湖面占一百多公顷，为大高雄地区的最大湖泊，并有"台湾西湖"之誉，景点散布在环湖公路旁。

水族馆是具有华丽气势的中式建筑，分为两馆：右为海水馆，左则为淡水馆。复古的水族馆可说一大宝库，陈列着相当多的珍奇鱼类。

中兴塔的塔身高43米，共有7层，于塔顶便可远眺湖光水色，一览无遗。慈晖楼附近为"柳岸观莲"之景，遍植柳城荷海、百花冈等各式美丽花卉，令人驻足欣赏。桥型设计成弯曲方式前进，共有9个弯角，取名九曲桥，湖畔旖旎风光，一览无遗。

得月楼是结合颐和园千秋亭与佛香阁和黄鹤楼的风格而建，典型的中国宫殿式建筑，造型古朴，殿内陈列历代文物仿制品。传习斋后方的山坡下方，凿建于1959年秋旬，隧道长约200米，现规划为"海洋奇珍园"，有海洋特殊动物、世界海洋贝壳、奇特珊瑚、海洋奇石等生态展览。而紧邻澄清湖正门东边辟有一"鸟松湿地教育公园"，为沼泽、草间地形，原是自来水公司的沉沙地，其间有鸟类、蝴蝶、昆虫等丰富自然生态，于沼塘、山丘里随处皆可见香蒲、布袋莲、刺竹等植物景观，是观赏湿地动植物生态环境的好园地。

【澄清湖风景特定区管理所】
地址：高雄市鸟松区大埤路32号
电话：(07)370-0821

【海洋奇珍园】
地址：高雄市鸟松区大埤路32号
电话：(07)732-5710

【澄清湖青年活动中心】
地址：高雄市鸟松区又前路140号
电话：(07)371-7181

【救国团澄清湖青年活动中心】
地址：高雄市鸟松区大埤路32-2号
电话：(07)731-2608

中山高下高雄交流道后，循九如一路、澄清路前行；或从南二高下九如交流道后，接台1线，接澄清路，即可抵达。

凤山区

【东便门．东福桥】
地址：高雄市凤山区三民路44巷28号旁

【平成古炮台】
地址：高雄市凤山区曹公路25-3号附近

【训风古炮台】
地址：高雄市凤山区中山路5巷8号附近

【澄澜古炮台】
地址：高雄市凤山区复兴街、立志街口附近

【凤仪书院】
地址：高雄市凤山区凤岗里城隍庙旁附近

【凤山龙山寺】
地址：高雄市凤山区中山路7号

【凤邑城隍庙】
地址：高雄市凤山区凤明街66号
电话：(07)746-8360

高雄市凤山区开发历史很久远，溯及清朝康熙时期，便设立有凤山县辖制，隶属于当时的台南府城，随渐发展聚落成区，迄今遗有诸多遗址古迹，是认识老城历史、文化采风的好去处。

凤山早在清朝康熙时期便设立有凤山县，隶属于当时台南府城所管辖，境内留存的遗址古迹，仍可让人回忆起许多历史往事。

昔日凤山城曾筑有城墙、炮台与进出通道桥梁，今日于中山路的街巷一带，仍可寻访到东便门、东福桥，以及平成、训风、澄澜等古炮台遗迹所在，这些已被列为当地三级古迹，供人凭瞻。

明末福建移民渡海来台，望此地区土壤山势展翅，便将此地带称之为"凤山"台地。而当时已存在的村落便名为"凤山庄"。日据时期，日本军方以此处为南台湾培训军事人才最大之处；光复后，陆军官校便在此设校。

小东门为仅存的凤山县新城的六座城门之一，其内门额"东便门"为花岗石所制，外门额的"东便门"为大理石所制，为当地三级古迹。训风古炮台为长条弧形结构，气势雄伟。澄澜古炮台位于凤山小学后门，呈现八角形结构，墙体则由咾咕石制成。

龙山寺为坐落于凤山桥附近的当地二级古迹，创庙距今已有两百多年历史，庙体建筑举凡各式浮雕、剪黏、梁栋、彩绘，古色古香，主祀观世音菩萨、天上圣母，香火鼎盛，为当地百姓重要的民间信仰虔诚所寄。

凤邑城隍庙是凤山区的当地三级古迹，于清嘉庆五年所兴建，位于凤仪书院西侧。今日庙观为几度新修后之貌，庙堂内主祀威严肃穆的城隍爷，长年来守护着凤山地区城合境平安，每年农历5月12日为庙庆祀典，热闹非凡。

中山高下高雄交流道后，循九如等路段，抵凤山区后，行经武路、维新路，便可到达中山路。

美浓区

3号道下田寮交流道后，循184号县道，再行184甲号县道，即可抵达美浓区；或自10号道于旗山端交流道下，接台3线、184号县道往美浓方向，即可到达。

美浓是高雄市内陆一处淳朴的客家村镇，因昔日以栽植烟草为重要农产业为主，便有"烟城"之称，迄今镇上一些田埂、巷径内，仍留有一些泛苔老旧的烟楼，静静地述说着昔日的烟云真情三两事，令人分外怀旧。至今在美浓第一街：永安街上仍可看见早期烟草大王林春雨的宅楼堂号，以及曾风光一时的老街。而以刻苦勤俭著称的美浓人，本着沿袭承传客家人的美德，对于惜纸尊卷的敬重，可从已有两百余年的当地三级古迹——弥浓庄的敬字亭，了解到耕读文化的崇尚。

由于美浓的好山好水极适合蝴蝶落脚生长，因此赢得有"蝴蝶王国"的美誉。位于区境东北方的"黄蝶翠谷"，由双溪河孕育出来的自然环境极为清幽原始，气候极为适中，长满铁刀木，正好适供银纹淡黄蝶及无纹淡黄蝶之幼虫食用，而溪畔草地长满了长穗草及野花，更可供蝴蝶成虫的吸食，使得此处为全台唯一的黄蝶生长区，每年5月下旬至10月中旬，蝴蝶汇聚众多，深受爱蝶人士的青睐。强调蝶之美的"台湾生态教育中心"，以蝴蝶为展示主题，如活体展示、生态教学和解说等，让游客在玩乐之中，更了解蝴蝶生命的各个过程。

陶艺是美浓另一项人文与艺术的精华结合，在一些土生土长的陶艺家们长年的努力经营下，陶艺渐渐走出属于美浓特有的风格，让烟楼蜕变与重生的烟楼陶艺、结合公共景观艺术创作触角远播全台的美浓窑、自成一格的陶之乡等，均成为美浓陶艺的老干新秀代表。

典雅精致造型闻名的美浓纸伞，制作过程繁复，从材料选择、锯断、泡水、串接、上桐油等过程后，加上伞头、伞柄，再绘制美丽的字画后，才告完成，位于中山路上的美浓民俗村，是赏游兼具的不错地点。

东楼门为清乾隆年间，客家人为防止外来侵扰而设置的多处隘门之一。后遭日军炸毁；1937年由地方士绅发起重建东楼门，但早年古物皆已不复存在。1958年东门楼的钟楼又遭拆除，至今歇山式檐顶、外围十二柱的东楼门仅剩外貌与清代时期相仿而已。

为传承与发扬美浓客家文化，在2001年于区内落成"美浓客家文物馆"，诉求以美浓客家先民开山辟棘的艰辛过程，如烟草、蝴蝶等当地农作生态的介绍，经由钢式

烟楼馆型铺陈设计，是一处认识与感受丰富的客家情怀的极佳景点。

美浓地区相当大的寺庙"朝元寺"，寺内供奉释迦牟尼；寺庙两侧有钟山、鼓山遥遥相对如朝拜般，环境清幽，而取之为朝元寺。

为纪念与缅怀这位出身美浓、热爱美浓的平民文学家，在故居旁成立一处"钟理和文学纪念馆"，两层楼的馆内展示相关的手稿、电影剧照、遗作、书桌、文具以及书信等，想认识本土文学的同好们，来此或许能勾忆起你更多的文学悸动。

美浓的传统美食：姜丝炒大肠、梅干扣肉、卤猪脚、冬瓜封、福菜、野莲等均为箇中翘首。其中"美浓粄条"，更掳获不知多少食官们的味蕾，用水煮烫熟的一条条粄粿，加上用猪油爆讨的洋葱来炒肉丝、韭菜与豆芽等食材，相互搭配之下那种香Q顺口的滋味，直叫人垂涎欲滴，百尝不厌。

【永安老街】
高雄市美浓区永安路上

【瀰浓庄敬字亭】
高雄市美浓区中山路与永安路交接口处

【黄蝶翠谷】
高雄市美浓区朝元路附近

【东楼门】
高雄市美浓区永安路底

【朝元寺】
高雄市美浓区朝元路90号

【美浓粄条街】
高雄市美浓区中山路与美兴街一带

【台湾生态教育中心】
高雄市美浓区吉洋里外六寮21号

【钟理和文学纪念馆】
地址：高雄市美浓区朝元路95号
电话：(07)681-4080

【烟楼陶艺】
地址：高雄市美浓区狮山街14号
电话：(07)685-1521

【美浓窑】
地址：高雄市美浓区福美路496巷6号
电话：(07)681-7873

【陶之乡】
地址：高雄市美浓区中山一路362-1号
电话：(07)681-3186

【美浓民俗村】
地址：高雄市美浓区中山二路421巷80号
电话：(07)681-7508

【美浓客家文物馆】
地址：高雄市美浓区民族路49-3号
电话：(07)681-8338

【吴厝】
地址：高雄市旗山区中山路上

【洪厝】
地址：高雄市旗山区延平路上

【旗山天后宫】
地址：高雄市旗山区永福街23巷16号

【旗尾褒忠义民庙】
地址：高雄市旗山区东平里义民巷23号

【凤山寺】
地址：高雄市旗山区东昌南寮巷37号
电话：(07)661-2768

【枝仔冰城】
地址：高雄市旗山区中山路109号
电话：(07)661-2066

早年旗山与内门一带称之为"罗满门"，所谓的"罗满内门"为现今的内门地区；"罗满外门"便是今日的旗山地区，是高雄县的古老聚落地区之一，因此有相当多的古迹风情。"旗山"昔称为"番薯寮"，早在日据时期是以蔗糖工业兴盛，后来更以香蕉农产奠定了"香蕉王国"的声名远播，纵然时空变迁，旧日荣景不在，但是今日的旗山却增一种属于他处无法取代的怀旧况味。

"旗山天后宫"建于清嘉庆年间，内祀有百年历史并来自湄州的软身妈祖，塑像玉容，十分慈蔼，是旗山乡极为重要的信仰中心。

"旗山老街"指的是邻近中山路一带的老街建筑，多是巴洛克式的石砌骑楼，这些"亭丫脚"，颇有古风，像吴厝、洪厝等，都是镇上知名的古宅，值得一游。这些原来以巴洛克式建筑立面的骑楼老街，因为市镇发展而逐渐消失，现仅剩中山路、复新街一带残存昔日的石砌骑楼样貌。

"枝仔冰城"是昔日的冰王郑城所研创的冰品，家喻户晓，为全台老字号的枝仔冰专卖店，现在则由第二代子弟继承经营，并且研发各式新口味，如冰淇淋、雪糕、芋头等，均颇受好评，来到旗山游览时，可不要错过，要尝尝看喔！

"凤山寺"于清朝年间创立，1955年建立寺观，庙中奉祀观音佛祖、释迦牟尼佛、玉皇大帝、地藏王、济公活佛等众多神祇，香火极为鼎盛，信众广遍全台。庙观庄严而富丽，并设有五大殿，六十多间禅房，可容纳七百多位香客。此外，此寺于蔗园中建有一座高七丈多的济公活佛巨像，相当壮观，大佛内部还附有石阶，可于内部望外眺望四周景致，相当特殊。

南二高下田寮交流道后，循184号县道，转旗楠公路，便可到旗山区；或自南二高行至燕巢系统交流道，转10号道下旗山交流道后，循台3线前往，亦可抵达。

桥头糖厂

地址：高雄市桥头区糖厂路24号
电话: (07)612-3691(糖博馆)

桥仔头糖厂是1901年日本人在台设立的第一座糖厂，位于台糖高雄花卉农园中心内，环境清幽，自然生态丰富，也保存许多日据时期的古迹，例如：防空洞、糖厂办公厅舍、观音佛像、金木善三郎石碑、红砖水塔、制糖石辘、神社遗址、和风建筑、蒸汽火车头。现正成为乡土课程重要的据点，巡礼百年的产业文化，斑驳颓圮的建筑物，蒙上时代尘埃的味道，怀旧古意油然而生。"文史工作室"内保存许多老照片和古文物，在有心人士的推动之下，当地艺术家的作品也在园区四处可见，对人文、历史、艺术有兴趣的人，一定要来看看。假日时，园内的五分车准时开动，乘坐古早的小火车，来来回回地在铁轨上欣赏田园风光，让城市的小孩来趟怀旧之旅。

中山高下冈山交流道南下949km出口，沿线可望台一线，左转往南海即可抵达。

高雄市立皮影戏馆

地址：高雄市冈山区冈山南路42号
电话: (07)626-2620

藉山光影幻异来表现出皮猴戏艺术之美的皮影戏，可说是高雄地区难得且独特的文化艺术资产，为保留与传承这项地方皮影戏传统文化，高雄市文化局特于1994年成立"高雄市立皮影戏馆"。整个展览馆规划有主题馆、专题馆特展区、剧场、资料室和传习教室等区域，来介绍皮影戏的发展史与相关文物说明，是认识高雄市地方传统艺术文化之美的好去处。

中山高下冈山交流道下，循往冈山区后，行台1线至冈山南路，即可抵达。

高雄市 GAOXIONG CITY

佛光山

地址：高雄市大树区兴田村兴田路153号
电话：(07)656-1921

南二高行至燕巢交流道，转10号道下岭口交流道后，往大树方向续行，依循着指标前往便能抵达。

由开山大师星云法师率众家弟子兴建，为台湾最大的佛教寺院，以大雄宝殿、大悲殿、大智殿和大愿殿为主要格局规划；庄严宏伟的大雄宝殿内，主奉释迦牟尼佛、阿弥陀佛、药师佛三尊大型坐像，法相极尽圣慈肃穆；而殿堂里两旁的壁墙上嵌龛奉有近15000尊的小型释迦牟尼佛像，使得殿内散发出静谧安详的气氛，是一处沉淀心灵的最佳圣地。而大悲殿内，则供奉高约两丈的白衣大士观音塑像，周间围绕镶有一万多尊的小型观音圣像，比起大雄宝殿的金碧辉煌而言，大悲殿内就更显洁净清心的脱俗感觉。至于高约11.2米的接引大佛，为全东南亚最高佛像之一。远从来山的路途上，便可看到佛像的庄严圣影，其右手高举表示"大放光明、普渡众生"之意，而其左手往下低垂，则表示"接引众生"的意义，在大佛四周更立有数百尊的小型阿弥陀佛塑像，整齐排列循近于大佛的四周，让人深觉佛海无边的浩瀚情怀，油然心生。

永安石斑鱼文化节·
永安湿地赏鸟

永安区公所地址：高雄市永安区永安路32号
电话：(07)691-2001

由于永安为滨海乡镇，长年来多以传统农渔业为最主要支柱产业，不过为适应现代潮流与WTO的要求，当地近年来正努力以"产业与文化"结合的方式，期许能有助提升永安区经济的持续增长与发展出属于它的地方文化特色。自从举办"永安石斑鱼文化节活动"，遂赢得广大乡亲与游客的赞誉，好评如潮，无论是石斑十吃料理飨宴、永安湿地赏鸟、永安蓝色公路巡礼等活动，都在传达出"永安心、石斑情"的意义彰显。你想认识石斑鱼的养殖过程，以及品尝鲜美石斑鱼的海鲜佳肴，不妨就来永安区走走吧。永安石斑鱼文化节相关活动时间可洽询永安区公所单位。

中山高下冈山交流道后，循186号县道至永安，转台17线往北行，转入永安路前行，即可到达永安区公所，由永安路再转永达路往北前行，便可抵达永安湿地赏鸟。

六亀宝来温泉区

位于六亀区的"宝来"，是南横公路的经行要道，这里是以温泉闻名，泉质属弱碱性碳酸泉，富含矿物质，泡起来备感身心舒畅。这一带温泉山庄林立，每逢假日，往来台东与高雄两地间的游客多会来此泡汤、用餐、休闲，十分热闹。

芳晨温泉度假村

地址：高雄市六亀区宝来村路132号
电话：(07)688-1229
泉质：弱碱性碳酸泉

园区腹地广阔，依着荖浓溪畔而层层建置景观设施。一栋栋自然原味小木屋，宁静舒适，是住宿过夜的好环境。汤屋、SPA水疗温泉池、冷泉池、冲击泉、涌泉、穴道按摩、超音波按摩、蒸汽室等泡汤设备，一应俱全。馆方特别设有当地少数民族文物馆，展示琳琅满目的陶、木、石雕艺品，可认识与感受到丰富的当地文化。

交通：中山高下左营交流道或南二高行至燕巢系统交流道，转行10号道下旗山交流道，循184号县道往六亀，经六亀大桥，接台27线、台20线，过宝来一号桥后，循线至宝来中学前，即可抵达芳晨温泉度假村。

嘉宝温泉度假村

地址：高雄市六亀区宝来村新宝路7之1号
电话：(07)688-2717
泉质：弱碱性碳酸泉

偌大广阔的露天温泉SPA区，为嘉宝的休闲特色。

就汤区种类而言，辟有SPA水疗、温泉池、冷泉池与儿童池等区域，各式设备如多功能按摩、气泡床、银瀑布、脚底按摩、冲击泉、涌泉、背部二点按摩等，享受到多种泡汤乐趣之外，更达到广播养生健康概念体现。提供多元温泉设施服务的"嘉宝"，将让你体验到畅快欢乐的亲水活动。

交通：中山高下左营交流道或南二高行至燕巢系统交流道，转行10号道下旗山交流道，循184号县道往六亀，经六亀大桥，接台27线、台20线公路过宝来一号桥后，右转往新宝路，依指标前行，即可抵达。

醉月斋温泉度假区

地址：高雄市六亀区宝来村竹林60-10号
电话：(07)688-1234
泉质：硫黄泉

宛如东瀛造景的和风式汤屋，以半露天式规划筑设，包括桧木、石板、岩石或石头等浴池，随着日夜光景变化，巧妙地将自然风情写入栏篱方框之中。露天观景区里，白天享受煦煦阳光洒落伞棚躺椅间，无比惬意；入夜后倚着长廊宿栏仰望满天星斗，分外开心。任何季节时间，"醉月斋"都将呈现最迷人的优汤、赏梅、采果乐趣。

交通：中山高下左营交流道或南二高行至燕巢系统交流道，转行10号道下旗山交流道，循184号县道往六亀，经六亀大桥，接台27线、台20线过宝来一号桥后，右转往慈惠堂山路前行，循线不久，即可抵达。

高雄市 GAOXIONG CITY

藤枝森林游乐区

地址：高雄市桃源区宝山村藤枝段78号
电话：(07) 689-3118

向来有"南台湾小溪头"之雅称的"藤枝森林游乐区"，位于桃源区境内山林之中，占地七百多公顷，拥有完好的阔叶林与人工造林等林相；规划有完善的游园森林步行道，可以让你徜徉徒步于充满浓密芬多精的森林里，不时可聆听到各种虫鸣鸟叫声，低语高昂的音律，恍如在奏鸣重唱曲般，令人赏心悦目。园区高处的瞭望台，则是眺瞰园区四周景致的不错地点，各种峦山叠翠亦时清亦时雾的样貌尽收眼帘。

南二高行至官田系统交流道，接台84线往玉井方向，转台3线至北寮，再循台20线前行至荖浓，再循台27线过荖浓桥后，依指标前行即可抵达。或10号道下燕巢交流道，循往六龟，经六龟大桥后，接台27线，经荖浓桥后，依指标前行即可达。

荖浓溪泛舟

荖浓溪泛舟有限公司电话：(07)688-2996-8
宝美泛舟有限公司电话：(07)688-2580

位于全台第二河川高屏溪上游支流的"荖浓溪"，由于终年溪水盈沛，激流多变，地势落差颇大，经评鉴公认为属于四级泛舟水上活动的河域，亦为东南亚数一数二且极具挑战性的泛舟胜地。近年来，特别在属于二级泛舟路线之东台湾花莲秀姑峦溪泛舟活动的盛行之下，带动起一股泛舟活动热潮，因此南台湾的"荖浓溪泛舟"相行崛起，刺激性更甚，也更引人入胜，游客纷纷来体验不一样的泛舟乐趣。整个"荖浓溪泛舟"，约可分为两大溪段，上段从宝来附近的芳晨山庄起始到新发大桥为止，以湍流、奇石而著称，刺激性与挑战度冒险十足。下段则从六龟至大津为止，溪水较为平稳不湍，沿途有惯称"台湾小桂林"的十八罗汉山景致相伴，别具特色山水风光。

南二高行至燕巢系统交流道后，循10号道下旗山交流道后，接台3线、台28线往六龟方向前行，依指标前行便可到达。

南横公路

南部横贯公路西起台南市玉井区，东到台东县海瑞乡，而续接花东纵谷公路，可至台东或花莲，整条公路贯穿经过台南、高雄、台东三个县市，为南部与东部两地区间的重要联络道路，其中可以天池为分界点，而将其分为东西两段，西段以温泉、赏梅、瀑布等自然景观闻名，东段则以桧林、隧道、峡谷、云海等景致取胜。

公路上自然人文色彩浓郁，有富丽堂皇的"宝光圣堂"、丰富泉汤浴的"宝来"、花海片片的"梅山"、缅怀筚路蓝缕先人的"长青祠"、巨桧林立的"桧谷"、大关山隧道闻名的"关山垭口"等。自梅山口到关山垭口间的路段，隶属于"玉山公园"的范围，并设有"梅山游客中心"及"布农少数民族文物展览馆"，使得旅客能对本区有更深入的了解。"长青祠"为纪念当年开辟南横而殉职的荣民弟兄员工们而建，于祠前远眺，可瞰望玉山南峰及中央山脉南段峻山峦翠景观，十分壮丽。沿祠旁小道前行，来到约2100米高的"天池"。由于地处山谷间，且湖水终年不涸，似一面明镜，将附近山峦绿意倒映其中，更是美丽动人。"大关山隧道"为南横的制高点，隧道穿越中央山脉长达六百多米，在海拔如此高的峻山里凿建，可想见其工程浩大。关山附近"垭口云海"盛景，经由阳光照射的云雾变化万千，相当丽人。行经"利稻"，你会诧异如此的峦山苍林间，竟会有这般世外桃源般的村落。它正是南

横东段的一个布农聚落，坐落在河阶台地上，素雅屋瓦建筑，分外恬逸。利稻与雾鹿间路段两旁，由于新武吕溪所侵蚀切割而成的"雾鹿峡谷"地形景观，站在雾鹿的"天龙吊桥"上欣赏，壮丽气势，令人动容。

【宝光圣堂】
地址：台南市南化区玉山村17-1号
电话：(06)577-2229

【梅山游客中心】
地址：高雄市桃源区梅山村44之5号
电话：(07)686-6181

【天龙饭店】
地址：台东县海端乡雾鹿村1-1号
电话：(089)935-075

【亚力民宿】
地址：高雄市桃源区建山村86-2号
电话：0933-305-584

【嘉乐民宿】
地址：台东县海端乡利稻村文化14-3号
电话：(089)938-067

【野农民宿】
地址：台东县海端乡利稻村文化路3号
电话：(089)938-055

※因莫拉克台风侵袭，南横公路景观受到严重的破坏；欲前往此地的游客，请先查询交通状况，并注意自身安全。

中山高至鼎金系统交流道或者南二高行至燕巢系统交流道后，接循10号道至岭口交流道下，转行台21线，往甲仙方向，再转行台20线，即可行南部横贯公路。

屏东市 PINGDONG CITY

屏东孔庙

地址：屏东县屏东市胜利路38号
电话：(08)736-1544

南二高下屏东交流道后，循行台1线至屏东市区，经复兴南路、复兴路、胜利路，即可抵达。

屏东孔庙前身为"屏东书院"所在，已有近两百年历史。日据时期来台的日本春日市长宗藤大陆甚爱此庙，便拨出一万日元为此庙改筑，尔后改为"孔庙"，主祀孔子，配祀颜子、曾子、思子、孟子四大贤人。孔庙兼具有传统书院与大成殿的风格，造型极为古朴，并且在草木与红砖相映之下，色彩鲜明。此外大成殿、崇圣祠、仪门、九仞宫墙照壁、碑记，古色古香，现已被列为当地三级古迹。目前，台湾南部因保存较为良好而列为古迹的，仅剩屏东书院与高雄凤山的凤仪书院。

圣帝庙

地址：屏东县屏东市永福路36号
电话：(08)732-8707

南二高下麟洛交流道后，循行台1线至屏东市区，循永福路即可抵达。

位于永福路上的"圣帝庙"，别称"文衡圣帝庙"、"武庙"，建于清康熙年间，供奉关圣帝君，香火昌盛；庙宇北朝南，分为两殿，墙上有清代所遗留下的石碑，相当具有历史意义。

崇兰萧氏家庙·课余轩

地址：屏东县屏东市崇兰里69号
电话：(08)733-0924

被列为当地三级古迹的萧氏家庙，与屏东书院具有相当密切的关系。清嘉庆年间，富商萧唯天创立屏东书院，而萧氏家族对于屏东地区的发展也功不可没。日据时期，萧氏家族所设立的"课余轩"学堂传授汉文，是当时的"暗学仔"，至今仍可于保存良好的外观一窥当时萧氏家族为推广地方教育的用心。目前课余轩改为"阿缑地方文物馆"，展示萧氏家庙的发展与及屏东市的地区发展历史。至于仍保有清朝初建时期特色的萧氏家庙则成为崇兰地区文康活动的中心，是古迹活化与再利用的最佳代表。

南二高下九如交流道后，循台3线往屏东市区前行，过忠孝路、自由路后不久，即可抵达。

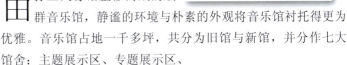

屏东县族群音乐馆

地址：屏东县屏东市中山路61号
电话：(08)733-6297

由孙立人行馆整修而成的族群音乐馆，静谧的环境与朴素的外观将音乐馆衬托得更为优雅。音乐馆占地一千多坪，共分为旧馆与新馆，并分作七大馆舍：主题展示区、专题展示区、视听阅览室、典藏研究室、小型演艺厅、阶梯研习教室及典藏室。馆内以中华民族各族音乐为范畴，包含南馆、北馆、歌仔戏、布袋戏、恒春民谣的河洛音乐，八音、山歌的客家音乐，以及平埔族、排湾族、鲁凯族等台湾地区少数民族音乐。除了展示之外，还不定期举办各类音乐研讨会和讲座，为民族音乐的推广与传承不遗余力。

南二高下九如交流道，循台3线往屏东市方向前行，再转自由路、中山路前行，便能到达。

屏东酒厂

地址：屏东县内埔乡丰田村建国路34号
电话：(08)778-1640

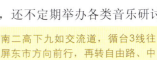

屏东酒厂坐落于内埔乡内埔工业区境内，是南台湾地区历史相当悠久的酿酒生产重镇；酿制有米酒头、稻香料理米酒、台湾红高粱、大武醇、顶级陈年红高粱等，特别是米酒产量之冠，赢得"米酒的故乡"雅称。现在已朝向观光酒厂发展，设有产品展示中心、文物馆、各式酒类制造流程介绍，是认识米酒文化发展的好园地。

其中产品展示中心里由酒类发展出来的周边商品，如红曲香肠、红曲猪脚、玉泉红曲葡萄酒、大武醇冰棒等口味相当特殊又美味的食品，最受消费者青睐，更是送礼自用两相宜的土特产。

南二高下麟洛交流道后，循行台1线至内埔，依指标前行不久，即可抵达。

屏东市 PINGDONG CITY

万金天主教堂·
万峦猪脚大王

万金天主教堂
地址：屏东县万峦乡万兴路24号
电话：(08)783-2005

万峦猪脚大王
地址：屏东县万峦乡万峦村民和路16号
电话：(08)781-1220

全台最为古老的天主教堂"万金天主教堂"，始建于清咸丰年间，至今已有一百四十余年历史，为一座中西兼具的历史建筑，白色纯净的建筑外观，显现了朴实无华的庄严氛围，内外古韵显郁，被列为当地三级古迹。1984年，罗马的天主教教宗若望保罗二世敕封此堂为"圣母圣殿"，使得万金天主堂这栋历史古迹在国际上也享有崇高的盛名与地位。

万峦猪脚兴起于光复时期，由当时林海鸿先生所研

中山高下高雄交流道后，循台1线抵万峦，过万峦大桥后，即可达万峦猪脚大王；再往泗沟方向，便可到达万金天主教堂。或南二高行至竹田系统交流道后，转屏85号道路接187号县道至万峦，沿屏102号道路至赤山，转屏101号道路、万兴路，即可抵达万金天主教堂。

创，至今已传三代，经过一连串肉品处理、热水煮烫、冷水浸泡、去除皮毛、急速冷冻与参酌极为独特的中药秘方佐料予以卤熟慢火等制作烹调过程，卤制出来的猪脚，皮肉香、筋韧带脆。

八大森林博览乐园

地址：屏东县潮州镇潮州路800号
电话：(08)789-8822

南二高行至竹田系统交流道后，转台88线接台1线循指标前行，便可抵达。

占地约17公顷，是一处提供真正属于教育、欢乐、健康、休闲的户外自然生态园地，利用得天独厚的森林自然资源，加上绿森堡故事的方式呈现，以诉求能够学得到、看得到、摸得到的开放式教学乐园，其爱护环境、保育生态的理念与行动，更是值得赞许。

全园规划分为八大主题："昆虫森林"教人认识昆虫，如甲虫、蚂蚁、萤火虫等，非常奇

妙；"鱼水森林"让你了解与感受水底鱼城的缤纷之美，以及畅快优游戏水之乐；"机械森林"里各种机械游乐设备，帮助你释放压力，感受刺激和欢乐；"百花森林"使你仿佛进入一片花园林野里，身心十分愉悦；"桃花森林"让你体会森林的奥秘，沐浴于浓郁芬多精的熏陶；"美食森林"为你提供各种美食佳肴；"动物森林"让你与可爱动物共同嬉戏，探索动物自然成长生态；"宿营森林"里，可以选择山庄或野营方式。

大路观主题乐园

地址：屏东县高树乡广兴村
电话：(08)795-6789

以早年来此开垦、定居的客家居民部落"大路观"为名，弥漫着属于南台湾地区的热带风情。这座崭新的观光度假乐园，拥有大武山的秀丽山景，以及口社溪的广阔视野，园区内目前所包括的设施有水上乐园、热带植物园区、主题商店、主题餐厅等。

在湛蓝的晴空之下，沉浸于沁凉清澈的净水中，仿佛将洗净一切忧烦；黄昏暮色的映衬中，更令人恋恋不舍那水乐园中的无限欢情。热带植物区中生命强韧的台湾海枣、香气四溢的鸡蛋花、适应力强的仙人掌等是认识植物的最佳园地。主题商店内分有手工艺品、农特产品与水上用品三大种类，不论是想享受园区内的欢乐水世界，或是寻找旅游回忆的土特产，都能在此添购。来到此乐园，可千万别错过土厨推荐的客家佳肴，在环抱清爽自然环境的园区内享受美味料理，更能品尝到那轻松闲逸的风味。

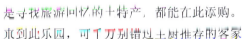
南二高下长治交流道后，循台24线往三地门方向前行，再接185号县道往北前行，便可抵达。

赛嘉航空公园

地址：屏东县三地乡口社村与赛嘉村之间山坡处
电话：(08)799-2221

赛嘉航空公园为台湾地区第一座以航空为主题的休闲景点，更是全台首屈一指的滑翔翼、轻航机飞行的训练中心。园区占地颇为宽阔，有二百多公顷，并且配合需求规划，全区地形略有倾斜，分为平地着陆区、山地起飞助跑区、综合滑翔翼训练营等部分，园内有提供各类简易航空飞行所需的训练器具，十分完善；另外训练营还提供将近二百人的住宿，有厨房、器材室等设备。

南二高下长治交流道后，循行台24线至三地门，转行185号县道往茂林方向，再依指标前行不久，即可抵达。

茂林风景区
(屏东县境内)

茂林风景区管理处
地址：屏东县三地门乡赛嘉村赛嘉巷120号
电话: (08)799-2757

中山高下高雄交流道，接台1线续行，至屏东后转台24线续行，循指标便抵达。或南二高下长治交流道，循行台24线往三地门方向前行，依指标前往，即可抵达。

三地门乡

为山地管制区，需办理乙种入山证，请洽屏东县警察局：(08)732-2156 询问办理。

又称为"山猪门"、"水门"，以"三地"、"水门"及"北叶"三处排湾族村落聚居而称之，层峦叠翠，溪水回绕，景色秀丽；丰年祭在每年8月举行。

排湾族文化村落为三地门乡的一大特色。

交通：中山高下高雄交流道后，接台1线续行至屏东后转台24线续行，再转行185号县道前往，即可到达。或南二高下长治交流道后，循台24线往三地门方向，至玛家乡北叶，转185号县道，再依指标前行即可抵达。

茂林风景区含跨计有高雄县的茂林乡、六龟乡、桃源乡与屏东县的三地门乡、玛家乡、雾台乡。高雄县区域多以特殊地景、少数民族文化为旅游特色、SPA和温泉；屏东县区域则是以瀑布、民宿、文化园区与赏花为旅游重点。

风景区域内因莫拉克台风侵袭而造成部分景观的变动与交通的受损，欲前往此区的游客，请于事先与风景区内各景观联络处洽询，并且注意自身安全。

玛家乡

台湾少数民族文化园区
地址：屏东县玛家乡北叶村风景路101号
电话: (08)799-1219

台湾少数民族文化园区为山地管制区，需办理甲种入山证，深具原住民文化色彩。凉山瀑布共分有三层溪水区域，第一层瀑布区适合烤肉、戏水，第二与第三层瀑布可沿山路上行，适合观石、赏溪。（目前瀑布区因台风受损施工中，暂不开放。）

交通：南二高下长治交流道后，循台24线往三地门方向，至玛家乡北叶，转185号县道，再依指标前行不久即可抵达。

雾台乡

雾台乡以鲁凯族民族村落为主。每年八月农产采收后是鲁凯族一年一度的丰年祭，展现鲁凯族的热情、活力与直率天性。

交通：南二高下长治交流道后，循行台24线往三地门、雾台方向，再依指标前行不久，即可抵雾台乡。

黑鲔鱼季

屏东县政府
地址：屏东县屏东市自由路527号
电话：(08)732-0415
东港镇公所
地址：屏东县东港镇中山路2-100号
电话：(08)832-4131

东港是屏东县境内数一数二的渔业重镇，亦是前往小琉球的重要海路交通驿站，鱼塭、蚵田、海鲜、日落，深切地描述东港渔村生活景象。渔产相当丰富，黑鲔鱼、油鱼子与樱花虾被誉为"东港三宝"，东港黑鲔鱼更是赫赫有名，每年均会举办盛大的"东港黑鲔季"，一年比一年盛大，为东港的年度盛事，吸引大批中外观光客前来共襄盛举。

南二高下林边端交流道后，转循台17线往屏东方向，经林园、新园，过东港大桥后即可抵达。

东隆宫

地址：屏东县东港镇东隆街21-1号
电话：(08)832-2374

建于清乾隆年间，主祀温府王爷，由于其显赫神威广泽乡里，所以乡亲信众络绎捐赠兴善修建庙宇，始成今日之貌。1997年以金箔精雕洛成的黄金牌楼，金碧辉煌。每三年一科的"烧王船"平安祭醮祀典活动，更是驰名中外。此活动多半在农历9月间举行，为期数天，将精雕细琢盛妆华丽的代天巡狩王船，先于"东隆宫"本庙作醮，再以游街的方式绕行镇区，驱邪压境泽福后，再推至海滨，于入夜良辰吉时焚烧王船送王后，即告送神仪式结束。

南二高下林边端交流道后，转循台17线往屏东方向，经林园、新园，过东港大桥后即可抵达。

朝隆宫虾米妈

地址：屏东县东港镇延平路170号
电话：(08)832-2694

南二高下林边端交流道后，转循台17线往屏东方向，经林园、新园，过东港大桥后即可抵达。

主奉湄州天上圣母，传闻建庙当时境内汇聚小虾众多，让渔民们乐不思蜀，故有"虾米妈"之称，尔后有舟繁街盛景象；此外，由于朝隆宫面向内陆而非朝向海，遂又有"港郊妈"的称谓。今日的庙观是20世纪70年代重修，并收藏有当地已故名雕艺术大师黄龟理的杰作佳品。

南
台湾

大鹏湾风景区

管理处地址：屏东县东港镇大鹏里大潭路169号
电话：(08)833-8100

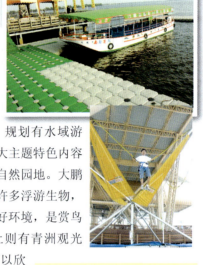

大鹏湾风景区是由南平半岛所围成的一处腹地十分辽阔，且为台湾地区罕见的潟湖地质景观环境，区内动植物生态极为丰富，规划有水域游憩、陆上游憩和民俗观赏三大主题特色内容设施，为一处水域游乐活动自然园地。大鹏湾内宽广的沼泽湿地里，有许多浮游生物，为许多鸟类休憩觅食的天然好环境，是赏鸟的绝佳据点。而南平半岛上则有青洲观光区，设有青洲游客中心，可以欣赏沙滩景致。

南二高下林边端交流道后，转循台17线往屏东方向，经林园、新园，过东港大桥后即可抵达。

车城福安宫

地址：屏东县车城乡福安村忠孝路199号
电话：(08)882-5301

福安宫堪称为全台最大的土地公庙，庙宇建筑富丽堂皇，主祀的福德正神还身着清朝乾隆皇帝所赐的官帽龙袍，为全台独一无二。据说其神恩灵显，因此来庙膜拜祈福的游客信徒，熙来攘往，热闹非常。此外，值得一提的是庙旁的烧金纸炉亦是一大奇观，其运用风的对流原理设计，将一张张金纸自动送飞于金炉中焚烧，有如点钞机般，蔚为奇观。

中山高下高雄端交流道或南二高下林边端交流道，循台17线至水底寮，再转台1线往枋山方向前行至枫港，再接台2县南行至车城，循指标前往即能到达。

海洋生物博物馆

地址：屏东县车城乡后湾村后湾路2号
电话：(08)882-5678

海洋生物博物馆展览馆馆顶采用海潮波浪曲线型设计，将海洋特色表现得淋漓尽致。在水域馆展示有牡蛎养殖、岩岸潮间带、珊瑚礁谷等，对于宝岛山川水域生态环境做详尽的介绍；而珊瑚王国馆是以珊瑚礁预览、珊瑚礁飘潜、珊瑚礁保育、鲨鱼池与礁穴生物等项目，诉求表现出南中国海域的热带珊瑚礁区的绚丽缤纷，并有全亚洲最大的海底隧道，长达84米，可与珊瑚近距离接触，同时欣赏到海底生态全貌，鲜奇生动十足。以生动活泼的实体教材，展现出海洋生活风貌的海生馆，为南台湾地区一处最具人气的热门观光知识性景点。

中山高下高雄端交流道或南二高下林边端交流道后，循台17线、台1线往枋山方向行过枫港后，再接台26线南行里牛城，依指标往后湾村方向前行，即可到达。

中山高下高雄端交流道或南二高下林边端交流道，循台17线往屏东垦丁方向，经水底寮转入台1线，过枫港后转行台26线抵车城后，往东行199号县道，即可到达。

四重溪温泉

清泉温泉度假山庄
地址：屏东县车城乡温泉村文化路5号
电话：(08)882-4120

- - - - - - - - - - - - - - - - - - - -

南台湾观光大饭店
地址：屏东县车城乡温泉村温泉路玉泉巷37号
电话：(08)882-2301-9

享誉盛名的台湾四大泉汤之一："四重溪温泉"，此地温泉历史悠久，早在清光绪年间便被发现。其泉质优良，介于五六十度的泉温，属于碱性碳酸泉，无色无臭，除了汤浴之外，泡起一壶茗汤来，亦是茶香味甘。周间有多处温泉观光旅社，设备相当完善，其中历史悠久的"清泉温泉度假山庄"，曾经是日本松宫宣仁亲王来台度蜜月时的下榻处所，迄今仍延续日式庭园汤浴风格，深受好评。而规模与设备堪称本区数一数二的"南台湾观光大饭店"，拥有时下流行的SPA、水疗、露天泡汤等设施，为四重溪热门的泡汤去处。

屏东市 PINGDONG CITY

恒春古城・恒春出火

恒春古城地址：屏东县恒春镇中心
恒春出火地址：恒春东门外往佳乐水方向100米处

恒春为前往垦丁的必经之地，原名为"琅桥"，乃是排湾族语"台湾的尾端"的意思。清光绪元年（1875年），沈葆祯于此建城设县，见于此地四季如春，遂更名

为"恒春"。恒春古城位于现今的恒春镇中心，四边的古城门遗迹，保留仍十分完整，现已列为当地二级古迹。登上古东城门，便能远眺恒春镇内的风光，仅剩孤立一门的古南城门则是往垦丁的必经之处，北门和西门仍可行驶小型车辆。而在古西门城内的恒春西门老街上，建筑物多为日据时期仿巴洛克式的建筑，以及现代主义形式的建筑设计，因此可见到相互交杂的建筑风格。另外来到恒春镇可千万别错过城内著名的海角七号电影场景——阿嘉的家。

在恒春东门外往佳乐水方向，距离约100米处有一"出火"奇景，蔚为奇观。据调查原因就是该处属于泥层岩地质，而地下天然气会顺着石缝缺口溢出并造成燃烧现象，遂被当地人称之为"出火"，十分特别。

中山高下高雄端交流道或3号道林边端交流道下，循台17线至水底寮，转台1线往枋山方向前行至枫港，再接台26线至恒春，转循恒西路往市区方向，便抵达恒春古城。

恒春生态农场

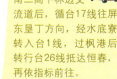
地址：屏东县恒春镇山脚里山脚路28-5号
电话：(08)889-2633

恒春生态休闲农场占地48公顷，农场内规划有多项区域设施，牧羊区、土鸡场、蔬果耕种区等，农牧景观鲜活处处；每年4~7月，可在此欣赏到大量闪闪发亮的萤火虫飞舞盛况。园区坐拥恒春半岛佳景，向西能欣赏关山落日、龙銮潭湖光碧影，东可望南湾海域，恒春美景尽收眼底。农场生态方面有萤火虫复育区、蝴蝶养成区、多种台湾地区特有的树及恒春半岛特有的热带海岸林树种；生产区有山羊、乳羊及有机蔬菜园区，推广无农药及化学肥料的健康蔬菜。此外，农场种植的"恒春长形山药"又称为"淮山"，自古即列为全方位养生药膳，营养丰富，美味诱人，可是农场的健康料理呢！

南二高下林边交流道后，循台17线往屏东垦丁方向，经水底寮转入台1线，过枫港后转行台26线抵达恒春，再依指标前往。

关山夕照

 地址：屏东县恒春半岛西部台地偏南的高地上

关山又名"高山岩"，是整个垦丁地区欣赏落日的最佳

点，有"关山夕照"的美景。全区均为海中隆起的珊瑚礁岩，四周视野并无阻碍，于山顶平台可以远眺龙銮潭及南湾海滨，而日落时分更可欣赏到火红的太阳缓慢地落于海洋地平线下的美丽壮观景致，叩人心扉。

 中山高下高雄端交流道或3号道下林边端交流道，循台17线至水底寮，转台1线往枋山方向前行至枫港，再接台26线至恒春，再转往关山方向前行便能抵达。

南二高下林边交流道，接台17线至枋寮后转台1线到枫港，转接台26线往恒春方向南下，再接屏153乡道后接屏160乡道即可抵达。

柏林生态家庭农场

 地址：屏东县恒春镇大光里砂尾路61-4号
电话：(08)886-6770

柏林生态家庭农场面积广达16000平方米，可感受脚踝浸在泥土中的舒畅，也可以参加园方安排的喂鸡、翻土、浇水、播种，另外还有烤肉、焢土窑等亲子活动。园区内设有关于天文、地理、自然生态的相关解说牌，方便旅客了解这幽静空间的种种知识。

柏林农场周边旅游景点有距离2分钟的关山、5分钟的南湾和行程6分钟的后壁湖游艇港，另外距离热闹的垦丁街10分钟、恒春市区10分钟、海博馆12分钟、白沙湾8分钟，猫鼻头6分钟，龙銮潭自然中心4分钟。这是全台第一座官方批准的生态休闲农场，以宁静、自然体验、教育研习、健康休闲为主要诉求，请带着一颗轻松喜悦的心尽情拥抱大自然。

屏东市 PINGDONG CITY

龙銮潭自然中心

地址：屏东县恒春镇草潭路250巷86号
电话：(08)889-1456

中山高下高雄端交流道或3号道下
林边端交流道，循台17线至水底
寮，转台1线往枋山方向前行至枫港，再
接台26线至恒春，转循恒西路往市区方
向，转循草潭路前行，即能到达。

恒 春半岛境内最大
的湖泊，就非属
"龙銮潭"不可了，幽
静的广大湖潭，四周环
腹着青青绿草，是南台
湾地区知名的候鸟南飞
过冬栖息据点之一，也

是全台首座鸟类观赏与研究的展示馆。半人工的水泽湿地，
不仅提供了鸟类栖息觅食之处，也为当地自然生态与田野农
园建构了极佳的环境。从每年8月到次年的4月，达上百种的
远从中国其他省市、西伯利亚与日本等地的候鸟，陆陆续续
来此过冬，鸟儿们怡然又闲逸的模样，大多可自然中心里
的高倍望远镜瞧见，让此处为一处欣赏候鸟、认识水鸟的不
错去处。

琼麻工业历史展示区

地址：屏东县恒春镇草潭路4号
电话：(08)886-6520

日 据时期，日本技师将琼麻幼苗移植于今垦丁森林
游乐区境内，成效良好，更造就恒春成为全台琼
麻工业重镇之名。而在此处成立的琼麻工业历史展示
馆，保存了晒麻场、英制自动采纤机等早期设备，重现
恒春农工产业文化与历史，显现地方特色。

中山高下高雄端交流道或3号道
下林边端交流道，循台17线至水底寮，
转台1线往枋山方向前行至枫港，再接
台26线至恒春，转循恒西路往市区方
向，转循草潭路前行，即能到达。

后壁湖码头

地址：屏东县恒春镇大光路79之57号

中山高下高雄端交流道或3号道下林边端交流道，循台17线至水底寮，转台1线往枋山方向前行至枫港，再接台26线往垦丁方向，至天鹅湖饭店与7-11丁字路口时，右转往猫鼻头方向，遇丁字路口左转，循指标前行便能抵达。

后壁湖渔港为当地的公园境内最大的渔港，除了停泊渔船外，近年来更因赏海底珊瑚、热带鱼景观与观览海景活动的盛行，而掀起游艇观光热潮，使得渔港兼负起游艇港的功能。后壁湖码头可停泊一百多艘35米以内的游艇，提供有游艇、快艇、观光半潜艇等项目，并有游客中心、候船室、餐厅、咖啡吧休憩区、旅游联盟俱乐部等设施。后壁湖可有两大游玩方式，一是搭乘游艇赏鲸，或是进行香蕉船等水上活动；另一种则是至核三厂出水口的防波堤右侧进行深、浮潜，都是相当热门的活动。

白沙湾·猫鼻头公园

白沙湾地址：屏东县垦丁猫鼻头西北方的海岸线上
猫鼻头公园 地址：白沙湾的东南方

白沙湾原是一座小渔港，又称白沙港。白沙湾一带属珊瑚礁海岸，长达四五百米，时大时小的白浪滔滔不时亲吻的优美画面，经常成为许多连续剧拍摄场景择取选择处。

猫鼻头公园位于恒春半岛的西南端，处于"台湾"与"巴士"两海峡交界点，有一石崖向外伸展，状似蹲仆着的猫，故称之为"猫鼻头"。并有情侣石、礁柱、裙礁、长方石等，海岸地质景观丰富，为一处户外自然地质生态教学的绝佳景点。

中山高下高雄端交流道或3号道下林边端交流道，循台17线至水底寮，转台1线往枋山方向前行至枫港，再接台26线至恒春，再转往关山方向往南前行便能抵达。

南湾海滨游乐区

地址：屏东县恒春镇南湾路223号
电话：(08)889-2894

猫鼻头至鹅銮鼻之间的海滨地带的"南湾"，因海水湛蓝且沙滩弧线优美、沙质洁净，赢得"白沙金浪"美名，古称大板埒，又称"蓝湾"或"金沙湾"。琳琅满目的水上活动，如冲浪、香蕉船、水上摩托车、沙滩排球等，是一处体验南国海洋风情的绝佳景点。

中山高下高雄端交流道或3号道下林边端交流道，循台17线至水底寮，转台1线往枋山方向前行至枫港，再接台26线往垦丁方向前行，便能抵达。

垦丁石牛溪农场

地址：屏东县恒春镇垦丁里垦丁路石牛巷1-1号
电话：(08)886-1281

垦丁石牛溪农场位于石牛溪旁，园方设有"有机蔬菜种植区"，提供亲子教学、摘取食用，可在此体验种植作物，立即品尝到亲手摘下美味的蔬菜。农场内景观丰富，远眺大尖山，或漫步在十数条步行道上，沿途观赏垦丁三座主要大山；或欣赏垦丁牧场内放牧的牛、马及其他动物，感受风吹草低见牛羊的意境，仿佛来到阿尔卑斯山上。炊事区提供了在林间小屋前煮食的野外享受，露营区营火高炽，热闹的晚会正要开始。石牛溪农场号称"距海岸最近的山海农场"，能看尽垦丁大尖山最美的景致。

 中山高下高雄端流道或南二高下林边交流道，接台17线续行至枋寮后转台1线到枫港，转接台26线往垦丁方向，过垦丁公园后看到石牛桥，左转行驶100米即到达。

垦丁青年活动中心·
船帆石

垦丁青年活动中心
地址：屏东县恒春镇垦丁路17号
电话：(08)886-1221-4

船帆石
地址：鹅銮鼻山庄后不远

垦丁青年活动中心采用传统闽南建筑方式兴筑三合院、四合院、三落院及祠堂、书院、客栈，用百家姓中的九大姓氏来命名，更显其传统中国风，别具一格。坐落于碧绿青丘间，分外耀眼醒目，而中心内设施完善，景致优美，为许多朋友旅游投宿的据点选择所在。

船帆石矗立于海滨一隅，介于垦丁往鹅銮鼻的屏鹅公路上，是颗巨大的旧期珊瑚礁石，外形神似扬帆起航的帆船，故被称为"船帆石"。

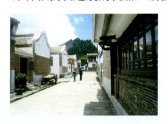

中山高下高雄端交流道或3号道下林边端交流道，循台17线至水底寮，转台1线往枋山方向前行至枫港，再接台26线往垦丁方向前行，过南湾后不久，便能抵达。

社顶自然公园

地址：屏东县恒春镇垦丁森林游乐区之东南面
电话：(08)886-1821

中山高下高雄端交流道或3号道下林边端交流道，循台17线至水底寮，转台1线往枋山方向前行至枫港，再接台26线往垦丁方向前行，过南湾后不久，再左转进入垦丁森林游乐区牌楼前行，再于水源地右转前行便能到达。

海拔约200米的"社顶自然公园"，为强调自然林相的绿意公园。全区以次生代原始林、热带灌木丛林及大片的草原景观为主，加上其珊瑚礁林的地形，所以礁石、峡谷、石灰岩洞、一线天、钟乳石、石笋等景观都是本园的旅游重点。全区以13公里的步行道连接其间，是一个可尽情感受自然生态环境、沉浸于森林浴的知性旅游去处。

垦丁森林游乐区

地址：屏东县恒春镇公园路201号

垦丁森林游乐区位于屏鹅公路旁，正门的入口处为一中国门坊建筑。自门坊进入后再行四公里的路程，方可抵达森林游乐区的售票入口处，顺着规划的步行道和导引，循序渐进地游玩每个景点。垦丁森林游乐区为全台地区首座热带植物森林游乐区，广阔的林区内有一千两百余种的热带植物，如银叶板根、棋盘脚等；并有台湾岛罕见的钟乳石洞穴、银龙洞、仙洞等，遍布隆起的珊瑚礁岩更是特色景观。园区可划分为第一与第二游览区，充满密布茂盛的绿荫丛林，森林芬多精浓散四溢，身心鲜活舒畅；不仅可在观海楼稍作休息，登上楼顶，还可远眺整个垦丁山海。

中山高下高雄端交流道或3号道下林边端交流道，循台17线至水底寮，转台1线往枋山方向前行至枫港，再接台26线往垦丁方向前行，过南湾后不久，再左转进入垦丁森林游乐区牌楼前行，便可抵达。

屏东市 PINGDONG CITY

砂岛·贝壳砂展示馆

砂岛·贝壳砂展示馆
地址：屏东县恒春镇砂岛路221号
电话：(08)885-1204

介 于船帆石与鹅銮鼻的路途中，有一片达数百米长的白色洁净沙滩，名为"砂岛"，贝壳海滩景致十分旖旎美丽，乃因本地的沙滩为贝类、珊瑚等海底生物死亡后，经过长时间海水的冲蚀击碎，而细细地散布于沙滩上，色泽绚丽，尤其在艳阳下更显剔透晶莹，为世界顶级的风景，值得好好保护。目前并设立有一间"贝壳砂展示馆"，专门介绍此沙滩形

成的原因，以及组成的成分，并经由放大的效果，让你看得更清楚，同时还规划有触摸区，让你与贝壳砂做最亲密的接触，相当特别。

中山高下高雄端流道或南二高下林边交流道，接台17线续行至枋寮后转台1线到枫港，转接台26线往垦丁方向，过南湾、垦丁、帆船石后不久即可抵达。

鹅銮鼻灯塔·鹅銮鼻公园

鹅銮鼻灯塔
地址：屏东县恒春镇鹅銮里灯塔路90号
电话：(08)885-1111
鹅銮鼻公园
地址：屏东县恒春镇鹅銮里境内
电话：(08)885-1101

鹅 銮鼻此处附近的香蕉湾有形似帆船之石，"帆"在排湾族语音译为"鹅銮"，又由于其突出于海面上的陆块似鼻状，而称之为"鹅銮鼻"。鹅銮鼻灯塔位于鹅銮鼻公园内的最高处，建于清光绪八年（1882年），塔身为全白的环型柱体，高约22米，光线远照可达20海里，是全台最雄伟的灯塔，有"东亚之光"的美称，已被列为保护古迹。另外，此处为珊瑚礁石灰岩地形，礁石林立绵延整个海岸线，因而在此设立了"鹅銮鼻公园"，规划有赏景步行道，并蕴藏丰富的动植物生态。

中山高下高雄端流道或南二高下林边交流道，接台17线续行至枋寮后转台1线到枫港，转接台26线往垦丁方向，过南湾、垦丁、帆船石后不久，至鹅銮鼻进入公园即可抵达。

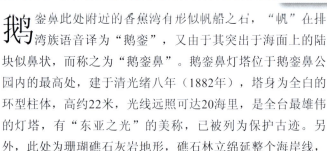

台湾地区最南点意象标志

地址：屏东县恒春镇鹅銮鼻公园与龙坑生态保护区之间

台湾本岛最南点并非大众所认为的鹅銮鼻，鹅銮鼻仅只是一个意象，实际上，东经102度50分0秒、北纬21度53分59秒之交接处才是最南点。为作为纪念，因此于鹅銮鼻公园与龙坑生态保护区之间的一高台上，设立有一座台湾地区最南点的意象标志。

中山高下高雄端流道或南二高下林边交流道，接台17线续行至枋寮后转台1线到枫港，转接台26线往垦丁方向，过南湾、垦丁、帆船石后不久，到鹅銮鼻至灯塔旁最南点停车场，循指标至鹅銮鼻露营区，沿营区内的林荫小径前行，便能抵达。

佳乐水

地址：屏东县满洲乡满州村中山路43号
电话：(08)880-1083

濒临太平洋的佳乐水，处于背山面海的地理位置，由于受到强风与海浪的侵袭，致使形成各式各样的岩石面貌。原名为闽南语的"佳落水"，为瀑布之意，后改名为"佳乐水"，而更因区域内的岩石景观既特殊又生动，而有"海神乐园"美称。

中山高下高雄端流道或南二高下林边交流道，接台17线续行至枋寮后转台1线到枫港，转接台26线往垦丁方向，至恒春市区转200号、200甲号县道往满州方向，至茶山转台26线往佳乐水方向前行，便能到达。

小垦丁牛仔度假村

地址：屏东县满州乡满州村中山路205号
电话：(08)880-2880

位于素有"牧草之乡"称誉的满州乡境内之绿林翠谷间，在广大的园区内，规划多项游乐设施，举凡游泳池、亲子游乐区、健身房、涡轮按摩浴池、综合球场、漆弹场、草坪活动区、登山步行道、池畔咖啡座、玛沙鲁广场、佳乐水西餐厅等，包罗万象，十分丰富。而建置坐落计达有三百余间的绿野原木别墅，让游客们白天休闲活动后，夜晚可以甜蜜入梦乡。

中山高下高雄端流道或南二高下林边交流道，接台17线续行至枋寮后转台1线到枫港，转接台26线往垦丁方向，至恒春市区转200号县道往满州方向前行，即能到达。

南 台湾

小琉球

佳宿

小琉球大饭店
地址：屏东县琉球乡三民路43-2号
电话：(08)861-1133

白龙宫旅馆
地址：屏东县琉球乡三民路272号
电话：(08)861-2536

椰林度假村
地址：屏东县琉球乡民族路38-20号
电话：(08)861-4368

小琉球度假村
地址：屏东县琉球乡复兴路133-23号
电话：(08)861-3338

旧称"沙马基"的"小琉球"，元代将台湾岛与冲绳列岛合称琉球（嵧球、琉求），明代改称冲绳列岛为大琉球，台湾则为小琉球。

小琉球位于东港镇西南方约8海里的台湾海峡中间，为全台离岛中唯一的珊瑚礁岛，从空中鸟瞰其岛型犹似一只鞋子，惟

妙惟肖。以海路舟船为主要对外交通联系，岛民多以渔业为生，鱼类特产相当丰富，而其离岛所形成特殊的自然景致与人文景观，别有风味，吸引游客来此一览，观光颇为兴盛。

岛上有多样的人文景观，可深入造访参观，如灵山寺、碧云寺、三隆宫等，为岛上的久远老庙，且为琉球乡亲从古到今的信仰中心。小琉球居民以三隆宫、碧云寺、灵山寺等为宗教信仰中心。其中的"三隆宫"供奉朱、池、吴三姓王爷，而又俗称为王爷庙，三年一科的烧王船更是全小琉球地区的大事。"观音亭"供奉观音佛祖，清光绪年间更名为"碧云寺"，香火昌盛，是乡民的信仰寄托之一。另外"灵山寺"为小琉球建筑最壮观的庙

宇，供奉释迦牟尼佛祖与临水夫人，于1963年完工，依山而建的三层宝塔，气势壮丽，视野辽阔。

名列南台湾八景之一的"琉球晓霞"，可知小琉球的晨光乍现与落日余晖是值得一赏的，而位于厚石山北侧的"白灯塔"，是观赏小琉球日出的绝佳景点，若是要欣赏火红绚烂的晚霞，可到"落日观亭"处一览。

拥有美丽礁岩地形之称的"美人洞"，位于琉球屿的东北角，设有亭台、石桌等景观设施。犹如迷宫般的"乌鬼洞"据称已有数十万年的历史，位于琉球屿西南处，因传说故事穿凿附会诸多，更添其神秘色彩，但洞穴闭塞，已不适宜进入。

"海底动物园"收藏有丰富的珊瑚活体、贝类、海胆等海底生物标本，还可亲自触摸海星等水族呢！其他还有"蛤板湾"、"山猪沟海底城"等特殊的自然海岸岩石景观，皆值得亲身一探。

　　小琉球四周环海，沿岸因海水长期侵蚀而形成许多奇石怪岩，其中著名的有："花瓶岩"、"观音岩"、"青蛙岩"、"鹦鹉石"、"爬山虎岩"、"裙礁海岸"等，各富异趣，各显巧貌，其中以位于白沙尾海滩附近的"花瓶岩"为小琉球著名的奇岩代表景观。此岩是由于海岸珊瑚礁先因地壳隆起而抬升，后又受海水侵蚀逐渐形成形似于花瓶的造型，特殊的形象，是相当具有人气的岩石景观标志。

　　多样的海上活动，最闻名的要数"海底观光潜水船"，可亲眼目睹海里缤纷珊瑚景观又不惊扰生物生活的极佳方式。此外小琉球所发展出来的"箱网养殖"渔业相当具有特色，在固定海水范围内饲养如红角、石斑、海鲷等高经济价值鱼种，肉质上乘鲜美，口感极佳，深受民众喜爱。丰富多元的海洋生物更是小琉球发展观光的极佳资源，因此发展出半潜式的海底观光船，

乘坐于其中观赏此处鱼、贝、藻、珊瑚等八百多种海洋生物活动，奇妙的海底景观便能一览无遗。当然，来到小琉球，千万要记得品尝地道的海鲜料理，保证回味无穷哦！

　　中山高下高雄端交流道或南二高林边端交流道下，循台17线往屏东，经林园、新园，过东港大桥后，续行东港码头，再搭乘交通船前往，便可到达小琉球。

陆路交通

琉球乡游览车班次询问电话：(08)861-1825
琉球租赁机车：每日租费85~107元人民币

海运交通

琉球乡营交通船联络电话：(08)861-3048
东琉线联营交通船联络电话：(08)832-5806
搭乘小琉球观光海底潜水艇联络电话：(08)861-1333、832-2592
东港线交通船（东港镇东港－琉球乡白沙尾）电话：(08)832-7512
欣泰号交通船（东港镇东港－琉球乡大寮港）电话：(08)833-7493
占岸号交通船（林园乡中芸港－琉球乡白沙尾）电话：(07)641-2033

基隆市 JILONG CITY

海门天险

地址：基隆市二沙湾山上

位于基隆港埠东岸码头对面二沙湾山丘上的"二沙湾炮台"，又名"海门天险炮台"，现已列为当地一级古迹，始建于清道光年间（1840年），曾在中法战争时大部分炮台受损，1884年经刘铭传重建，始成今貌。近几年来经当局长期整修与维护，才保有原炮台建筑的风貌。固若金汤的城门为中国古代传统城墙建筑，以石块堆砌而成，并开有发炮射击用之射口多处，城门正上方镌题"海门天险"四个醒目大字，遥想当时战争情况，地居险要，可见一斑。赏游于炮台周围充满浓密绿荫的步行道间，不仅环境十分清幽，亦是感受古炮今昔风采的好去处。

 中山高下基隆端交流道后，循着指标前行，即可抵达海门天险的步径入口。

白米瓮炮台

地址：基隆市中山区太白里光华路37号巷底

白米瓮炮台与东岸的"海门天险"互为守卫基隆地区的两大犄角。三百多年前，西班牙与荷兰占据时期便已兴筑，又称为"荷兰城炮台"；据传炮台邻近有一小山洞，洞内曾经相当神奇地喷涌白米粒来，当时民众即以"白米瓮"称之，现已列为当地三级古迹。炮台坐落于基隆新港的高处，拥有制高点的地理位置；历史即使已成往事，战争的硝烟味与肃杀气氛也流失殆尽，炮台仍旧无声地默默守护这片山河，以另一种形式看守着此处。放眼远望，基隆港一览无遗，心旷神怡的景致瞬间便能掳获您的目光，令人久久驻足流连。这里无论是赏景或是运动身心，都能获得最高的享受，是休闲之时远离喧嚣、沉淀心灵的佳处。

 北二高过基金交流道后续行引道至终点往市区方向下匝道后，回转往太白里，即可抵达。

狮球岭炮台·狮球岭隧道

炮台地址：基隆市仁爱区狮球里狮球岭顶　　隧道地址：基隆市仁爱区崇德路底

评 为当地三级古迹的"狮球岭炮台"始建于清光绪年间，中法战争为保卫海防，而于高度较高的狮球岭建造炮台，其主要建材为山岩材质。虽是位于基隆港最内部的炮台，但却也因为地势之利，而成为固守基隆的重要基地。于日据时期多处遭毁损而荒废，目前仅遗留以三合土和铁水泥筑制而成的扇形炮座，还有用山岩兴筑的正方形石造营房，可供游览。登临而上，历史悠悠的氛围萦绕不绝，在此还能环览基隆港的景致。

 由基隆交流道上中山高往北方向前行，于快进入中兴隧道前约150米，转进指标所指示的岔路上行，即可到达炮台登山口处。循基隆火车站左侧的港西路，绕行至中山一路左转，直行至三岔路口左转上坡行安乐路后，经老大公庙到崇德路再循指标便可抵达。

狮球岭隧道又称"刘铭传隧道"，系光绪十三至十四年间，刘铭传开筑台北至新竹之间的铁路时所开凿，有刘铭传亲题的"旷宇天开"四字，已被列为当地三级古迹。

情人湖·大武仑炮台

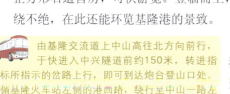

大武仑炮台地址：基隆市西北方，大武仑山上

位 于基隆市西郊大武仑山坳处的"情人湖"，为市政府积极开发的新兴重点旅游区，由六条山涧小溪所汇聚而成的小湖泊，景致清幽静美，为基隆地区仅有的高地湖泊地形。浓密的山林环绕着碧绿的湖水，终年湖水丰沛不竭。于湖畔辟有环湖步行道、野餐区、烤肉区、观景台等完善设施。

沿着登山步行道而上，便可抵达位于"情人湖"上方、大武仑山的"大武仑炮台"，此区地势十分险要，古时便成为基隆当地防守要塞。除可在此地看到旧有炮台遗迹外，更可远眺基隆邻近海滨之碧海蓝天美景，令人心旷神怡。

 中山高下基隆交流道后，循安一路、基金公路段，沿指标前往即可抵达。或北二高下基金交流道，左转至基金一路、二路，再沿指标前往不久，亦能抵达。

基隆市 JILONG CITY
奠济宫·
基隆庙口小吃

奠济宫地址：基隆市仁爱区仁三路27-2号
电话：(02)2425-2605

大多数来到基隆游玩的观光客，均不会放过要游逛这一条"闻名全台"的超级小吃街——"基隆庙口"。庙口因街内坐落一处庙宇："奠济宫"而得其名，此庙是为纪念早期开垦基隆地区的大陆漳州移民们，于清同治年间建庙奉祀，日后因香火鼎盛、人潮不断，成为基隆相当重要的民间信仰中心。

在奠济宫庙埕前旁，距爱三路至爱四路间约百米长的仁三路，聚集了近一两百个摊位铺。小吃街美食风味各胜，此处是充满惊奇的美食丰盛飨宴，绝对让你从街头吃到街尾，欲罢不能。

泡泡冰以刨冰机将冰块刨到一大碗公中，再加上配料后，以汤匙不断地搅拌，让配料与冰片相互融合，产生极为绵密的口感与香甜沁凉滋味。

营养三明治是将土司炸或烤成金黄色后，夹上火腿蛋、猪排、番茄、小黄瓜等，再淋上特制的酱料，让人一口接一口呢！

原汁猪脚采用清汤熬煮方式，保留了猪蹄的纯正原味，清淡而无负担的口感。

金兴麻米老是老字号点心，好吃又不黏牙的口感让人一吃再吃，新鲜的味道令人赞赏。

天妇罗以鱼类为材料，与太白粉、调味料等打成鱼浆后，捏制成型入锅油炸，可搭配着小黄瓜或是香菜。

奶油螃蟹以新鲜的螃蟹为原料，搭配奶油、洋葱、蒜头等一同包在锡箔纸里烘烤，腥味消失并散发浓郁的香气。

螃蟹羹以蟹脚肉所料理而成的，浓郁丰富的羹汤中，富含着海鲜的鲜甜甘美，添加些许的乌醋，风味更为够劲。

由冬粉搭配笋丝、木耳、香菇、芹菜、金针、虾米、银耳与肉羹等八种食材所料理成的八宝冬粉，一次便能吃到脆劲、嚼劲的丰盛风味。

鼎边挫是将再来米磨成浆后，沿加热的大锅边缘倒入，米浆遇热凝固后剪成一片片，与香菇、笋丝、芹菜、高丽菜等一同熬煮，丰盛又香味四溢。

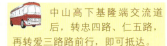

中山高下基隆端交流道后，转忠四路、仁五路，再转爱三路路前行，即可抵达。

阳明海洋文化艺术馆

地址：基隆市仁爱区港西街4号
电话：(02)2421-5681转102～104

位于基隆火车站前的阳明海洋文化艺术馆，其馆体是1915年由日本人所兴建的，历经战争与火灾的摧残而多次重建，现已列为基隆市的十大历史建筑之一。紧邻基隆火车站、游艇码头等艺术馆，保存了基隆航运历史的脉落；而馆内展示关于台湾海洋文化的发展，主题馆分为多功能文艺展览区、世界船舶馆、海洋特展区、招商局史迹馆等，展示范围包含了海洋景观、渔业文化、海洋生态、海洋艺术、海洋科技等。来到渔港基隆游览时，可千万别错过这座能让你了解海洋、渔业历史文化的宝库哦。

中山高下基隆端交流道后，过大业隧道后直行到底左转，再往基隆火车站前行即可抵达。或北二高下基金交流道后，循基金一路、麦金路，再转上中山高基隆交流道，再接大业隧道直行到底左转，再往基隆火车站前行即可抵达。

台湾少数民族文化会馆

地址：基隆市正滨路原住民海滨国宅社区的右侧
电话：(02)2462-3810

为地下一层楼、地上五层楼的建筑物，以灰色与淡橘红色所构成的长条形建筑结构，一楼为活动中心，二楼则贴心设计为托儿所，三楼与四楼则是本大楼的主要中心，为少数民族的展览室，五楼则有通道与相邻的少数民族文化广场相连。馆内包含独木舟、服饰、占卜用具、织布机、木雕、猎具、谷仓等众多当地少数民族的相关文物，为十五族的少数民族文化与历史保存了相当珍贵的纪录。位于会馆后方的"台湾少数民族文化广场"，依照山坡地形规划而成，以吊桥来连接两座高地广场，并且还设有石板屋、木栈道、木雕展示、走廊等设施；此外因占有地势之利，视野相当辽阔，更能俯瞰蔚蓝海洋美景，是一处相当值得一游的新兴景点。

中山高速下到基隆端交流道后，往基隆市区前行，于和平岛和平桥前右转进入小路前行，即可抵达。

East Taiwan

229

基隆市 JILONG CITY

庆安宫

地址：基隆市仁爱区忠二路1号
电话：(02)2422-5818

庆安宫为基隆市最古老的庙宇之一，供奉天上圣母，因此又称之为妈祖庙。清乾隆年间为祈祐平安而创立，有二百多年的历史，是基隆当地民众的信仰中心。宏伟的牌楼显现了妈祖信仰的重要，高大的妈祖石雕像，素雅慈祥地矗立着，似是一母亲般亲切宁静地呵护着基隆居民。每年三月的妈祖生辰是依靠海港维生的基隆居民相当重视的盛事之一，如同为母亲过生日般充满感恩与热闹。而农历七月的中元祭则是庆安宫的另一件盛事，七月十二日庙方将"七月灯"分送给各宗亲门口或街口作为

夜间引导鬼魂的指标，七月十三日则先由各姓氏组成单位来迎接斗灯绕街，活动结束时将斗灯供奉于庆安宫；七月十四日则在庙前，竖起悬挂着灯笼与招魂幡的长竿，昭告鬼魂来此享用祭品，这便是"竖灯篙"的活动。

中山高下基隆端交流道后往基隆市区，行仁四路、爱一路便可抵达。

老大公庙

地址：基隆市安乐区安乐路一段

早年基隆当地因纷争而造成的伤亡相当惨重，在有心人士的商议之下，便将牺牲者遗骸集合祭祀，称之老大公墓，而后改为老大公庙。每年农历七月，为慰告亡灵，便在此开龛门、放幽魂在阳间饱食一番。这样的祭祀活动，传承了很多年，是基隆每年的重大盛事。

中元祭

地址：基隆市信二路280号(文物馆)
电话：(02)2428-4242(基隆市文化局)

中元祭是台湾地区民俗节庆当中，一项极为重要的祭典活动，主要用意便是冀望游魂于人间的好兄弟们，能够在农历七月初的鬼门关打开之后，为期整整一个月，经由人间百姓所敬奉的各种祀品，享受衣食丰饱后，于七月底能准时回阴间报到，而不要逗留在人间捣蛋作怪，从民众举办的各种大小型普渡法会，其祭拜求安的敬意之心可见一斑。"基隆中元祭"是台湾地区最为热闹的中元祭典活动，整个活动自农历七月初一零时起，于乐一路的老大公庙开龛门仪式后揭开序幕，之后位于山上的主普坛彩楼将被装点得五光十色，入夜后总是吸引着人们前往欣赏。在十四日傍晚起的市道踩艺游街，到深夜于八斗子望海巷海滨的放水灯仪式，为活动最高潮，

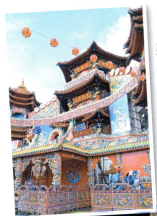

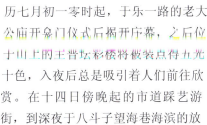

热闹非凡，其中蕴涵慎终追远的敬意精神。翌日于主普坛与庆安宫（妈祖庙）分别有普渡祭祀仪式，直到8月1日零时于老大公庙再度举行关龛门仪式后，整个中元祭普渡活动才告结束。

此外，"中元祭祀文物馆"是深入认识中元祭文化历史发展的极佳之处，馆内以展示祭祀活动的相关文物为主，并且辅以模型、多媒体导游及剧场演出等来呈现中元普渡的文化内涵。

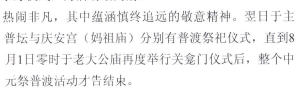

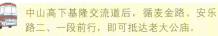

中山高下基隆交流道后，循麦金路、安乐路二、一段前行，即可抵达老大公庙。

基隆市 JILONG CITY

碧砂渔港观光渔市

 地址：基隆市八斗子渔港的西北侧

此处为观光与休闲的综合渔集市，除了是传统的鱼货集散中心外，还设置了鱼货直销中心，直接将渔民捕获的各式新鲜鱼类、虾蟹类、加工鱼品类等，提供给游客购买，不但新鲜，而且价钱比一般都会区的鱼市场来得便宜许多。而直销中心旁的海鲜餐厅美食街，提供有各式餐饮服务，经常门庭若市，非常热闹。观光渔市外围旁，置有一艘大型远洋渔船"海功号"的实体船身，这是昔日台湾地区第一艘远征极地的远洋渔船之船身，深具纪念价值与教育意味。外围的大片空地，每逢假日便有许多亲子游客于间嬉戏玩耍，相当轻松又惬意。

 中山高下基隆端交流道后往基隆市区，过海洋大学后，转行北部滨海公路，于麦当劳处前方，即可到达。

※海上蓝色公路观光旅游，各个出海航班时刻可洽询：巨洋一号(02)2469-1136；喜来升号(02)2422-5742；海韵号(02)2423-1412。

八斗子渔港·八斗子公园

 八斗子渔港地址：基隆市东北方的小半岛

八斗子渔港乃是北台湾最大的渔港，与和平岛遥遥相望。背倚深澳山北麓，三面临海，是一处条件良好的渔港。

每到黄昏，船影点点，夕照余晖，上演着基隆八景之一的著名景致"八斗子夕照"。八斗子公园规划有完善的步行道，便于旅客赏游，于园内可欣赏到远方外海基隆屿的英姿风貌。顺沿着平台的阶梯步行而下，便可望见碧草如茵的"望幽谷"豁然就在眼前，在此面对浩瀚的汪洋及海岸边林立的奇石怪岩，同时吹着徐徐海风，令人相当心旷神怡。在前往公园前会先经过八斗子的渔市场，此地鱼货齐全且价格也很实惠，海鲜饕客们不妨在此顺道挑选。

 中山高下基隆端交流道后往基隆市区，过海洋大学后，行北部滨海公路，再转八斗街前行，便可到达。

和平岛海滨公园

 地址：基隆市平一路360号

和平岛昔称"社寮岛"，位于基隆港口的右翼所在处，早期为凯达格兰族的聚落。目前设有"和平岛海滨公园"，吸引许多旅客前往游览。顺着完善的步行道，沿路上可赏游到公园内的天然石景，如海蚀岩地、海蚀平台、海蚀崖等丰富的海蚀地形景观，还有蕈状岩、豆腐岩、千叠敷及万人堆等生动有趣的知名石景，巧趣横生。另外，和平岛附近并有一处海蚀凹岩，洞内刻有荷兰的文字，据传为荷兰人当时弃守台湾前所留下的痕迹，亦称为"蕃字洞"。值得一提的是，在和平桥头旁规划有一条海产鱼货专卖街，如龙虾、九孔、蟹类、鲜鱼等，既新鲜又价廉哦。

 中山高下基隆端交流道后往基隆市区，过和平桥后，走至平一路到底，即可到达。

基隆屿

 地址：基隆外海约6公里处

基隆屿为一座火山爆发后所形成的小岛，岛屿四周均为山崖地形，坡度十分陡峭。受东北季风及海浪的长期侵袭，处处可见海蚀洞及奇特的礁岩景观，同时岛上植物均呈典型海岛植物生态。岛上建有简易码头、海滨步行道、观景凉亭、游客休息区、灯塔、海蚀洞景观、小基隆屿、跳石海岸与土地公祠等景观游憩点。附近海域更是有名的矶钓场，吸引许多海钓朋友们的青睐，常来大显身手一番。市政府将基隆屿开放观光，可于夏季搭乘观景船前往，欣赏这处海上游览景点。

观光基隆屿，事先请洽基隆市政府建设局观光科：(02)2427-4830。

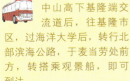 中山高下基隆端交流道后，往基隆市区，过海洋大学后，转行北部滨海公路，于麦当劳处前方，转搭乘观景船，即可到达。

宜兰县 YILAN COUNTY

宜兰设治纪念馆

地址：宜兰县宜兰市旧城南路力行3巷3号
电话：(03)932-6664

由历任旧官吏官邸所改制成的宜兰设治纪念馆，为日本木造房舍与西洋古典建筑形式融合成的混和式建筑风格，居间与书房精巧的氛围透露了传统日式建筑的内敛与轻盈；会客室则具有豪华气派之感，拥有西式的稳重气势。1997年底正式设为博物馆，以官邸整建成展示宜兰人历经清治、日治及光复前后的统治所显现的过程，不仅是历史建筑的再利用，也彰显宜兰当地的发展历史。

南下行台9线抵宜兰后，行旧城南路前往便可抵达；或是台2线往宜兰县，过了头城后接台2庚线至二城，转接台9线至宜兰市，循旧城南路前行即可抵达。或5号道下宜兰北侧交流道后，转192号县道往宜兰，至市区转吴沙路过宜兰桥后，接中山路、旧城南路便抵达。

台湾戏剧馆

地址：宜兰县宜兰市复兴路二段101号
电话：(03)932-2014

位于宜兰县立文化中心内的"台湾戏剧馆"于1990年正式开馆，以收藏台湾地区传统戏剧"歌仔戏"为主题，并展示台湾民间戏剧、地方音乐的演变等内容。馆内设有透明片文物区、传统野台戏的戏台与

现代歌仔戏剧场舞台的模型，并有视听曲调介绍室等活动区。馆内展示有其他传统戏曲："布袋戏"，从源起、发展、戏偶、舞台等，展出完整，值得细览。此外，台湾戏剧馆还开设传统戏曲的研习课程，对于推广与传承传戏曲不遗余力，是重温儿时旧梦的回忆之处。

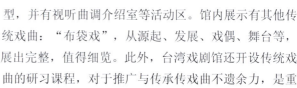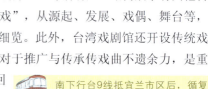

南下行台9线抵宜兰市区后，循复兴路前往，便可抵达；或是由台2线、台2庚线至二城，再转台9线至宜兰市区，循复兴路前往，便可到达。或5号道下宜兰北侧交流道后，转192号县道往宜兰，再接新兴路、宜兴路、校舍路、复兴路一段、复兴路二段，便可抵达。

昭应宫

地址：宜兰县宜兰市中山路106号
电话：(03)935-3536

供奉妈祖的昭应宫，创建于清嘉庆年间，有超过200年的历史，原方位为朝向大海方向，道光年间改为面山方向，成为全台唯一面山的妈祖庙宇，也是宜兰县目前唯一的当地三级古迹。庙宇外观富丽堂皇，显现出妈祖信仰对于宜兰人的重要；丰富细腻的木雕与石雕更是此宫的建筑特色，不仅历史悠久，其精彩繁复的纹饰更为昭应宫添注了极大的艺术声誉，是值得细细欣赏的佳作名品。

夜间庙口前有家贩卖红糟鱿鱼超过30年的摊贩，其经营的红糟鱿鱼鲜艳欲滴、口感香脆，是许多人念念不忘的好滋味。

南下行台9线抵宜兰市区后，行中山路前往，便可抵达；或是行台2线、台2庚线至二城，转台9线至宜兰市，循中山路前往，即可抵达。或是由5号道下宜兰北侧交流道后，转192号县道往宜兰，至市区转循吴沙路过宜兰桥后，接中山路，便可抵达。

宜兰酒厂

地址：宜兰县宜兰市旧城西路3号
电话：(03)935-5526

原名宜兰制酒公司，于1957年才正式定为今名。原以酿制生产米酒与红露酒为主，而后陆续开发如太白、樽藏金枣酒、清香酒头等新产品，清香甘醇的酒酿，均颇受好评。1996年成立"甲子兰酒文物馆"，以宜兰古称"甲子兰"为名，并以旧材料仓库改建而成。在古意盎然的文物馆里，展示有饮酒的相关文化历史文物，并直接展售各类酒品，提供品酒认识与鉴赏资讯，同时也能了解制酒的程序，使得酒厂能朝向多元化休闲功能发展。

南下行台9线抵宜兰市区后，行旧城西路前往，便可抵达；或行台2线、台2庚线至二城，转台9线至宜兰市，循旧城西路前往，即可抵达。或是5号道下宜兰北侧交流道后，转192号县道往宜兰方向，至市区转循吴沙路过宜兰桥后，接中山路、文昌路、旧城西路，便可抵达。

宜兰县 YILAN COUNTY

传统艺术中心

地址：宜兰县五结乡季新村五滨路二段201号
电话：(03)950-7711

2002年正式成立，是推动整个台湾地区的传统艺术活动中心。邻近冬山河亲水公园，园区占地约二十几公顷，融合了传统与现代的建筑设计，红色的砖石与棕色的木杆为园区的主要基调，将传统艺术的沉稳质感表现于建筑的结构上。而复古的民意街坊则是传艺中心内最具代表性的建筑景象，仿佛穿越时光隧道，重现旧时代的街道氛围；引冬山河水进入园区，亲水的环境使园区更显得亲切写意、更具休闲气息，艺术、人与自然融合于同一空间。整个园区共拥有21栋建筑与景观区，可分六类建筑空间，规模及设备极具有专业性。

童玩坊馆与古早味糖果文化馆是传统艺术中与现实生活最为贴近的艺术。在玩与吃的同时，添加了艺术性的美感，风筝、香包因艺术有了生命性，甜甜的糖果因艺术有了色彩性。传统艺术为生活建构出一种美学意识，这样的美学意识便是文化始终能够源源不绝的发展之因。来到传艺中心，缤纷的童玩与鲜艳的糖果将会带领你重温童年的欢乐与甜蜜。

曲艺馆分有2~3层楼的馆体，分有曲艺馆与曲艺传习所两个主要室内空间，曲艺馆提供曲艺的表演场地，其中还包括更衣室、道具间、戏服间等；曲艺传习所提供教室与大小传习所，有独自练习与群体排练的空间。

传统戏剧馆则有3~5层楼的馆体，建筑物之量是全园区最大的，位于园区的中央地带，分有戏剧馆与戏剧传习所，戏剧馆拥有混和镜框和三面式舞台结构，附有木工、缝纫、焊接等技术制作室，是舞台、服装与道具的维修之处；戏剧传习所共有9间，有乐师休息室与乐器储藏室。

传艺展览馆分有3层楼的馆体，展示与典藏文化的传承，并提供传统艺术的研究成果，是传统艺术常设展的典藏之处，开设天窗的顶端，将自然光线引进来，而典藏空间则采以恒温恒湿的控制来保存文物。

沿台2线往头城方向前行，至158公里处，过噶玛兰桥、加礼远桥后，前行不久便可抵达。或由罗东市区行台7丙线往东方向前行，过利泽简桥后，左转接循台2线往北前行，亦可到达。或是5号道下罗东北侧交流道后，转循196号县道往五结方向前行，再转台2线往南行，即可抵达。

罗东运动公园

地址：宜兰县罗东镇公正路666号

于 1996年3月正式对外开放，占地将近47公顷，营造自然舒适的休闲活动空间为主，而景观铺陈设计上，更融合宜兰历史、风俗、人文特色等，成为县民运动多元化休闲绿地公园的新典范。园内有多种活动景观设施，如水上舞台、卵石滩、湿生植物区、老街码头、望天丘、大草坡等，均是以大自然的建材所建构而成的，别具自然风情，不时亦成为父母与孩子们进行假日休闲活动的好园地。

行台9线抵罗东后，循公正路前往便可抵达。或由台2线、台2庚线至二城，转接台9线至罗东，循公正路前往即可到达。或5号道下罗东南侧交流道后，循台7丙线往罗东，至市区后转台9线、公正路即可抵达。

北成庄荷花形象馆

地址：宜兰县罗东镇北成路二段135巷55号
电话：(03)961-1229

邻 近罗东运动公园，以民宿、茶艺、荷花馆为主题的庄园，在约1.3公顷的园内，规划有荷田生态体验、荷花品种收集与种源维护、莲花生态解说、农村生活体验、有机栽培园地、农具展示、品茗飨宴、主题亲子DIY活动等区域，琳琅丰富的自然休闲内容，不禁让人流连忘返。抽空来此坐坐，喝杯香醇温热的荷花茶，加上传统可口的莲藕点心，微风轻吹淡淡荷香，让你的休闲相聚时刻满载温馨而归。

行台9线或台2线往宜兰县，过头城后接台2庚线至二城，再转台9线至市区，循公正路、北成路前行便可抵达。或5号道下罗东南侧交流道后，循台7丙线往罗东至市区，转纯精路、北成街前行即可抵达。

罗东夜市

地址：宜兰县罗东镇公园旁的公园路、民生路、民权路一带

入 夜后的罗东多夜市达两百多家各式摊铺商号登场。以小吃为主的罗东夜市，是宜兰地区极为著名的夜市，丰富的小吃料理，令人目不暇接，众多的知名兰阳小吃名食，绝对会让你满载而归。

行台9线或行台2线至罗东镇区，公正路、民生路前行不久，即可抵达。或5号道下罗东北侧交流道后，循196号县道、公正路、民生路前行，亦可抵达。

宜兰县 YILAN COUNTY

头城老街

地址：宜兰县头城镇和平街

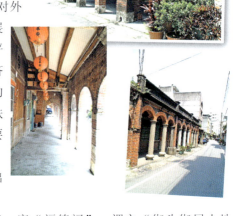

头城是开兰的第一城，清代由于紧邻宜兰地区对外的重要贸易港口乌石港，致使和平街逐渐发展成为头城最古老也最为繁华的街道。盛极一时的和平

街道，一度曾是兰阳地区的经济中心，为兰阳写下璀璨瑰丽的一页纪录；然而历经水灾以及铁路、公路兴筑而逐渐失去其重要性，现今的和平街，繁华蜕尽，由喧嚣走向宁静，但却仍散发出迷人的历史风采。

老街里的街南与街北各有一座"福德祠"，谓之"街头街尾土地公"，护佑着和平街，看尽老街的繁华岁月，是当地的信仰中心。街道上的"十三行"则是清代富商卢家的批货与仓库处，即使已沧海桑田，由现存的外观仍能建构出当时商业鼎盛的样貌。"新长兴树记"采用镶嵌榫法的骑楼立面装饰，是少见的高难度木雕精品。主祀妈祖的"庆元宫"，历史悠久，号称开兰第一古庙。和平街的南段房舍，是日据时期由日本人所设计的，以红砖和洗石子相互映衬，将房舍显现更为华丽、明亮的变化。来一趟头城老街，将会发现头城的历史韵味。

南下由台2线行往宜兰县，至头城市区后，转沙成路、和平街，便可抵达。或5号道下头城交流道后，转接台2庚线、台2线往头城方向前行，亦能到达。

草岭古道

地址：宜兰县大里与台北县贡寮之间

贯穿于宜兰大里与台北贡寮间的"草岭古道"，长度约8公里，清嘉庆年间即开辟完成，昔称"淡兰古道"。当时开拓此山径便道，是为了台北、宜兰两地间的往返通行便利，后经刘明灯修筑过，于山顶上留有"虎字碑"、"雄镇蛮烟"等著名的碑碣。行走的沿途还能眺望远方的大溪、贡寮城镇聚落景观，海上的龟山岛景致也能映入眼帘。

台2线行往宜兰县，过石城后，即可抵达。或5号道下头城交流道后，循台2庚线、台2线往头城方向，即可抵达。

河东堂狮子博物馆

地址：宜兰县头城镇合兴路22号
电话：(03)978-0782

位于北关附近海滨处，是红砖瓦厝造型建筑，为目前世界上唯一以"狮子"为主题的文物展览馆，搜藏狮子造型文物达六千余件，如石、铜、玉、瓷、木、竹雕及绘画等，材质丰富多样，有导游人员为游客解说。馆外周间辟有多项景观设施，如游泳池、海水养殖池、海景枕木步行道、露天咖啡座与海景餐厅等。

沿台2线行往宜兰县，经大里、北关后，即可到达。或5号道下头城交流道后，台2庚线、台2线往头城，过外澳、梗枋后便能抵达。

北关海潮公园

地址：宜兰县头城镇城东里青云路77号(头城区渔会)
电话：(03)977-3130

位于头城镇海滨地带，清朝时为一处关卡重地，现为东北角海岸风景区上，设有"北关海潮公园"。又称为"兰城公园"。有上百年历史的古炮，观海台、观景步行道及游憩凉亭，是欣赏滨海广阔风情景致的设施；滨海的豆腐岩、小海岬等是大自然鬼斧神工下的神奇精品。

北关休闲农场

地址：宜兰县头城镇更新路205号
电话：(03)977-2168

北关休闲农场位于头城镇梗枋山林里，园内花木扶疏、果树栽植密布林立，高处可欣赏到头城海滨与龟山岛外海景致，自然味浓郁，令人神清气爽。坐山面海的农场，有数条小溪泉汇流其间，环境清幽，自然天成。可享受森林浴滋润、亲采结实累累的水果，品尝古意悠然的农家餐点、轻松悠闲的垂钓等休闲活动，设有全台第一座以"螃蟹"为展览主题的"螃蟹博物馆"，搜集近七百多种的甲壳动物标本，各种横行霸道的蟹类，谁最凶、谁最美、谁最壮、谁最小，来看看便能知晓。

沿台2线行往宜兰县，经大溪、北关后，于梗枋再依循指标前往，即可抵达。或5号道下头城交流道后，循台2庚线、台2线往头城方向，过外澳、梗枋后，便能抵达。

宜兰县 YILAN COUNTY

头城农场

地址：宜兰县头城镇更新路125号
电话：(03)977-2222

倚山面海而辟的"头城休闲农场"，占地相当广阔，约有100公顷，一半以上的面积都是桂竹林，环山缆翠，风景清丽，山林风貌原始自然、绿郁浓布，尤以桂竹林、马拉巴栗林、笔筒树、四季果树为主，周间并规划有枕木、缆翠等各种林间步行道，及可爱农村动物园、传统民俗工艺活动、柳树观鱼池、桂竹大餐等多项农业休闲活动。农场饲养的土鸡、山猪、番鸭等诸多家禽，与随处可见的青木瓜、龙须菜等，充满了乡土味与原生态。

沿台2线行往宜兰县，经大溪、北关后，于梗枋桥右转再依循指标前往，即可抵达。或5号道下头城交流道后，转台2庚往头城方向，再接台2线前行至干梗枋桥，再依循指标前往，即可抵达。

乌石渔港

地址：宜兰县头城镇港口里

因港内巨大的黑色礁石而得名的乌石港，为早期兰阳地区舟船帆影往来兴盛热闹的停泊站，有"石港春帆"之景誉称；由于河道的淤积与船只沉没堵塞港口，乌石渔港的辉煌岁月不再，影响了头城地区的繁荣。近年来，乌石港建有美轮美奂的渔港观光公园，可欣赏到远处的龟山岛景致。而新颖的乌石渔港直销中心，一楼为生鲜鱼货贩售与鱼制干货的专卖区域，二楼则是提供新鲜的海鲜美食餐饮，是假日休闲吃海鲜、购海产与赏海景的好去处。

中山高下基隆交流道后，行往八斗子、瑞滨方向，再沿台2线行往宜兰县，过大溪、梗枋后，即可抵达。或5号道下头城交流道后，转接台2庚线、台2线往头城方向前行，亦能到达。

头城抢孤

地址：宜兰县头城镇乌石渔港

抢孤为每年农历7月15日中元普渡节庆，主要的意义在于告慰遥祭昔日初垦兰阳地区所牺牲的先民们，而抢孤则有将超渡之物布施于人间民众、以济饥困的博爱精神。活动是由参赛各方以"登孤棚"的竞技方式，来抢得顺风旗与金牌，以求得来年平安与福星高照。在高达数十米的大柱子上，涂满牛油等润滑油性物质，挑战者须卯足劲，几经折腾，方能登上孤顶，取得栈顶的顺风旗与金牌，获得最后胜利。

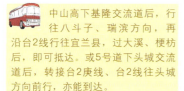

中山高下基隆交流道后，行往八斗子、瑞滨方向，再沿台2线行往宜兰县，过大溪、梗枋后，即可抵达。或5号道下头城交流道后，转接台2庚线、台2线往头城方向前行，亦能到达。

宜兰县旅游服务中心

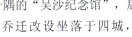

 地址：宜兰县礁溪乡公园路16号 电话：(03)987-2403

昔日兰阳地区在蛮荒未垦时期，由吴沙率领彰、泉、粤三籍的汉人前来拓荒，原与当地噶玛兰族人相处不太融洽。后来，因噶玛兰族人流行天花病疫，吴沙不计嫌隙地帮忙，误会渐消，终于和睦相处，奠定在此开垦的重要基础，所以吴沙被称为"开兰第一人"。由于原先设于礁溪公园一隅的"吴沙纪念馆"，后乔迁改设坐落于四城，

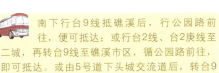 南下行台9线抵礁溪后，行公园路前往，便可抵达。或行台2线、台2庚线至二城，再转台9线至礁溪市区，循公园路前往，即可抵达。或由5号道下头城交流道后，转台9线往礁溪方向前行，再转公园路，便可抵达。

现址已规划为"宜兰县旅游服务中心"，设有兰阳风景导游展示介绍，是认识兰阳地方文化与旅游风情的好去处。

协天庙

 地址：宜兰县礁溪乡中山路一段51号

宜兰地区享誉盛名的关帝庙，创建于清朝嘉庆年间，香火鼎盛，是礁溪乡亲的主要信仰中心之一。主祀关圣帝君，逢每年农历正月十二日、八月二十四日帝君诞辰与圣诞日，均分别举行遵循古礼的祀典仪式，届时各地分灵庙宇及信徒们，纷纷依随圣驾回銮庆贺，将庙埕内外挤得水泄不通，加上锣鼓喧天，更显热闹非凡。著名的"乞龟"活动，一年比一年盛大，将庙庆活动掀起一波波高潮，为民间信仰的特殊奇观，亦是礁溪乡闻名的观光活动。

 南下行台9线抵礁溪市区后，行中山路前往便可抵达；或南下行台2线、台2庚线至二城，再转台9线至礁溪市区，循中山路前往即可抵达。或由5号道下头城交流道后，转台9线往礁溪方向，再行中山路，则可抵达。

五峰旗瀑布

 地址：宜兰县礁溪乡西北方

因地形恰由五座山峦排列而成，远看好似悬挂整齐的旗帜一样，遂被称为"五峰旗"，是礁溪知名的风景点。山间辟建有游山步行道，漫步蜿蜒而上，于观瀑亭处便可以一览"五峰旗瀑布"的涓秀样貌。为一个三层式的瀑布景观，全长近100米，并在下方聚成一个浅水区，可供游客戏水休憩，泉水沁凉，水质清澈，加上幽静溪谷，闲暇时来此享受芬多精的滋养，别有一番惬意。

南下行台9线抵礁溪市区后，转行五峰路，循指标前往，便可抵达；或由台2线、台2庚线至二城，再转接台9线至礁溪市区，再转行五峰路，即可抵达。或由5号道下头城交流道后，转台9线于礁溪市区转德阳路、五峰路前行，便能到达。

宜兰县 YILAN COUNTY

礁溪温泉

昔日有"汤围温泉"之景胜称的"礁溪乡",紧临宜兰市北方不远处,素来就以温泉闻名于全台,泉质是属于碳酸氢钠泉,含有多样的化学成分,为台湾罕见的平地温泉。泉色清淳且无臭味,泉温约为58℃,据说浸泡沐浴后对润肤、缓解疲劳相当有助益,因此深受泡汤客们的青睐,纷纷来此享受泡汤之乐。由于来礁溪洗温泉,已成为许多游客到兰阳地区的必游景点,所以近年来礁溪地区的温泉旅馆饭店,如雨后春笋般地相继成立营业,活跃并带动了温泉乡风景区的旅游发展。

和风温泉会馆

 地址:宜兰县礁溪乡德阳路30号
电话:(03)988-8811 泉质:碳酸氢钠泉

温泉SPA馆区里头规划了如麦饭石池、酒泉池、穴道冲击、药草池、水舞池、童玩池、桧木烤箱等各式动静态泡汤浴池与设备;个室汤屋区分有桧木、岩石与按摩式浴缸,采开放式的窗棂,透露着一股自然风,更为一大特色。另外可要尝尝那低脂、低热量的独特和风兰阳养生餐,强调健康营养料理,色香味巧艺俱全,令人回味无穷。

中山高下基隆交流道后,行台2线至礁溪后,直行玉石路、中山路,再右转德阳路不久,即可抵达。5号道下头城交流道后,转行9线往礁溪方向前行,再转行玉石路、中山路,再右转德阳路不久即可到达。

川汤温泉养生馆

地址:宜兰县礁溪乡中山路二段218号
电话:(03)988-0606 泉质:碳酸氢钠泉

前半段区域,为水疗养生馆和露天SPA区,举凡瀑布灌顶浴、躺卧气泡床、牛奶池、薰衣草池、儿童戏水池与滑水道等戏泉设施。后半段为露天SPA养生馆,有独特的白干酒池、天然海盐池、咖啡浴、绿茶浴、中药浴、多功能冲击区等设备。泡完汤后再到日式餐厅,享用健康轻食主义的日式美食,会让你很有满足感。

中山高下基隆交流道后,行台2线至礁溪后,直行中山路不久即可抵达。或行台9线至礁溪后,直行中山路不久即可抵达。5号道下头城交流道后,转台9线往礁溪方向前行,再转行中山路不久,即可抵达。

大湖风景游乐区

地址：宜兰县员山乡湖北村湖前路185号
电话：(03)923-0558

内有一面积广阔、形似于天鹅的大湖，许多设施都与湖有着密切的关系。休闲游乐方面，可于湖畔垂钓，钓上的鱼种还可请托园方代为烹调。丰富多元的DIY活动，如抓泥鳅、钓青蛙、焢土窑、竹编工艺、果园采果等。四面皆有玻璃窗的水上餐厅，让享受餐饮之时，还能同步欣赏到优美的湖光景致，而由塑胶筏所改建成的水上咖啡屋则提供了浓醇的醉人咖啡。

行台9线或行台2线至宜兰市区，再循台9甲线，经员山至大湖，再循指标前行，即可抵达。或5号道下宜兰北侧交流道后，循192号县道、台9线、台9甲线往大湖方向前行，亦可抵达。

三星葱文化馆

地址：宜兰县三星乡义德村中山路31号
电话：(03)989-3170

三星乡农会除服务乡农各项相关业务与产销农作指导外，并且于农会大楼特别设了一处"青葱文化馆"，以三生有葱为主要的展示内容，图文实物并茂且详尽，是寓教于乐好去处。自从规划成立"三星地区休闲农业园区"后，每逢岁末冬令时节，均会举办一系列独特的"葱蒜节"活动，以教育性、体验性、艺术性、自然性等旅游内容，饶富地方文化色彩，广受各界好评。

行台9线或行台2线至宜兰后，循台7线，经员山、大同方向，过泰雅大桥往三星，接行义德街、中山路，即可抵达。或5号道下罗东南侧交流道后，循着台7丙线至三星，亦可抵达。

味珍香卜肉

地址：宜兰县三星乡天山村福山街88号
电话：(03)989-2960

提到三星乡的"卜肉"美食小吃，就不能不提及位于福山街上的"味珍香"，这家堪誉为卜肉的原创老店，迄今已传三代，口碑甚佳，"卜肉"取"爆肉"之音为名。其烹煮作法，以里脊肉除去带有筋油的赘材部分后，将其切割的肉条，沾裹上面衣，入锅油炸，即成金黄色泽的熟食，吃的时候蘸些芝麻、胡椒盐佐料，风味更是迷人。如再搭配上一碗浓稠够味的酸辣汤，丰盛的汤料与口感十足的卜肉绝对会让你欲罢不能地一口接一口。

行台9线或行台2线至宜兰后，循台7线，经员山、大同方向，过泰雅大桥往三星，接行义德街、中山路，循福山街前行不久便可到达。或5号道下罗东南侧交流道后，循台7丙线至三星，亦可抵达。

梅花湖 · 三清宫

梅花湖地址：宜兰县冬山乡得安村内
三清宫地址：宜兰县冬山乡得安村三清路123号

昔 称为"大埤湖"的梅花湖，由于湖形状似梅花的五片花瓣而得名。面积甚广，湖面幽静，群山环绕之下，蝶舞鸟飞，整片湖光山色如仙境一般。湖畔设有码头船只，可供水上泛舟，更可以于湖的四周扎营。此外，山另一面也有座山中湖，面积较小，称之为"小埤"，景致亦是芳优清爽，是游览梅花湖后，另一处可接着探访的幽境。

三清宫位于梅花湖南侧山坡上，主要供奉有上清灵宝大天尊、玉清元始大天尊、太清道德大天尊等三清道祖神祇，为全台道教总庙。宫庙建筑壮观，红柱黄瓦的设计，象征着总庙的气势宏伟，坐落于景致优美的梅花湖风景区内。

行台9线或台2线、台2线至二城，再转台9线过冬山后，转宜30号道路前行，再转大埤路，依指标前往则能到达。或5号道下罗东南侧交流道后，循台7丙线、宜30号道路前行，转大埤路，依指标前往，便能到达。

香格里拉农场

地址：宜兰县冬山乡大进村梅山路168号
电话：(03)951-1456

以 大自然美景取胜，勾勒出令人愉悦的气息写照农场。规划有森林游乐区与精致农业体验区，除了森林浴的洗涤之外，更可体验到采摘、种植等农业相关的休闲情趣。由于农场四周群山环腹，景色天成，园方规划有农场采果、槌球、陀螺比赛、放天灯祈福、烤乳猪、营火晚会、夜游等活动，感受到全然不同于都会休闲生活的情趣体验。此外，还有欧式原木度假木屋，更是过夜休闲的好选择。

行台9线或由台2线、台2庚线至二城，转接台9线过罗东、冬山后，转循宜30号道路、三清路，再依指标前往，即抵达。或5号道下罗东南侧交流道后，循台7丙线往冬山，再转宜33号道路往梅花湖方向，便能抵达。

武荖坑风景区

地址：宜兰县苏澳镇新城南路61号
电话：(03)995-2852

武荖坑风景区范围相当广阔，露营区规划有70公顷，设施也十分完备，如营火场地、炊事亭等，并且可容纳约5000人同时从事露营野炊活动。由于风景区内的山林、溪谷交错，相当适合多种水上戏水活动，如抓虾、钓鱼、烤肉，并可从事溯溪、赏鸟等亲山亲水的自然活动，所以武荖坑风景区为一处十分多元化休闲旅游景点。

行台9线过冬山，便可抵达。或由台2线、台2庚线、台9线过罗东、冬山后即可抵达。或5号道下苏澳交流道后，转循台9线往苏澳方向前行便能抵达。

朝阳森林步行道

地址：宜兰县苏澳镇朝阳社区南侧电山丘上

林务局利用原本的步行道再增设休闲设施整建成的，全长近3公里，坐落南澳渔港旁，为森林生态旅游区，立有解说告示牌介绍各种植物的特性，并拥有面积约5公顷的大头茶树林，是全台仅存最为密集的树林生长区。

行台2线至苏澳，转台9线至南澳即可抵达；或直行台9线至南澳，于南澳火车站前转行朝阳路至南澳渔港警所，即可抵达登山口。或5号道下苏澳交流道后，转行台9线至南澳，于南澳火车站前转行朝阳路至南澳渔港警所，即可抵达登山口。

苏澳观光冷泉

地址：宜兰县苏澳镇冷泉路4号
电话：(03)996-0645

为全台少有的冷泉区，清澈透明的泉貌，泉质无色又无臭，可饮可浴，泉温常年保持22℃上下，属于碳酸性泉水，并具有理疗效果。位于苏澳火车站正前方约300米的冷泉路附近，镇公所近年来规划了一处"苏澳观光冷泉"公园，以原木与卵石为建材，建有家庭池与公共团体池，可供游客选择。

行台9线或由台2线往宜兰县，过头城后接台2庚线至二城，再转接台9线往宜兰方向，过苏澳后，转冷泉路，便能抵达。或5号道下苏澳交流道后，转循台9线往苏澳方向前行过苏澳后，转冷泉路，便能抵达。

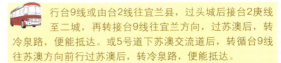

宜兰县 YILAN COUNTY

三刚铁工厂文物馆

地址：宜兰县苏澳镇渔港路81号 电话：(03)996-2465

1962年，由三位机械师傅兼好友以自命组成"金刚阵容"所成立的三刚铁工厂，曾经是南方澳相当有名的钢铁工厂，除了一般的机械维修之外，甚至能够自行设计制造出"烧头式的渔船内燃机"。历经四十多年的历史，钢铁工厂不敌时代的变迁而走入历史，但工厂却就地保留了下来，经整理成为三刚铁工厂文物馆，免费提供参观空间，让见证南方澳渔港发展的钢铁工厂，能够保存关于渔港的动人故事与回忆。1楼为展示20世纪60年代的机械工作母机，2楼为60年代的照片与生活空间，3楼则是提供地方文艺展示的空间室，顶楼则为港口观景台。驻足于文物馆顶楼，俯瞰南方澳渔港的风情，都值得你来此体验。

行台9线或由台2线往宜兰县，过头城后接台2庚线至二城，再转接台9线往宜兰、苏澳，接行台2戊线前行，即可抵达。或5号道下苏澳交流道后，循台9线往苏澳方向前行，至苏澳后转行台2戊线前行，便能抵达。

珊瑚法界博物馆

地址：宜兰县苏澳镇镇南安路220号
电话：(03)996-3355

南方澳地区的珊瑚色泽丰富光润、质地极为细致完整，当地的艺品与珠宝加工产量，甚至曾经占全世界的80%，因而赢得"珊瑚王国"之美名。由于近年来海洋生态资源保育日渐抬头，促使这项珊瑚雕刻技艺，更显难得与珍贵，由此当地的赖荣兴先生于1999年筹设了一"珊瑚法界雕刻馆"。馆内展示着馆长多年的雕刻创作心血，佛门法相诸多作品，精致细腻地描绘出佛教思想与故事，为珊瑚加工品带领到兼具艺术与思想的境界，巧夺天工的高难度雕刻技巧更令人啧啧称奇。而这块丽的珊瑚雕刻创作还曾获得"日本珊瑚雕刻大赏"的金赏奖，将美丽的珊瑚艺术展现到国际世界的舞台，相当值得骄傲。众多的佛像创作更营造出绚丽又安详的氛围，

为珊瑚艺术创造出新的诠释意义，欢迎来此一窥珊雕瑚艺佳品的奇幻世界，以及感受馆长用心创作与宣扬的佛门故事。

行台9线或由台2线往宜兰县，过头城后接台2庚线至二城，再转接台9线往宜兰、苏澳，接行台2戊线前行，即可抵达。或5号道下苏澳交流道后，循台9线往苏澳方向前行，至苏澳后转行台2戊线前行，便能抵达。

南方澳宝贝馆

地址：宜兰县苏澳镇南兴里南山三巷15号
电话：(03)995-1420

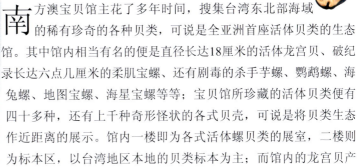

南方澳宝贝馆主花了多年时间，搜集台湾东北部海域的稀有珍奇的各种贝类，可说是全亚洲首座活体贝类的生态馆。其中馆内相当有名的便是直径长达18厘米的活体龙宫贝、破纪录长达六点几厘米的柔肌宝螺、还有剧毒的杀手芋螺、鹦鹉螺、海兔螺、地图宝螺、海星宝螺等等；宝贝馆所珍藏的活体贝类便有四十多种，还有上千种奇形怪状的各式贝壳，可说是将贝类生态作近距离的展示。馆内一楼即为各式活体螺贝类的展室，二楼则为标本区，以台湾地区本地的贝类标本为主；而馆内的龙宫贝产卵的重要信息甚至还轰动了国际螺贝类学界，也是目前世界上首次龙宫贝产卵的特殊纪录。周末或假日不妨来此宝贝馆来一探贝类世界的神奇奥秘，还能就近到达南方澳渔港一尝新鲜美味的海产料理。

行台9线或由台2线往宜兰县，过头城后接台2庚线至二城，再转接台9线往宜兰、苏澳，接行台2戊线前行，即可抵达。或5号道下苏澳交流道后，循台9线往苏澳方向前行，至苏澳后转行台2戊线前行，便能抵达。

碧涵轩卵羽陈列馆

地址：宜兰县苏澳镇湖南路12-1号 电话：(03)995-4550

多年来致力于台湾地区特有种与雉科鸟类保育的张先生，复育了数种濒临绝种的珍贵禽鸟，用心的保育态度与成果，获得国际鸟会人士的肯定与推崇，其为环境生态营造出一种自然的平衡机制。在其所建立的碧涵轩鸟园内，培育饲养了超过80种鸟禽，包括了栖息于中高海拔山区、属于台湾本地特有种的帝雉；色泽鲜艳动人的红胸角雉，全球数量不超过百只、学名为"冠青鸾"的凤凰；拥有"九色鸟"美称、如彩虹般艳丽的棕尾虹雉，俗名"华鸡"、也是台湾特有种的蓝腹鹇；身染着绝美翠绿色的绿孔雀等相当稀有又美丽的品种。在园区用心的经营之下，这些珍贵的禽鸟才能在不受干扰的纯净环境成功繁衍。园方还成立了"碧涵轩卵羽陈列馆"，展示鸟类的羽毛、蛋壳标本以及图片等，完整介绍鸟类的生长与自然环境的相互关系，是认识世界禽鸟物种的绝佳学习园地，欢迎爱鸟人士来此一同进入这值得仔细观赏的禽鸟世界。

行台9线或由台2线、台2庚线、台9线至苏澳，转成功路、永春路，再接湖南路，即可抵达。或5号道下苏澳交流道后，循台9线往苏澳方向前行，至苏澳后转行功路、永春路，再接湖南路，便能抵达。

宜兰县 YILAN COUNTY

明池森林游乐区

🏠 地址: 宜兰县大同乡英士村明池巷41号
电话: (03)989-4104

明池为一高山湖泊，由于云雾袅绕、四面环山，环境极显幽静清逸，是夏日消暑的好去处。园内以人工柳杉与原始桧木林为主要树种，其他尚设置有明池苗圃、苔园、明池主景、慈园、静石园、蕨园、森林迷宫等，相当多样、自然丰富，且备有木造小屋及山庄，可供游客过夜住宿，深具原始自然风味。漫步在园区内规划完善的环湖步行道及观景亭台，饶富诗情画意之感，深受游客们的钟爱。

🚌 行台9线或行台2线至宜兰市区，再循台7线经百韬桥后，右转往北横方向续行，即可抵达。5号道下宜兰北侧交流道后，循192号县道、台9线、台7线往北横方向，亦可抵达。

栖兰森林游乐区

🏠 地址: 宜兰县大同乡太平村土场巷62号
电话: (03)980-9606

园区景观设置有种植柳杉树苗的栖兰苗圃、森林浴场、小泰山游乐场、樱吉桃梅步行道、花木观赏区、森林浴场、兰园、兰泉、健康步行道、栖兰山原生树种植物园等休闲游乐设施，是一处规划十分完善的森林游乐区。园内的"栖兰山庄"坐落于苗圃旁边，其欧式建筑风格再加上背倚繁绿的景致，更显其幽静之美。内部设有舒适的下榻环境，旁边的小木屋亦别有一番园林风情，均提供游客度假住宿不同感受。"中国历代神木园区"内遍植苍木劲拔的上千年树龄的神木，并依照中国历代名人来将神木予以编号命名，从孔子、司马迁、文天祥、郑成功等，是一处进行森林自然之旅的好园地。

🚌 行台9线或行台2线至宜兰市区，再循台7线经百韬桥后右转，往北横栖兰方向续行即可抵达；如接行100号县道前往约十来公里路程，便可到中国历代神木园区。或5号道下宜兰北侧交流道后，循192号县道、台9线、台7线往北横方向亦可抵达。

福山植物园

地址：宜兰县员山乡湖西村双坤路福山1号（林业试验所福山分所）
电话：(03)922-8900

全亚洲规模最大的植物园区，以台湾岛中低海拔地区木本自然植物生态环境为主，有特用植物区、水生植物区、草本植物区、裸子植物区、蕨类植物区等，达一百多科、五百多种植物类别，池塘里并有珍贵水生植物与鸳鸯。可依自导式步行道、解说牌、林间步行道、赏亭、植物解说站等导游设施，感受到宝岛最珍贵的林相生态环境。

行台9线或行台2线至宜兰市区，再循台9甲线，经内员山、大湖、双连坤，循联外道路前行即可抵达。或5号道下宜兰北侧交流道后，循192号县道、台9线、台9甲线往双连坤前行，即可抵达。

太平山森林游乐区

地址：宜兰县大同乡太平村太平巷58-1号(太平山庄)
电话：(03)980-9806

有"人间仙境"之称，昔日曾与台中八仙山、嘉义阿里山并称为台湾三大林场，海拔将近2000米，以产红桧、台湾扁柏等珍贵林木著称。区内景点如太平山、日出、云海、瀑布、蹦蹦车、翠峰湖、鸠之泽温泉等。此地的云海、日出、薄雾及寒冬时而乍现的冰霜雪景等，更是与嘉义的阿里山相互媲美，南北辉映。另一重点便是原为伐木运材交通工具的台车，目前改成游客观景专车，由于其发出的声响，遂有"蹦蹦车"之称，成为太平山特殊的观光资源。而于中间解说站里提供有太平山开发史、太平山观奇等影片内容，是认识太平山的知识补给站。区域跨有亚热带雨林、暖温带林、冷温带林等三林相，四季景观更有所不同，拥有相当多元丰富的动植物生态。

行台9线或行台2线、台2庚线、台9线至宜兰市区，循台7线过松罗、土场、仁泽，即可抵达。或5号道下罗东南侧交流道后，循台7丙线、台7甲线往大同乡前行，便能抵达。

太鲁阁公园

太鲁阁公园管理处地址：花莲县秀林乡富世村富世291号
电话：(03)862-1100-6

台湾岛面积第二大的公园"太鲁阁公园"，横跨花莲、南投、台中等地区的"中部横贯公路"，以秀丽山川景致引人入胜，许多旅游景观亦是沿公路而兴起，其中包括范围十分辽阔的"太鲁阁公园"，是闻名中外的观光胜地，以山峻岭、深壑峡谷等鬼斧神工的自然景致著称。自太鲁阁至天祥间的路段，是花莲县内最具代表性的著名观光景点，更是整个太鲁阁公园的旅游精华，其自然山川的富丽与人工开凿的险峻奇观，值得细细游赏它与众不同的风采。从花莲县北隅之苏花公路与中横公路交界处的太鲁阁，进入中横赏游便展开一连串与公园的自然惊奇之旅。

东西横贯公路牌楼

太鲁阁位于立雾溪出海口附近，为中横、苏花公路的交会处，亦是中横公路东段的起始点。此处有一东西横贯公路牌楼矗立，古朴典雅、浓富古意的牌坊，是许多观光客最喜欢拍照留念的理想景点之一，并有身着传统服饰的台湾少数民族居民可与你热情拍照。

太鲁阁公园管理处

为一栋砖红色建筑，其内规划有游客服务中心，展示有当地少数民族文物、旅游资讯、公园生态等解说介绍，是进入太鲁阁公园游览前的极佳旅游资讯补给站。

长春祠

为纪念昔日初辟中横公路时所殉职之荣民、员工而建筑的祠堂，祠堂前一道白练飞瀑泄流于溪间，犹如山水国画般美丽壮阔。顺着后方蜿蜒的石梯而上，可至观音洞及禅光寺，是俗称的"天梯"。下方的葫芦谷溪谷平坦，溪水清澈沁凉，为夏天戏水不错选择。

南下行台9线往花莲方向，过锦文桥(立雾溪)后，右转往中横方向前行，即可抵达太鲁阁公园各景点。

宁安桥

　　有新旧两桥之分，旧桥为仅限行人通行的吊桥；新桥则可通行车辆的斜拉式水泥桥。宁安旧桥长达82米，落成时为当时全台最长的单孔桥。桥的附近有一"不动明王庙"，庙的上方建有座天王桥，是台湾地区少见的桥下建庙的特殊景观，庙旁有涓秀细白的瀑布。

布洛湾游览区　　布洛湾游览区电话：(03)861-2528

　　"布洛湾"原是泰雅语"回声"之意，曾为泰雅族的居住地。目前分为上下两台地，建有传统泰雅竹屋汇置的山月村可供游客住宿，有展现乡土风情的设施，如游客中心、展示馆、环形剧场等，适合从事徒步、散步、动植物生态与地质景观认识等活动。"布洛湾游览区"不属于原中横路线，须再沿指标岔路而行，道路十分弯曲，请小心行驶。

燕子口

　　由于靳珩桥和溪畔隧道间路段的立雾溪谷两岸之大埤石峭崖上，密布有许多因溪水侵蚀作用而形成的各种大大小小的自然洞穴，昔日曾有燕群汇居于这些洞里，遂称之为"燕子口"，此种形成"百燕鸣谷"的特殊崖穴景观，十分难得一见。从"燕子口"前行约半公里，有处名为"靳珩"的公园，内建置一座为纪念修路殉职的靳珩先生铜像，及一座殉职员工纪念碑。

锥麓大断崖

　　过了"靳珩公园"继续前行不久，于路旁便能看到"锥麓大断崖"，相当高耸，光秃的岩景与磅礴的气势，更显当时建路的艰辛困难，不禁要深佩当时工程巨大的胜天气魄，令人折服。于此仰望峡谷两岸峭壁上方，只见一线天隙划破峻岭，这正是"虎口线天"景观，壮观动人。

立德布洛湾山月村地址：
花莲县秀林乡富世村231-1号
电话：(03)861-0111

立雾客栈地址：
花莲县秀林乡富世村富世242-2号
电话：(03)861-0769

九曲洞

过了锥麓大断崖段后的景致，山势蜿蜒，造路凿洞时，须临崖凿洞而过，可想象当时惊心动魄的景象。此地形成弯曲洞穴之人工奇景，被称为九曲洞，数十个岩洞穿山而过，恍如置身于石中天。

慈母桥

立雾溪与荖西溪的交会处，取名为"合流"，慈母桥正位于此地。整座桥利用花莲的特产大理石材所建成，洁白庄严。桥畔有座大理石凉亭，旧称兰亭。

传说建亭前，有位山地母亲因思念外出工作的小孩，经年累月常立于此地，等待盼望孩儿归来，为感其亲恩深情之伟大，故更名为"慈母亭"。

岳王亭

由慈母亭前行不久便可见到一座小凉亭，此亭名为"岳王亭"，是前往研海林道的必经之地，为纪念岳飞所建的。凉亭附近山壁有一瀑布倾泻而下，白练涓细。岳王亭与山壁瀑布之间有一吊桥相连，景致宜人。

绿水地质景观展示馆
绿水地质景观展示馆电话：(03)869-1129

距离天祥约两公里处，是一处以地质景观为主题的展览场所，地球演化史、岩石演变过程、立雾溪形成与地质样貌等，均有详尽解说导游介绍。全长约2公里路程的"绿水合流步行道"，可以配合沿途的解说牌，来进行亲山亲林自然游活动。

祥德寺

祥德寺地址：花莲县秀林乡富世村天祥10号
电话：(03)869-1120

1962年创建，位于天祥地区，背倚中央山脉，三面濒临立雾溪，地理位置险峻，景致浑然天成。这座佛教寺院有7层楼高、红瓦飞檐的天峰宝塔，大殿旁矗立着两尊镇卫此寺的护法大菩萨。此外，祥德寺还有一座高达12米的地藏菩萨金身，相当祥和壮观。

天祥

天祥地址：花莲县秀林乡富世村天祥17-1号
电话：(03)869-1162

原称"塔比多"，是泰雅语所谓"山棕"的意思，为塔次基里溪和大沙溪的汇流处，可观赏到曲流、壶穴、大理岩、千枚岩等万千变化的自然地质景观。天祥是此段精华的终点。

砂卡当步行道

沿着溪谷开凿，原名为"神秘谷步行道"，最初为开发立雾溪的水力发电而兴筑的道路，如今则是一处充满惊奇与自然知识的徒步生态步行道。湿气较重，孕育相当多的蕨类植物。溪水流经此处的大理岩地区，因大理岩的碳酸钙成分受到水中的微酸物质所溶解，所以溪水常呈现蓝绿色；夏季时分，浸泡于湛蓝的溪水中，分外清凉消暑。

碧绿神木

是中横沿线最为高大的神木，其树龄约为3300年，高度约40米，属于香山类；其直径约3.5米，根部宽约11米。此神木最特殊之处在于其仍然滋长茂密，苍翠碧绿、生意盎然。由于这棵神木的外观如一般正在滋长的树木，如不仔细留意观察，是很难发现有这么一棵历史悠久的神木藏身在美景如画的中横山间。

砂卡当民宿地址：
花莲县秀林乡富世村141号
电话：(03)861-1623

观云山庄地址：
花莲县秀林乡富世村关原22号
电话：(04)2599-1173

天祥青年活动中心地址：
花莲县秀林乡天祥路30号
电话：(03)869-1111

太鲁阁晶英酒店地址：
花莲县秀林乡天祥路18号
电话：(03)869-1155

光隆宇宙乐园

地址：花莲县新城乡康乐村加湾1-2号
电话：(03)826-7313

位于新城乡的"光隆宇宙乐园"，为花莲县境内一处相当热门的博物、科技、游乐景点，馆内陈置有多种史前时

代的场景，如恐龙世界、恐龙生态、动植物演化区、恐龙大阅兵、盘古化石馆、鱼化石墙等，将游客带回时光隧道里，直接从观赏中了解到史前生物是如何生存、演进的，极具自然教育性。馆中并有许多化石，有恐龙化石、全世界最大的木化石、鱼化石等，值得一观。此外，并设有多项知性游乐设施，如全球首创的梦幻UFO、外星人导航的星际战舰、身历其境的动感电影院、雪花片片的南北极风光、感受地震台风发飙威力的体验等等，可谓寓教于乐。而南岛剧场里的精彩表演能让你感受到南国文化风情，光隆餐厅与餐饮特区则提供有各式美味餐饮，让你的全程充满声视味蕾上的欢乐愉悦。

行台9线往花莲方向，抵新城后循指标前行，即可达光隆宇宙乐园。

七星柴鱼博物馆

地址：花莲县新城乡大汉村七星街148号
电话：(03)823-6100

多年前总是飘散着阵阵燻鱼香气的七星柴鱼工场，因制作出来的柴鱼干品质极佳而且稳定，经常可见大批日商来到此处选购，但却由于时代环境的改变及员工的退休而走入历史，传统技艺却未因此而消失。2003年以柴鱼工厂改建的七星柴鱼博物馆正式成立，将传承日式柴鱼的技艺再次展现于众人面前，将柴鱼的制作过程完整而仔细地进行了介绍，并且结合了文化探索与学习体验的方式让参观者更深入了解地方产业历史。来一趟七星柴鱼博物馆，你能够体会到与海洋共存的花莲之美，以及充满历史回忆的传统技艺如何再度发光发热，蜕变成一件值得珍惜的宝藏。

行台9线往花莲方向，至三栈后，转193号县道前行，即可抵达。

七星潭

 地址：花莲县新城乡东北角的海滨

位于新城乡的"七星潭"并不是内陆湖，而是一处美丽的海湾。据说在风平浪静的月夜里，于岸旁可以欣赏到闪烁的北斗七星，分外耀眼迷人。这里拥有绵延宽广的石砾海岸线，而山与海的距离尽是如此紧密，旖旎景色，直叫人赞赏不已。目前并建有步行道、自行车专用道、观星广场、亭台与观日楼等设施，可让你欣赏到壮丽的山峦与湛蓝的海水相依呼应，所构织成的一幅秀丽自然风景画。这里并有各种奇石、贝壳可以捡玩寻觅，是爱石者的寻宝天地，日夜美丽动人的"七星潭"，是一处放松心情、悠闲听涛的最佳景点。

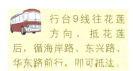 行台9线往花莲方向，抵花莲后，循海岸路、东兴路、华东路前行，即可抵达。

原野牧场

 地址：花莲县新城乡大汉村七星街9号
电话：(03)822-6778

由漂流木、藤绳、绿荫、阳光、海洋所编织而成的优雅空间与浪漫风情，为"原野牧场"带给人最鲜活舒畅的印象。充满艺术气息的海洋村、牧羊场，进到漂流圆木艺术的咖啡楼馆里，眺望蔚蓝海岸线，听潮声拍岸，煞是惬意！原野牧场位于七星潭南侧的北埔村海滨，是一座满园洋溢着艺术与温馨的特色牧羊场，宛如巴厘岛与花莲原乡风情的完美融合，让到此的游客都赞叹不已。原野牧场里一只只温驯活泼的小羊儿，就是这座牧场最受欢迎的娇客。游客可以自由探访、喂食、拍照，还可以来一瓶新鲜羊奶，补充元气。此外，不远处的七星潭也是超人气的游玩景点。

由台9线往花莲方向，抵花莲后依七星潭指标方向前行，即可抵达。

花莲县立石雕博物馆

地址：花莲县花莲市文复路6号
电话：(03)822-7121转506

花莲所拥有的石材资源是全台的90%，而石材的原料及加工进出口则仅次于意大利，位居世界第二位，因此有"大理石之都"、"石头的故乡"之美名。四十多年前由于大理石工厂在此处设厂，带动了花莲石材工业与工艺发展，1996年起每两年举办一次的国际石雕艺术节，更是吸引国内外石雕高手齐聚花莲，相互切磋石雕技艺与知识，并且使宝岛与国际相接轨，让世界认识这里的艺术风采。而花莲县立石雕博馆便在此风潮之下成立，是全台首座石雕博物馆，共分为典藏区、现代石雕区、传统石雕区等收藏了多年来各届国际石雕艺术季中的各式精致佳作，是"玩石"者必定朝拜的绝佳宝库。

 行台9线往花莲方向，至花莲市市区后，转永兴路、文复路便可抵达。

北滨公园·南滨公园

地址：花莲县花莲市区东郊海岸地带，花莲市海岸路一带。

位于花莲市东郊海岸地带，为一带状式的沿海景观公园。较靠近花莲港区的称为北滨公园，为岩岸地形，除可远观各艘商轮船装卸货物外，并可漫步于海滨欣赏到港湾晨昏变化的美丽景致。

　　南滨公园内设有多处儿童游乐区，规划颇为完善。每到夜晚时分，公园更摇身变为花莲地区著名的夜市景点，琳琅满目的摊位，吃喝玩乐，应有尽有，时常聚集了许多游客前来游逛消费，人声鼎沸，热闹非常。

　　此外，从"北滨公园"的北侧管制站到"南滨公园"内，规划有完善的自行车专用道，沿线除了可欣赏秀丽的海滨景色外，更可走过昔日的旧铁路遗迹、跨越横渡美仑溪上的曙光桥、与东海岸最大港埠近距离的接触等，既知性又感性。

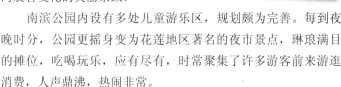 行台9线往花莲方向，抵花莲市区后，转行中山路至海岸路，如北行则到达北滨公园；如南行则抵达南滨公园。

松园别馆

地址：花莲县花莲市水源街26号
电话：(03)822-7121转文化资产课

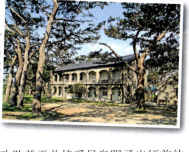

建于20世纪40年代的松园别馆，因为位于美仑山的制高点，视野相当辽阔，而成为日本侵略者的"兵事部"办公室，曾是日本高级军官的休闲居所，传说日本神风

特攻队曾于此接受日皇赐予出征前的"御前酒"。这样不可考的传言，为此园添加更多神秘的历史色彩。蓝顶灰体的建筑置于静谧的山间，充满了优雅宜人的氛围。大片的松林为周遭环境建构了沁凉浪漫的风情，各类原生植物在多年闲置的自然不受干扰的洁境中，得以源源不绝地茂盛生长。现今的松园别馆以神秘优雅的姿态肩负着历史文化的背景，举办与推动各种文艺活动与生活课程，身在其中，可感受到花莲的纯粹之美。

行台9线往花莲方向，抵花莲市区后，待桥过美仑坡后，循右侧岔路指标上坡，便抵达。

美仑山公园·萤火虫生态展示馆

萤火虫生态展示馆地址：花莲县花莲市尚志路25-2号
电话：(03)823-4343

美仑山公园为花莲市民假日或晨昏间，最佳的休闲健身活动去处。园内规划有多样的游乐设施，如健康步行道、儿童游戏区、观景亭、羽球场等，动静皆宜，加上茂密的植物生态，更是秀出美仑山的活力绿意。"萤火虫生态展示馆"位于公园山脚下，是台湾东部第一座生态展示馆，以萤火虫的复育工作为展示主题，详尽介绍萤火虫的自然生态环境与成长过程，并通过幻灯片与多种昆虫标本的展览，让参观游客能够明白火金姑实在生存不易，应该要做好保育措施，而馆体材料是采用经防腐处理过的林木来兴建，十分罕见，是一处深富教育意义和充实自然知识的景点。

行台9线往花莲方向，抵花莲市区后，由中山路左转林森路后直行，过尚志桥后右转续行便可达美仑山公园，左转续行则可达萤火虫生态展示馆。

知卡宣森林公园

地址：花莲县吉安乡仁和村南埔加油站附近

由南埔森林公园改名的知卡宣森林公园，是由日据时代的空军机场改建而成；而以有"薪材甚多"之意的阿美族语"知卡宣"为名，显现了此处森林公园的内涵。占地近20公顷，城堡造型的大门引领游客进入如同童话般的梦幻世界，园内随处可见一个个酒瓮，是相当特殊的摆设。十二生肖的垃圾筒，颜色鲜艳、造型可爱逗趣，而童话城堡、大蜻蜓装置艺术、风车、神农百草馆、河川生态主题馆、休闲广场等丰富多样的设施，满足各个年龄层游客的休闲娱乐需求。此外，公园还设有"风倒树收容专区"，使无法就地扶正的风倒树有个栖身之所。

南下沿台9线往花莲吉安方向前行，至南埔转台11线行进，再沿指标前行，便可抵达。北上则行台11线花莲方向前行，至吉安后依指标前往，便可抵达。

吉安庆修院

地址：花莲县吉安乡吉安村中兴路345-1号
电话：(03)852-9905

日据时期，日本佛教随着日本军队传入台湾地区；而随着日本有计划地移民至吉安乡，设置了吉野官营移民村，并于1917年兴建了吉野布教所。此布教所采以日本传统高野山派寺院形式，为木造的主体架构，主祀不动明王，在当时是日本人的精神支柱。之后，随着二次世界大战结束，吉野布教所改名为"庆修院"，改主祀为释迦牟尼佛与观音菩萨。1983年，由于寺院残破却无法改建的情况下，而将部分佛像改置于懿泉寺保存。今日的庆修院造型仍相当优美，屋顶为日本"宝形造"，屋顶材质为铜面屋面，周遭环境极为雅净、空灵，仍是今日信奉高野派的日本游客来花莲必定要参拜之处。

行台9线往花莲方向，再转台9丙线往吉安，至吉安市区，转中央路二段、中兴路前行，即可抵达。

君达香草健康世界

地址：花莲县吉安乡干城村日城二街95号 电话：0800-696-888

近万坪的农场面积，分有休闲、运动与香草三大园区，梦幻浪漫之中，带有清新优雅的氛围，可徜徉于薰衣草、香茅、百里香等天然香草世界，享受香氛的住宿与美食天堂。此外DIY课程，还能学习制作押花小品、手工精油香皂、香草吊饰、薰衣草舒压枕头等；来到此处，能找到回归自然的美丽与闲逸，还能感受最真实的身心飨宴。

行台9线往花莲方向，再转台9丙线往吉安，至吉安市区转中央路、福昌路、吉安路，于吉安路约05公里处右转即可抵达。

花欣兰园

地址：花莲县吉安乡福兴村福兴六街51号
电话：(03)853-9997

是一处结合农业休闲、民宿、赏花为一体的综合式观光度假园区，园区主要以栽植兰花为主，尤其是石斛、文心、嘉德丽亚、蝴蝶兰等种类，约五万多株，娇艳争妍的景象，缤纷多姿，相当赏心悦目。当和煦的阳光洒落，芬芳的气息令人眷恋不已，乡野情怀油然而生。

为满足游客的需求，园区主人还特地挪出自家住宅的房间作为民宿。当你清晨从充满芬多精薰香的松柏木屋醒来，只要轻轻推开窗户，和煦的阳光轻柔地洒落满室，感受随风扑来的田园香气，空气中混着兰花、莲花、玫瑰与青草的芬芳气息，令人精神清爽，鸟啼、虫鸣、蛙噪不绝于耳，美丽的一天就要由此氛围准备开始。心动了吗？快来与兰花来场浪漫唯美的约会，细赏兰花的高雅与美丽吧！

行台9线往花莲方向，至吉安乡后，循指标前行即可抵达。

鲤鱼潭风景区

 地址：花莲县寿丰乡池南路一段8号
电话：(03)864-1553

因位于鲤鱼山麓下而得其名，是花莲境内最大的湖潭，群山环抱，极为幽静。规划设为"鲤鱼潭风景区"，兴筑有观景亭，以木材建造，铺以石板，有其独特风味。美轮美奂的亲水公园，与湖光山色相互映衬，十分宜人。

行台9线往化莲方向，经花莲、吉安后，行台9丙线抵寿丰，循指标前行即可到达。

池南森林游乐区

 地址：花莲县寿丰乡林园路76号
电话：(03)864-1594

是将林场转型为保育和观光两者兼顾的示范园区，以展示林区内特有林相为主，并有林业陈列馆，以照片和实物，陈列展示各项林木工业发展过程、伐木工具与林木标本。沿着园内步行道往凉亭方向走去，并有昔日林业台车可供乘坐，别具怀旧感。

丰田文史馆

 地址：花莲县寿丰乡丰里村中山路320号

以丰山、丰里、丰坪三个村庄合称"丰田三村"，是日据时期台湾东部首座官办的移民村。以旧警察厅改建的丰田文史馆，为日式木建筑，透过馆内对于地方文史资料的展示，可以感受丰山地区的社区凝结意识，以及爱乡爱土的淳朴真情。

行台9线往花莲方向，经花莲、吉安后，行台9丙线抵寿丰，循指标前行即可到达。

行台9线往花莲方向，过寿丰车站后，即可抵达丰田车站。

远雄海洋公园

地址：花莲县寿丰乡盐寮村福德189号
电话：(03)812-3199

由远雄国际集团所精心规划成立的"远雄海洋公园"，为全台首座主题海洋公园，诉求营造出海洋梦想的天堂乐园，其中并且以"展示观赏"与"乘骑式"为两大游乐设施号召，让游客可以欣赏到多姿多彩的海洋

生物世界，休验到浓富创意、巧思、逗趣的海洋生物造景骑乘乐趣。海洋村、水晶城堡、嘉年华欢乐街、探险岛、海底王国、布莱登海岸、海洋剧场、海盗湾八大主题区，绝对让你欢

乐不已。以可爱伶俐的海豚、海狮表演为主的"海洋生物现场表演秀"，让人深赞不绝、娱乐十足。

行台9线往花莲方向，转搭行台11线，于寿丰盐寮收10丑里处即可抵达。

东华大学

地址：花莲县寿丰乡大学路二段1号
电话：(03)866-2500

东华大学为东台湾地区的首座综合性大学，于1994年正式成立，其校园占地广阔，面积超过250公顷，校内分有人文社会学院、理学院、工学院、管理学院、台湾少数民族管理学院、海洋科学园院等六大学院系统。各栋教学建筑、塔楼回廊造型相当美观，并拥有欧洲庄园式的宿舍，为教学环境带来具有艺术感与设计性。校园内秀丽的东湖与华湖，别具风情，青青校园坐落于纯净的山间，放眼即可见到都市难以见到的动植物，更是一处散心、拍摄婚纱照的好去处。

行台9线至花莲寿丰乡，循志学车站前的大路不久，即可抵达东华大学志学侧门；如再前行约231公里处，再转大学路便可抵达正门。

花莲县 HUALIAN COUNTY

怡园度假村

地址：花莲县寿丰乡丰坪村主坪路三段17号
电话：(03)865-1166

在广阔的园区里，栽培有莿桐、茄苳、大叶山榄、面包树、桃花心木、胡须榕等树种上千棵，其中不乏上百年的老树，而这些绿意盎然、生命力蓬勃的树木，皆是园主多年来致力保育的移植成果，令人称佩。园内有景观瀑布区、亲子戏水区、游泳池、钓鱼区、联谊厅、动态活动区、泡茶亭、餐厅与住宿套房等设施铺陈周间，相当完善。无论是大朋友还是小朋友，在此都能有拥有属于自我的娱乐活动与休闲空间。你可晓得"阳光、水和树"的神话故事，是如何深刻隽永流传的吗？不妨来"怡园度假村"体会聆听吧！

行台9线往花莲方向，至寿丰后，循指标前行，即可抵达。

新光兆丰休闲农牧场

地址：花莲县凤林镇林荣里永福街20号
电话：(03)877-1410

位于凤林镇花东纵谷公路上，自然畜牧、果园、景观花园、游乐设施等所构成的自然恬趣风光景致。广阔的农场内规划有欧式花园、大草原、可爱动物、放牧、观光果园、侏罗纪公园、药草植物、钓鱼、鸟园、柳波湖等区，均是与大自然花草、动植物共舞的缤纷园地，除了包括一般农场的景观览游外，诸如沙滩车、戏水区、儿童游戏区等多样游乐设施，更是亲子同乐的欢乐园地。

当然，农牧场里最特别的莫过于将乳牛畜牧与游客之间的距离更加拉近，除了有新鲜牛乳可供游客饮尝外，更于每日上、下午让游客可直接喂哺小乳牛。药草区、蔬菜区及果树公园等，是认识植物生态的最佳自然教室。此外，无论是下榻温馨小木屋或是野营，均可自由选择。而搭游园专车、骑协力车、散步等方式，各有逛园乐趣。丰富自然原味鲜浓的"新光兆丰"，随时都为你准备好各项精彩度假活动内容，期待你的亲临与体验。

行台9线往花莲方向，经寿丰、丰平桥后，循指标前往，即可到达。

花莲观光糖厂

地址：花莲县光复乡大进村糖厂街19号
电话：(03)870-4125

即一般惯称的"光复糖厂"，从1948年正式营运生产，至今已有数十年的历史，为台湾地区制糖工业写下极为辉煌的一页。为了让糖厂响应时代潮流所需，唯有蜕变朝多元化经营，方能延续它的生命力，因此它转以朝观光事业发展，成为今日观光糖厂样貌。目前于园区内，除保有原先的一些制糖厂房等建筑景观外，新规划有包括兰花温室、盆栽观景植物、有机健康蔬菜等的精致农业区；贩卖有传统枝仔冰，新研发的绿茶等数种冰激凌、饮品等；可了解糖厂历史巡礼的糖业史料馆。其他尚有花糖餐厅、庭园咖啡简餐、住宿招待所等设施，均欢迎你来参观与游乐，你将会更加了解与认识台湾的糖业文化。

行台9线往花莲方向，经寿丰、凤林后，抵光复再循指标前往，即可到达。

欣绿农园

地址：花莲县光复乡大全街55号
电话：(03)870-1861

拥有马太鞍湿地的丰富资源，随着四季变化而有截然不同的风情面貌，是一座复合式的休闲农场。丰沛山泉水汇聚而成的淡水鱼池，饲养着鲜嫩肥美的吴郭鱼，十多种有机野菜以地下涌出的泉水灌溉，因此美味可口的餐点可是农场的大卖点。农场主人虽不是阿美族人，却能料理出相当地道的阿美族风味餐。尤其是炭烤吴郭鱼，口感鲜嫩、毫无土腥味，可是农园里令人赞不绝口的招牌菜。另外还有以池上米煮成的养生紫米饭与山野时蔬，清香口感令人难以忘怀。

农场并提供有自行车出租，可以骑着自行车，顺着赏荷的木栈道，迎着徐徐凉风，欣赏马太鞍的优美风光，以及仰望中央山脉的壮阔景致，为此行留下深刻的回忆。

行台9线往花莲方向至光复乡，于台9线251.7公里处右转，循指标即可见大全街，再行约5分钟便能到达。

花莲县 HUALIAN COUNTY

富源森林游乐区

 地址：花莲县瑞穗乡富源村广东路161号
电话：(03)881-1514

为目前全台最大的樟树林森林游乐区，栖息有多种动物、鸟类，以及丰富自然的林貌，园区每年4~7月间，各种蝴蝶翩翩飞舞穿梭其间，形成美丽缤纷的景象，拥有蝴蝶谷之名。园内的富源瀑布在水位满时，帘幕样倾泻，颇为壮观，深具清幽之美。

行台9线往花莲方向，经凤林、光复后，抵瑞穗再循指标前往，即可到达。

蝴蝶谷温泉度假村

 地址：花莲县瑞穗乡富源村广东路161号
电话：(03)881-2377

位于富源森林游乐区内，将原始森林、温泉以及Villa式的住宿环境相结合。纯净的环境与截取尚未开发的处女温泉，60℃左右的碳酸氢钠泉质，对于皮肤美容有相当功效，对痛风、糖尿病也都有不错的疗效。此外，园区还有多种露天温泉提供选择，水果浴、药草浴、牛乳浴等。区内经常聚存有数十种蝴蝶，每年4~7月，蝴蝶翩翩飞舞穿梭其间，有蝴蝶谷之名。至于Villa是高质感度假村相当大的卖点，绝对让你宾至如归。

行台9线往花莲方向，经凤林、光复后，抵瑞穗再循指标前往，即可到达。

北回归线纪念碑

 地址：花莲县瑞穗乡舞鹤村

台湾地区有三座北回归线纪念碑，分别为嘉义县水上乡、花莲县瑞穗乡与丰滨乡等三地区，而坐落于花莲瑞穗舞鹤地区纵谷公路旁的"北回归线纪念碑"，建于1933年，素白色系为主的标志，造型犹如白鹤般昂首擎天，周间陪衬着如喷水池水花般的舞姿拱景，绿地与白碑的对话，静态之中流露出动态的美感，别具风情。

行台9线网花莲方向，至吉安乡转台11线往丰滨，便可抵达。

秀姑峦溪泛舟

 地址：花莲县瑞穗乡中山路三段215号(瑞穗泛舟服务中心)
电话：(03)887-5400

发源于花东间的中央山脉山群处，由南向北纵切而上，横切海岸山脉，后注入太平洋。因泛舟活动的盛行，而驰名远播。自瑞穗大桥至长虹桥大港口，全长约25公里，溪流蜿蜒而行，穿梭于群山峻谷间，景观各有特色取胜，像是猴跳滩、姑奶奶滩等，均负盛名。由泛舟服务中心始，抵长虹桥为终点，一般水量下（非台风或大雨过后），泛舟一趟需3~4小时。

行台9线往花莲方向，经凤林、光复后，抵瑞穗循中山路，再依指标前往，即可到达瑞穗泛舟服务中心。

红叶温泉

 地址：花莲县瑞穗乡红叶村

瑞穗原称"水尾"，因与秀姑峦溪汇流的红叶溪和富原溪于瑞穗收尾而得名。当地居民则称之为"可可"，意指辽阔广大的平原。区内温泉分成外温泉及内温泉，外温泉为瑞穗温泉、内温泉则是红叶温泉。红叶温泉位于花莲县万荣乡红叶村，距瑞穗温泉仅2公里路程，泉水自山麓涌出，泉质属碳氢钠泉，泉水丰沛，四季不绝，且清澈异常，可供饮用，水温约47℃，更是适宜沐浴。红叶温泉在清代即被泰雅族人发现，日据时期即建有温泉旅店，后由当地人经营，即为今日著名之红叶温泉，山庄目前有小木屋及团体房供住宿。红叶温泉位于山区，且有红叶溪环绕，山清水秀，幽静纯朴，满是原始风情，景致绚丽。无怪乎每每引人不辞路遥，远道而来，享受这别具异国风情的泡汤之趣。

行台9线往宜兰方向，抵达瑞穗后，循"瑞穗温泉"指标右转达温泉。或中二高下下草屯交流道，走台14线、埔里、雾社后，接台14线到合欢山，由中横公路续往花莲方向，经寿丰、凤林，抵瑞穗即可到温泉。

舞鹤风景区

地址：花莲县瑞穗乡舞鹤 用

舞鹤 带栽同所出的"大鹤茶"，以青心乌龙茶为主，滑香甘甜，为瑞穗乡的重要名产之一。"舞鹤石柱"又称"扫叭石柱"，其神秘传说以卑南族或阿美族等当地少数民族的故事最为有趣迷人。鹤冈文旦柚香味浓、汁多肉甜，为东台湾著名的柚子王国。

行台9线往花莲，再行花东纵谷公路经凤林、光复后，抵瑞穗循续前往，依序可到鹤冈果园、舞鹤石柱与舞鹤观光茶园。

玉里赤科山金针花海

地址：花莲县玉里镇中山路二段49号(玉溪农会)
电话：(03)888-3181

每年8~10月，满山遍野的金黄色花海，是由于能成为食用的金针花苞，仅有一天的采收时间；而来不及采收的花苞开花后，已不能作为食用，却也形成一大片壮观的金针花景致，是秋季时节最为动人的金黄色飨宴。

行台9线往花莲瑞穗方向，转195甲号县道往玉里高寮方向，循指标前行即可抵达。

265

台东县 TAIDONG COUNTY

八仙洞

 八仙洞游客服务中心电话：(089)881-418

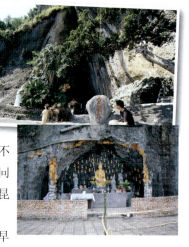

位于长滨乡境内，拥有十多个独特的海蚀洞和台湾地区最早史前文化遗迹的"八仙洞"，十分著名，可说是花东海岸公路从花莲南行台东段不能错过的游览重点，同时也是考古学界研究史前文化的重镇之一。

这些海蚀洞分布于高一百多米的崖壁上，大小、深浅不一，地质学家认为此处地形是因地壳上升过程中，受海水不同程度的侵蚀，所形成的天然洞穴，分有灵岩、潮音、水濂、昆仑等，目前并设有人行步行道，可沿步行道通往各个洞穴。

而"八仙洞"的另一特点，便是此地为考古学者发现最早旧石器时代的史前文化遗迹所在地，于1988年已被列定为当地一级古迹，东管处于此地设有游客服务中心，展示介绍有史前人类的文物风情，并解说此区洞穴的形成原因，值得前往一览。

行台11线经长虹桥、樟原后不久，即可抵达。

石雨伞·三仙台游览区

 三仙台游客服务中心电话：(089)850-785

行台11线经长滨乡乌石鼻后不久，即抵达石雨伞；过石雨伞后不久，即抵达三仙台游憩区。

石雨伞位于成功镇北滨附近的一长条突出海面状似象鼻的海岬上，而且由于此海岬后端有一中空的海蚀门，所以这海岬被称之为"石空鼻"。此外，原有数只石雨伞的海蚀岩柱，后因长时间受到大自然的侵蚀，现仅存一只十分珍贵的"雨伞"而已。石雨伞的形成是因为岩石的抗蚀能力不同所造成的自然奇景，值得一游。

位于成功乡东北侧两三公里海滨处的"三仙台"，是因离岸不远的小屿岛上有三块巨大岩礁，传说曾有八仙中之李铁拐、吕洞宾、何仙姑三位仙人登临于此，而得此名。此地弯形跨海八拱桥，更是"三仙台"醒目的地标景观，亦为花东海岸最负盛名的风景点之一。其地质属于火山集块岩，原是一处由海岸所延伸出的海岬，后因海水侵蚀部分岬角，而成今日之离岛景观。

东部海岸风景区管理处
·阿美族民俗文化中心

 东部海岸风景管理处地址：台东县成功镇信义里新村路25号
电话：(089)841-520
阿美族民俗文化中心电话：(089)841-751

东部海岸风景区管理处本部位于成功乡花东海岸公路旁一处海岸阶地上，背山临海，可远眺三仙台和绿岛，视野辽阔，海天美色一览无遗。设有游客服务中心，其展示馆内介绍有花东海岸的人文概况与自然景观，相当丰富，值得一看。

在本部旁还设有"阿美族民俗文化中心"，占地约2公顷，内部有传统阿美族家屋、祭屋等传统建筑。现场有阿美族人表演编织，如饰品、竹器等，可深刻体验早年阿美族人的居住与生活文化。另有户外表演场地，来此更可亲身体验阿美族人热情、豪迈的特别款待，亦可品尝到十分地道的阿美族风味餐饮。

行台11线经三仙台、都历后，可见东管处指标，沿指标右转顺路上行，即可到达。

金樽 地址：台东县东河桥附近

金樽当地拥有渔港、沙滩、崖壁，以及特殊的锚状形陆连岛，自然景观并不亚于其他著名的风景点，尤其东管处于此处设立有观景亭、贩卖店家、厕所等公共设施，颇为完善。而从卖店的后方循木梯而下，则可至沙滩漫步、听涛、钓鱼，是一处不错的中途休闲区。

行台11线经三仙台、东河桥后不久即可抵达。

水往上流 地址：花东海岸公路的旧道路临渔桥附近

于花东海岸公路的旧道路临渔桥附近，有处被喻为"水往上流"的自然奇观，十分著名，东管处在此立有"奇观"二字的斗大石碑。此景现象乃是发生在一条小路旁的灌溉农田沟渠上，由于沟渠旁边的景物倾斜度大过于路面，造成水往上流的鲜奇视觉空间之错觉假象，相当奇特，使得来观者多啧啧称奇，亦吸引了许多游客前来一探究竟。

行台11线经金樽、都兰后不久，于渔桥附近即可抵达。

台东县 TAIDONG COUNTY

鲤鱼山风景区

 地址：台东市西侧，台东市火车站后方

鲤鱼山风景区是位于台东市区西侧的一处知名景点，因山形犹如一条栩栩如生的倒卧鲤鱼而得其名。在浓郁绿林山境内，建有忠烈祠、鲤鱼山公园和龙凤佛堂等景点。忠烈祠为宫殿式建筑，祠堂内供祀为国捐躯的先烈将士们的牌位，并奉有台东名人的纪念碑，其为庄严静肃。祠旁即是鲤鱼山公园，绿意盎然的景观，相当秀丽。龙凤佛堂则坐落于半山腰间，是一处祥和静逸的佛院，清幽的环境，十分宜人。

行台11线或台9线，到台东市区后，于火车站前左转循铁花路、博爱路，即可抵达。

台东铁道艺术村

 地址：台东县台东市铁花路、中华路一段附近

由于台东车站移出台东市，旧有的铁路便改建成铁道文化园区，现今的旧站里的三角回车道是全台仅剩提供火车回路的设计。超过80年历史的铁道，昔日送往迎来的景象虽已不复见，但它仍是台湾地区铁路发展历史的见证。废站后的铁道恬静而安详的氛围，让来此处的民众迅速坠入历史的时光隧道中。由台东旧站蜕变为艺术村，拥有极佳的场地以提供各类文艺表演，而在享受艺术村咖啡屋提供平价又香醇的咖啡的同时，也能感受到专属于台东缓慢步调的闲适情怀。历史旧迹与人文艺术会激荡出何种火花，就等你来亲身感受啰！

行台11线或台9线到台东市区后，沿新生路、中华路一段前行即可抵达。

台湾史前文化博物馆

地址：台东县台东市丰田里博物馆路1号
电话：(089)381-166

2002年开馆，位于康乐车站南侧，分东半部的建筑主体与西半部的附属景观公园两大部分。馆体色彩以土地等元素以显现自然宇宙的视觉感受，馆体造型则使用各式错落有致的屋顶以映

衬出"被挖掘出的古迹"的意义。馆内以台湾地区的自然史、史前史与南岛民族为三大主题，并且不定期地展示各类特展与多媒体介绍等，着实打造出全台第一座最高级别的考古学博物展览馆。

行台9线或台11线到台东市区，转行中兴路四段，再转入351巷后，则可到达。

卑南文化遗址公园

卑南文化公园地址：台东县台东市南王里文化公园路200号
电话：(089)233-466

位于台东市西北方南王里的"卑南文化遗址公园"，占地达八十余万公顷，已列属当地一级古迹。当年东部南回铁路干线改道工程施工之际，挖掘出大量石棺、陪葬物品等，经由考古队的抢救之下所保留的重要文化资产，并经考证此遗址乃

为距今两三千年前的大聚落，且为目前全台所发现最大的史前聚落遗迹。历经了十三梯次、前后共约九年的抢救工作，方有现今丰硕的成果。现规划有"卑南文化公园"，透过游客中心、考古现场、遗址精华区、瞭望台等完善设施，让你深入参观并认识到卑南新石器时代的文化样貌。

行台9线或台11线到台东，于火车站前循中山路，转更生北路往卑南，于卑南中学旁转入，即可抵达卑南文化公园；左转文昌路直行三百米，便可见遗址。

台湾少数民族文化会馆

地址：台东县台东市中山路10号
电话：(089)340-605

坐落于台东市区的中山路上，这一栋黑白相间的建筑物，十分醒目，那正是"原住民文化会馆"，无论是会馆、望楼、石柱、木雕、石雕、广场等处，均可见以卵石建置而成的屋瓦墙檐、百步蛇图腾等风格，并融合达悟、卑南、阿美、排湾、鲁凯与布农等台湾少数民族族群文化色彩，值得欣赏一番。

行台11线或台9线到台东市区后，顺着火车站前的中山路直行，便可到达。

山地文物陈列室

地址：台东县台东市南京路25号
电话：(089)320-378

向来有"东台湾的美丽净土"之佳誉的台东，其境内文化孕育相当丰富，计有长滨、麒麟与卑南等史前文化，光是石板棺、陶石器等古文物，目前已发掘出的就多达数千件，可见台东发迹甚为久远。台东境内计有长滨、麒麟与卑南等史前文化，长久以来各个当地少数民族群和乐融融生活于此，有达悟、卑南、阿美、排湾、鲁凯与布农等族，文化生活各具特色，以上这些人文采风，可来"台东县山地文物陈列室"参观巡礼一番，就能得到丰富完整的认识及了解。

行台11线或台9线到台东市区后，于火车站前左转循铁花路、博爱路、新生路、南京路，即可抵达。

天后宫

地址：台东县台东市中华路一段222号

天后宫为一般所俗称的"妈祖庙"，是台东境内宗教主要的信仰中心之一，创建于清光绪十五年间（1889年），后来陆续修建始有今貌，十分庄严。殿内并保存有清朝光绪皇帝御赐的匾额，可见其庙史久远流长。鼎盛的香火，从络绎不绝的朝拜访客，即可见一斑。每年农历元宵佳节，台东市均会盛大举行"炮炸寒单爷"庙会活动，祈求来年合境一切平安，亦成为台东相当著名的元宵庆典。

行台11线或台9线到台东市区后，顺着中华路一段直行，过四维路后不久，便可到达。

台东森林公园

地址：台东县台东市中山路底

琵琶湖为位于卑南溪出海口边的一座小水塘，环境十分幽静，经过规划辟建之后，已成为一处游客们最乐于造访的热门景点"台东森林公园"。除了一般游乐设施外，更设有自行车休闲区，休闲假日时不妨骑乘自行车行经浓荫密布的树林间，享受迎面而来的凉风，感受洒落于绿荫间的阳光，身心绝对十分舒畅轻松，因此这里也有"黑森林"的美誉，那种自然清新的感觉，值得你亲自来感受看看。

行台11线或台9线到台东市区后，从火车站前循中山路、光复路往小野柳方向，于中华大桥旁的小路右转进入，即可抵达。

初鹿牧场

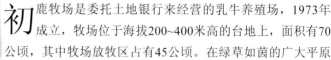

地址：台东县卑南乡明峰村28邻牧场1号
电话：(089)571-002

初鹿牧场是委托土地银行来经营的乳牛养殖场，1973年成立，牧场位于海拔200~400米高的台地上，面积有70公顷，其中牧场放牧区占有45公顷。在绿草如茵的广大平原上，饲养进口荷兰种乳牛500头，并且以温带苜蓿草及盘固拉草喂养。此处空气清新，通风良好，所以生产的鲜乳味道相当香醇浓郁，游客慕名涌至，已是台东之旅必到的观光景点之一。牧场的酪农户采产制销一元化经营，将自产的成品开放行销全台，由于品质纯正新鲜香浓，佳评如潮，相当受到欢迎。贩卖部里也兜售着鲜奶制品如鲜奶馒头、鲜奶冰棒、冰激凌等，让你在自然舒适的环境中，享受牧场品质最优的美食，绝对能满足挑剔的味蕾，令人难以忘怀。

行台9线往台东市方向，走更生路过绿色隧道直走初鹿村，沿指示牌岔路上山即可抵达。

台东原生应用植物园

地址：卑南乡明峰村试验场8号 电话：(089)570-011

拥有好山好水的台东县，自然清新的环境是相当引以为傲的资产，坐落于如此佳境的台东原生应用植物园，占地约5公顷，其园区内种植了两百多种药草植物，共分为水生植物区、香氛植物区、百草茶植物区、保健药草区、药膳植物区、地被性药用植物区六大区域，并采以有机栽培方式，既自然又环保，用心培育的成果，是为了给予民众近距离与药草认识的知识宝库。此外，园区内的牧场养生餐厅所提供的植物养生汆烫锅，则是着重养生与营养的游客不可错过的健康佳肴。当然，来此可别忘记选购添加了药草元素的香Q手工麻糬，那可是绝佳的健康土特产呢！

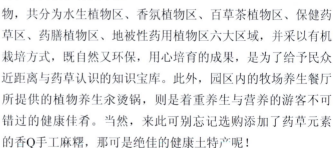

南下行台9线至362公里处，卑南乡初鹿村7-11路口之红绿灯往初鹿牧场方向上山，即可抵达。北上行台9线往卑南花莲关山方向，于卑南乡初鹿村7-11路口之红绿灯往初鹿牧场方向上山，亦可抵达。

小熊森林王国度假村

地址：台东县卑南乡嘉丰村稻叶路7-8号
电话：(089)570-707

小熊森林王国度假村是一处以花东纵谷山林之美为据点，加上以原木、原味为诉求主题内容走向，成为台东境内颇富知名的休闲园地。特别是一栋栋充满浓浓森林味的红桧原木屋，木材是由美加进口的，每栋木屋别墅还以十二星座命名之，并有特别的小熊星座屋，还有当地少数民族图腾装饰的优雅餐厅，以及号称东台湾最大的清凉矿泉泳池、直排轮鞋场与儿童户外游戏区等，亦静亦动之间，十分闲逸舒畅。此外位于山林与山谷交界处，景色优美而视野辽阔，更是心灵沉淀的梦幻国度。

行台9线或台11线到台东市区后，于火车站前循中山路，转更生路往卑南方向前行，抵卑南后，循行往嘉丰村的稻叶路，即可到达。

红叶少棒纪念馆·红叶温泉

地址：台东县延平乡红叶村红谷1号
电话：(089)561-319

回忆昔日的棒球，可说是台湾地区最深受民众欢迎的运动，由台东山林间的一群淳朴山地小男孩所组成的"红叶少棒队"掀起此一热潮。一连串奋斗艰苦的训练过程，以及击败当时强敌日本调布少棒队而勇夺世界冠军、为国人争光的种种事迹，让人印象深刻。在"红叶少棒纪念馆"里，经由陈列展示的珍贵史料和照片，回忆与分享当时由这群布农小勇士们所创造出的种种甜美果实。

流经红叶村境内的秀丽山谷鹿野溪畔，蕴有丰富的硫化氢温泉，被泛称为"红叶温泉"，为保有相当自然风貌的野溪温泉，设有"红叶温泉亲水公园"，有山泉戏水池、露天浴池、木屋个人池、凉亭、烤肉区、赏景步行道等，增添了红叶原乡风情的新篇章。

行台9线或由台东北上，抵达初鹿后，行至鹿鸣桥，依指标循乡道前往红叶，即可到达红叶少棒纪念馆。

鹿野风情

行台9线或由台东北上,即可抵达鹿野。

鹿野乡为一处充满山林田野风味之乡,周遭景致秀丽,高台观光茶园为东部主要的三大茶产区之一,茶香清新、茗汤味甘。高台茶叶展示中心备有产茶与制茶相关介绍,还有以茶制成的农特产品贩售,供游客参观选购。

紫熹花园山庄的庭园建筑古色古香,景观极为优美,深受游客的喜爱。高台飞行场是台东知名的飞行伞、滑翔翼等飞行活动进行的热门据点,常有各路英雄来此大显身手。

红极一时的当代谐星"脱线",在台东经营土鸡牧场,专门饲养与贩售纯种的放山土鸡,采以玉米牧草有机饲养方式,培育出相当优质的鸡肉品质,其肉质鲜美程度,颇受食客们赞誉。目前台东地区共有:东农、东山、东佳与脱线四处为较大型的放山养鸡场,上述前三家养鸡场仅以生产行销为主,唯有脱线土鸡场在生产行销之外,还设有观光性质的养鸡场与土鸡餐厅。

高台茶叶展示中心地址:
台东县鹿野乡永安村高台路46号
电话:(089)550-152

福鹿山休闲农场地址:
台东县鹿野乡永安村高台路42巷145号
电话:(089)550-797

紫嘉花园山庄地址:
台东县鹿野乡龙田村南二路608号
电话:(089)550-352

四维农特产品展售中心地址:
台东县鹿野乡鹿野村四维路26-7号
电话:(089)561-229

茶叶改良场台东分场地址:
台东县鹿野乡龙田村北二路66号
电话:(089)551-466

脱线土鸡牧场地址:
台东县鹿野乡中华路一段100号
电话:(089)561-369

关山亲水公园

地址:台东县关山火车站后行的新武吕溪畔
电话:(089)814-542

位于关山火车站后方新武吕溪畔,占地三十多公顷,全园以亲水活动为主题,规划有人工河道、地面喷泉、小瀑布、划船区等设施。莲花池、赏鸟屋、观星台等处,是适合散步休闲、赏花观鸟的不错据点。另有表演广场,造型独特的大门与兰屿独木舟吊桥相映成趣,是亲水公园最具代表性的景观标志。金字塔造型的游客服务中心,提供有民俗文物展示和关山全镇旅游导游等参观咨询服务,可以善加利用。

行台9线或由台东北上,抵关山后,再循指标前往便可到达。

关山环镇自行车道

地址：台东县关山镇内

关山镇内拥有全台第一条"环镇自行车专用道"，宽约3~4米的水泥路面，沿途两旁除有地砖所拼出的彩色图案外，还有卑南溪、红石溪与关山大圳等清澈溪流为伴，更可望见一亩亩闻名全台的关山米的生长稻田，亲山绿水，分外悠闲赏心。而中途休憩站的设计也独具匠思的以石桌、石椅为材料，原滋原味。亦可从隆盛路转进"关山亲水公园"顺接游览，风情处处，令人心旷神怡。

行台9线抵达关山后，再循指标前往，便可到达。

池上牧野度假村

地址：台东县池上乡新兴村110号
电话：(089)862-736

想体验蒙古大漠塞外草原风光，又不想远出国门，那么位于池上乡境内的"池上牧野度假村"，或许可以均衡实现你的旅游梦。由台糖的废弃糖厂改建的池上牧野度假村，占地125公顷，整个度假村以台东好山好水好风光为蓝本，再以蒙古风情为软硬体设施内容，包括蒙古包、青青草原、烤羊人餐、大漠民族歌舞表演等，让你瞬间有转换时空背景的错觉，分外的鲜奇感受尽在度假欢愉时光之中体现，这正是"池上牧野度假村"带给你最鲜活的休闲礼物回馈。想体验蒙古风情与美食的飨宴，池上牧野度假村绝对可以带给你最新鲜、最特别的休闲享受。

行台9线或由台东北上，抵池上外环道路后，循指标前往，即可到达。

池上蚕桑休闲农场

地址：台东县池上乡万安村7邻27号
电话：(089)864-973

从农场里居高临下俯瞰，视野辽阔，绿意盎然的高山草原景致，相当秀丽宜人，更可远眺池上米种植稻田，难得一见。以"蚕"为主的生态活动区，可体验做蚕茧花，并且让游客于休闲活动中，更加了解蚕的一生与蚕织品的产制过程，既特殊又有趣。此外，农场并规划有其他多样的农村生态展示，提供有住宿与餐饮服务，是一处安排休闲假期的不错选择。

行台9线或由台东北上，抵达池上外环道路后，转197号县道经锦园社区后，即可抵达。

台东县 TAIDONG COUNTY

东河休闲农场

地址：台东县东河乡北源村45邻67号
电话：(089)891-193

位于花东海岸山脉的泰源幽谷内，占地约600公顷。农场深具热带雨林的原始风貌，有将近38公顷的樟树林，树龄皆在40年以上，林相优美，气势雄伟至极。走在农场最引以为傲的森林浴步行道，沿途景致有苍劲蓊郁的榉木、板根、老藤，还有溪涧如白练的小瀑布、一线天、水濂洞、知心桥、状元台等景色；山谷奇石林立、溪水清澈见底，可以玩水、抓虾、钓鱼等。山顶宽阔的平台，可以远眺太平洋的海天晴色，是观赏日出的绝佳地点。农场内结实累累的果园与天然树林相互映衬，让农场景致更为交错优美，展现不同的风情。另外，农场内还有一处园地，有许多的中药材植物，如台湾土肉桂、杜仲、淮山药、黄槐、桑寄生等多种中药，是提供游客实地理解中药植株及特性的活教材。

行台11线至东河后，接台23线约20公里的路程，便能抵达。

知本温泉

地址：台东县

位于知本溪流域的"知本温泉"，发源自南岸山麓岩缝和河床内。泉质属于碱性碳酸泉，清澈无色，泉温颇高，约40~60℃，略带有碱味。而知本温泉实有分内温泉与外温泉，外温泉区较为一般人所熟知，有许多中小型的温泉旅馆。而内温泉区则较晚开发，有五星级温泉观光饭店进驻。由于知本温泉区为当地少数民族聚集之处，因此可感受当地风情以及享受独特的民族美食。

行台9线或台11线抵台东市、知本后，转行台24线，即可到达。

知本森林游乐区

地址：台东县卑南乡温泉村

隶属林务局台东事业区的公共林地，其海拔在110~650米，广达约百余公顷。在知本溪的孕育下，鸟语花香、绿荫盎然，森林风貌甚为自然。园区内主要为亚热带森林，而百年大白榕、百年酸藤、台湾蝴蝶兰等均是园区相当重要的自然生态资产。园区沿途并规划有许多步行道，在此除可作一场与桃花心木、白榕等林相丰富的森林浴浸润外，而落差有150米的好汉坡步行道上头的千丝榕自然奇景，更不可错过。药用植物园区内的两百多种药草，是可增广见闻的重要台湾药草资料库，天然温泉泡脚池则是游览园区之后舒畅身心的最佳休憩站。此外，园方还兴设有游客中心、观林吊桥、花圃景观等，均是来园赏游好去处。

行台9线或台11线抵台东市、知本后，转行台24线即可到达。

太麻里金针山·台东名产释迦

地址：台东县池上乡万安村7邻27号
电话：(089)864-973

太麻里金针山是台湾地区最著名的金针盛产地之一，每年8月到10月为适逢金针盛产期，原本绿油油的山坡，瞬间转变显现出黄澄澄景致样貌，而满山满谷的金黄色金针花海，十分赏心悦目，形成了此地独特的"花季"，深受游客们喜爱。

台东县"释迦"水果，产冠全台，因此有"释迦王国"美誉。产区多集中于东河镇、卑南乡与太麻里，每到盛产丰收时节，粒粒香甜翠绿的释迦，成为台东县最好的水果外交大使。位于卑南乡槟榔路上并设有一家"阿美释迦形象馆"，特别将台东县释迦果、弥勒果、洛神果等农特产加工品，均有做各种典故由来的介绍，相当特别。

八月至十月：金针花季产期
七月至九月：释迦夏季产期
十一月至隔年一月：
释迦冬季产期

太麻里成功农场地址：
台东县太麻里乡大王村佳仑16-2号
电话：(089)782-468

金针山休闲农场地址：
台东县太麻里乡大王村佳仑42-5号
电话：(089)782-058

阿美释迦形象馆地址：
台东县卑南乡槟榔路303号
电话：(089)228-853

行台9线或台11线抵太麻里后，依循金针山指标前行，即可到达太麻里金针山。

绿岛

绿岛游客旅游服务中心地址：台东县绿岛乡南寮村298号
电话：(089)672-026
东管处游客服务中心电话：(089)841-520转1800

绿岛为海底火山爆发后的自然杰作，以火烧山为最高峰，并有世界上罕见的海底温泉。

绿岛灯塔雪白塔身造型相当优雅，1937年美国豪华邮轮"胡佛总统"号于绿岛附近触礁搁浅，岛民在恶劣天候奋往抢救，尔后美国政府为感谢当地岛民鼎力善助，集资捐建灯塔，后因二次世界大战而被毁，现今塔观是重新修建的，为当地著名景观焦点。

朝日温泉的泉质属于硫黄泉，是目前世界仅存的三处海底温泉之一，水温53~93℃，泉味咸、涩，洗后不黏腻。此处设置立了三个水温不同的圆形露天温泉池，以及一个温泉SPA池，另外还有温泉煮蛋区、观景步行道、观景亭等，设施相当完善。

环岛周间有多处造型相当巧特的奇石怪岩，例如"睡美人"与"哈巴狗岩"、"火鸡岩"、"门楼岩"、"将军岩"、"孔子岩"、"公馆鼻"等。绿岛有三大知名潜水区：绿岛北方"柴口潜水区"、绿岛西南方"大白沙潜水区"，以及绿岛西方，南寮渔港南边的"石朗潜水区"，都能欣赏到海底的奇妙世界。

往白沙湾的途中，有片高度达数米的林投灌木丛林，呈现着与海岸植物截然不同的生态景观。想一览海参坪美景，需先登上沿着山坡兴筑的石阶步行道，如缩小的万里长城，因而有"海上长城"之称。

往返绿岛各种海空交通航班：
长安轮电话：(089)672-933
占岸轮电话：(089)672-595
金星轮电话：(089)281-477
绿岛之星电话：(089)672-819
海底观光潜水艇电话：(07)222-2123
华信航空电话：台东(089)362-676
　　　　　　绿岛(089)671-261
船鼻露营区电话：(089)672-757
绿岛特产批发中心
地址：台东县绿岛乡中寮村169号
电话：(089)672-833

朝日温泉地址：
台东县绿岛乡公馆村温泉路167号
电话：(089)672-900

绿岛国民旅社地址：
台东县绿岛乡公馆村温泉路56号
电话：(089)672-244

松荣旅社地址：
台东县绿岛乡南寮村南寮路42号
电话：(089)672-515

玲华园地址：
台东县绿岛乡公馆村柴口95号
电话：(089)672-015

统祥旅馆地址：
台东县绿岛乡中寮村中寮6-6号
电话：(089)672-828

绿岛饭店地址：
台东县绿岛乡南寮村134号
电话：(089)672-571

绿山饭店地址：
台东县绿岛乡南寮村102-5号
电话：(089)672-243

绿贝饭店地址：
台东县绿岛乡南寮村242号
电话：(089)672-008

凯薪饭店地址：
台东县绿岛乡南寮村102-12号
电话：(089)672 033

绿潭度假村地址：
台东县绿岛乡公馆村2-2号
电话：(089)672-925

兰屿

兰屿为台湾东部地区最大的离岛。岛上盛产五叶蝴蝶兰，是全台唯一适存珠光凤蝶的故乡。岛上居民是以农渔业为主的达悟族人，拼板舟、丁字裤、飞鱼祭和地下屋建筑，都是当地特有的人文景观。

拼板舟每艘都有许多如人像纹、同心圆纹等图腾纹饰舟身，建造一艘约需花上两三年时间，新船下水

祭从采水芋、驱鬼仪式、供奉船灵到出海试航等一连串隆重仪式，展现船与海对达悟族人的重要性。丁字裤是达悟族人的传统服饰象征，现只有在特殊庆典时，才会有达悟勇士身穿丁字裤，展现力与美的肢体语言。

椰油村是兰屿的行政中心所在，也是岛上最热闹的村落。朗岛与野银一带，迄今仍保有其传统达悟部落建筑风貌，一半外露地面，另一半潜入地下的建筑"地下屋"，十分独特。

因海潮使兰屿附近海域渔产非常丰富，其中鬼头刀鱼是相当重要的渔获。每年3~6月间是飞鱼回游的盛季，达悟族人为了让船只出海捕鱼能够丰收，与感谢上苍恩赐而举行著名的"飞鱼祭"。飞鱼祭、新船下水祭与小米丰收祭是达悟族人的三大祭典。

双狮岩形如两头传统的狮子造型。情人洞是座海蚀洞，洞底因海水冲刷后成为一清澈潭水，可于此观赏日月星辰。军舰岩形似正于海面航行的军舰造型，于二次世界大战时曾因

往返绿岛各种海空交通航班：
长安轮电话：(089)281-047
金星轮电话：(089)281-477
占岸轮电话：(089)280-291
绿岛之星电话：(089)341-527
兰屿乡公所电话：(089)732-001

华信航空
台东电话：(089)362-676
兰屿电话：(089)731-708

美国空军航机的误会轰炸，又名为"骆驼岩"。坦克岩为火山集块岩构成的，外形如同一部坦克车。象鼻岩形远观如同一只大象以其长鼻汲水。

热带雨林生态相当丰富的天池，是达悟族人喻称的"高山之海"，保有甚为原始的风貌，可寻赏到原生蝴蝶兰的花样年华。东清湾为美丽白净的砾石沙滩，于此可欣赏璀璨日出与无垠海天景色。

East Taiwan

澎湖县 PENGHU COUNTY

澎湖

海上交通

＊台华轮（高雄—马公）
高雄电话：(07)561-3866
马公电话：(06)926-4087

＊海王星一号（布袋—马公锁港）
布袋电话：(05)347-7988
马公电话：(06)927-9097

航空交通

＊远东
台北电话：(02)3393-5388
高雄电话：(07)337-1388
马公电话：(06)924-9388

＊华信
高雄电话：(07)802-6868
马公电话：(06)922-8688

＊复兴
台北电话：(02)2972-4599
高雄电话：(07)335-9355
马公电话：(06)922-8888

＊立荣
台北电话：(02)2518-5166
高雄电话：(07)791-1000
马公电话：(06)922-8999

提到"澎湖"的开发历史，可以说相当久远，中国从元朝便将澎湖纳入王朝势力疆界版图范围内，直至明末清初，它逐渐成为两岸之间的中转站，虽然集市兴盛，亦曾是数度烽火战事聚焦处。走过悠悠岁月，今日的澎湖已成为台湾地区唯一的离岛辖县，全县共由64个岛屿所构成，极东端的乃是查某屿，极西端是到花屿，极南端是至七美岛，极北端则为目斗屿。而除了花屿为安山岩所构成之外，全境其他岛屿均是由火山喷发之玄武熔岩与沉积岩所形成，而其六角形柱状节理的玄武岩构造，更是世界罕见的地理景致。

这个美丽的海上岛屿群，有人把它看做是倒映在湛蓝海上的点点繁星，或是洒落人世间的耀眼珍珠，亦有人把她称为

"中国台湾岛的夏威夷"。丰富的自然景观与海洋资源，造就了澎湖得天独厚的碧海蓝天绮丽风情，不论是马公本岛或是其他海域，各有不同的风光特色，动人无比。

马公本岛

为澎湖面积最大且人口最多的区域，由本岛、中屯、白沙和渔翁等四大岛屿所组成。马公港北地区远溯元朝在澎湖妈祖宫设置巡检司，而明末郑成功设立了安抚司，清朝及日据期间直至光复后更为马公镇，1981年年底正式更制为马公市，是游客拜访澎湖进出首站。马公港南地区则环腹整个马公内港，由"澎湖风景区管理处"开始，顺着201号公路往蛇头山方向前去，比如菜园、锁港、山水、蒔里、风柜等村里，均有多处知名风景区，亦为游山玩水的好选择。

天后宫

 地址：澎湖县马公市正义街1号

自马公港内侧的中山路往西行，再右转民族路不久，即可抵达。

明万历二十年（1592年）建，为全台历史最为悠久的妈祖庙，被列为当地一级古迹保存。庙宇除了本体建筑年代久远外，并保存珍藏有现存台湾最早的史碑遗迹：沈有容谕退红毛番韦麻郎碑，陈列于二楼清风阁文物馆展示，还有清朝乾隆皇御赐的"与天同功"金匾等历史文物，更显其深远的历史意义。香火鼎盛的天后宫，每年农历正月元宵的乞巨龟，以及农历三月间盛大的妈祖出海绕境庙会活动，均热闹非凡。

顺承门楼遗址·四眼井·万军井

 顺承门楼地址：澎湖县马公市中山路与金龙路交会处

妈宫城遗址为清光绪十三年（1887年）所建的防卫城堡，是澎湖历年来最大的建设工程，城墙绵延约3公里，设东、西、南、北、小西及小南等六座城门。日

据时期多遭拆除破坏，目前仅存位于中山路海灵殿附近的一座城门楼，现为当地二级古迹。

"四眼水井"为清代所开凿兴建的四个独立圆形汲水井口，舀用着相同一口井水，目前"四眼井"仍供当地居民使用。澎湖有另一个四眼井，位于湖西乡鼎湾村内。"万军井"则是相传由康熙年间施琅率水军登陆马公后，缺乏饮用水，在祈求妈祖后，他以配剑掘地而出的泉水古井，遂称之为"万军井"，为当地三级古迹。

自马公港内侧的中山路往西行，再右转民族路到天后宫后，下车步行庙旁东侧横巷进入，即可抵达军井。

孔庙·登瀛楼

地址：澎湖县马公市新生路

孔庙其址溯源为清乾隆年间（1776年）的"文石书院"，为当时澎湖地方文风显扬圣地，于日据时期更为"孔庙"。20世纪60年代初期重建为迄今之庙殿规模，其"登瀛楼"即是筑于清道光年间（1829年）的"魁星楼"，可见至圣先师与魁星爷在读书人心目中的地位。

自马公港内侧的中山路往东行，接行民权路，再接循新生路，过澎湖县立体育场后不久，即可抵达。

水仙宫

地址：澎湖县马公市中山路6巷9号
电话：(06)926-5446

名列当地三级古迹且为澎湖四大古庙之一，兴于清康熙三十五年（1696年），主祀掌管水界的大禹、屈原、伍员、王勃和李白等五位水仙神尊，陪祀天上圣母与福德正神，此庙有两大特色，一是全台少见的水仙古庙，另一是此庙在清代末期为"台厦郊会馆"，为台澎厦海路贸易往来的商业中心。

自马公港内侧的中山路往西行，即可抵达。

妈宫城隍庙

地址：澎湖县马公市光明路20号
电话：(06)927-3724

在马公市地区有两座城隍庙，一座是位于光明路路口上的"妈宫城隍庙"，另一座是位于邻近孔庙的"文澳城隍庙"。两庙城隍长年来均祐泽妈宫城乡池境，深受乡亲们的虔信敬重。"妈宫城隍庙"始建于清乾隆四十四年（1779年），迄今已有两百多年历史。"文澳城隍庙"为较袖珍型建筑，根据研考应约创建于清朝雍正年间，和"妈宫城隍庙"同为当地三级古迹。

自马公港内侧直行，再右转光明路，于建国路交叉口处，便可达。

观音亭

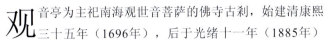

地址：澎湖县马公市介寿路7号
电话：(06)927-3615

观音亭为主祀南海观世音菩萨的佛寺古刹，始建清康熙三十五年（1696年），后于光绪十一年（1885年）因中法战争而遭损毁，今日寺观为1959年二度重建之貌，现列当地三级古迹。

自马公港内侧的中山路往西行，右转再左转民生路直行到底，即可到达。

寺庙前置有一对石狮，历史久远，雕工细致，另置有对雪白石象，寺境祥和。埕外左前方筑有一"望潮亭"，黄昏于此纳凉览景，对岸"西屿夕阳"美色，叩人心扉。此外，独具巧思造型的"海豚亭"周边广阔平坦的草坪，亦是散步活动、吹吹海风的好地方。

澎湖青年活动中心

地址：澎湖县马公市介寿路11号
电话：(06)927-1124

为欧洲古式城堡的造型，以白色为主题色调，建材采用澎湖当地盛产之玄武岩，极具建筑景观特色。后方有一间滨海而辟设的海水浴场，并附设观景台，远眺碧海，悠然之情，浮跃心头。值得一提的是周围的怀恩亭、介寿亭与海豚亭，同望潮亭正是"四亭滨海"的知名赏亭，更是"观音夕照"美景的绝佳欣赏据点。

自马公港内侧的中山路往西行，右转再左转民生路直行到底，即可抵达。

盛兴饼铺

地址：澎湖县马公市仁爱路36号
电话：(06)927-3050

盛兴饼铺有百余年历史，创于清同治三年（1864年），有独特口味的"咸饼"，传至迄今第五代，早已是澎湖响叮当的招牌饼食名产，并赢得"澎湖观光饼店"美赞。现更推出有"黑糖糕"、"红豆糕"、"冬瓜膏"等新颖风味糕点，同样深受食客们的喜爱。

自马公港内侧的中山路往西行，右转与仁爱路交叉口处，即可抵达。

澎湖县立文化园区

地址：澎湖县马公市中华路230号
电话：(06)926-1141-4

澎湖县文化园区是以前身为澎湖图书馆的澎湖县文化局为主体中心，是澎湖地区唯一的公共文艺园区。为提供较为完整的展演场地，以县立文化局的展演厅外广场、中兴艺廊外空地、澎湖县科学馆，以及由知名诗人画家——赵二呆先生晚年住所改建成的赵二呆艺馆等，合并规划为文化园区；另外还有夜间灿烂迷人的水舞区、艺术与休闲相结合的雕塑公园等其他设施。

自马公港内侧的中山路往东行，接行民权路，再接循中华路（202号公路），过林森路交接口处，即可抵达。

马公三民路

海宏餐厅
地址：澎湖县马公市三民路6号
电话：(06)927-6996
福庆楼海鲜餐厅
地址：澎湖县马公市三民路5号
电话：(06)927-2717
渔翁小吃部
地址：澎湖县马公市三民12号
电话：(06)927-7386

澎湖海产十分新鲜，不仅硕大肥嫩，且肉质鲜美，直让人很想大快朵颐一番。紧临第二渔港三民街一带，可堪称为是一条"海产街"，街道两侧林立多家海产专卖店餐厅，店家们每天就近从渔市场里批发到最新捕获的渔产，加上厨师们精湛熟练的烹调手艺，好吃真的没话说。

如自马公港内侧的中山路往东行，接行民福路、海埔路、三民路，即可抵达海产街。

风柜听涛

位于马公市的"风柜"海岸地区有极为发达的玄武岩地形，由于海水侵蚀而形成的海蚀洞或海蚀沟之景象。当潮水浸入岩层下的沟槽时，再向岩壁间的空隙中向上激喷水潮而出，同时所发出的吼吼声响，犹如风箱鼓风一般，因而被称"风柜听涛"，为澎湖知名的

观光景点。此处因侯孝贤导演的电影"风柜来的人"，而声名大噪。除听涛观浪外，还有水柱喷潮、海水抽吸等声音奇观，风柜亦是欣赏海天美景与远眺基隆屿样貌的好据点，附近有座两百多年历史的老庙灵德温王宫，可顺道参拜一番。

白马公港内侧的中山路往西行，再转204号、201号公路往风柜的方向前行，即可抵达。

石敢当·咾咕石屋

远溯中国民间信仰之中，凡对于地方乡野邻里间，如有防风、路冲、镇煞、驱魔、风水上的问题，多会奉立所谓的"石敢当"来驱邪迎福，久而久之，遂成为一种特殊民间信仰习俗。而澎湖列岛的石敢当更是在文字、图绘与造型上多变，代表作用各具意义，文字类型的有最原始的"石敢当"三字之碑型，或多加上"泰山"两字等，图绘类型的镌刻有剑狮、太极八卦、神兽、符令等；圆锥形的多用花岗、玄武或珊瑚礁等岩石砌成，多象征招财纳福。至于吉贝屿港口东西两侧那一对"钟磬"、

"木鱼"，乃作为哀悼安抚海上的孤魂，以取祈求船舶航路平安之意。

在村埠的主要道路旁或巷弄之间，迄今仍可寻觅欣赏到澎湖地区特有的咾咕石屋，纵然多已颓废荒芜或人去楼空，但是却多了一份怀旧韵味，值得细细游览。

阿福的店

地址：澎湖县马公市中央街32号
电话：(06)926-0475

阿福的店是一家标榜新鲜十足的海洋艺品专卖店，进到店里，墙面彩绘宛如深蓝的海底世界，琳琅满目各色贝壳相框、贝壳画、贝壳花艺灯等，唤起梦幻的童真悸动，本店另一特色，就是你能亲手DIY制作贝壳星砂果冻蜡烛，小小的瓶子里将勾勒出属于你每一次菊岛旅情的美丽浪漫回忆。

自马公港内侧的中山路往西行，右转面惠民路交接口处，再下车步行中央街巷进入，即可抵达。

澎湖故事妻

本店地址：澎湖县马公市海埔路25号
电话：(06)926-1867
码头版地址：澎湖县马公市中山路56号
典藏馆地址：澎湖县马公市民权路46-5号

说到澎湖人文风之荟萃，可以说非常浓原，亦是诸多艺术家或创作者的热爱园地，有一家名为"澎湖故事妻"的艺术店铺，甚为知名。来自望安乡的女老板是一位爱写诗的创作者，她奇巧地将各种来自文诗泉涌的灵感创作，抒发写于衬衫、玻璃瓶罐、书稿纸张上，自成一格，十分特别。并且有"故事厝"店铺的成立经营，两者对比巧趣耐人寻味外，女老板目前更发起一项让艺术回归望安的爱乡情怀运动，亦深受好评。

自马公港内侧的中山路往东行，便可到达。

澎湖风景区游客服务中心 · 观光产业推广中心

澎湖游客服务中心
地址：澎湖县马公市光华里171号
电话：(06)921-6445
观光产业推广中心
地址：澎湖县马公市光华里172号
电话：(06)921-8692

澎湖风景区管理处规划有两处澎湖游客服务中心、澎湖观光产业推广中心。在游客服务中心里，提供本风景特定区内知名旅游景点、玄武地质景观、灯塔模型等丰富的图文实物与多媒体展示，服务台并备有各项相关旅游咨询。仅隔天人菊广场和游客服务中心相望的观光产业推广中心，规划有艺术、特产、文石、贝壳和珊瑚等五大展区，是一处认识澎湖海洋资源特色的据点。

自马公市区往东行中华路（202号公路），接循204号公路往机场方向，过监理所后不久，即可抵达。

南海游客服务中心

地址：澎湖县马公市第三渔港游艇船码头
电话：(06)926-4738

自马公港内侧的中山路往东行，接行民福路，再接循海埔路、港北路，即可抵达。

位于马公第三渔港旁，是马公本岛搭乘船艇前往桶盘、虎井、望安、七美等南海离岛的主要水路交通驿站，这里每天开有诸多公船与各家游艇的船次航班，方便乡亲和游客们搭乘利用，服务中心里并提供有南海离岛旅游资讯，甚为便利。

中屯电力风车

往白沙乡过桥后，便进入白沙乡的中屯屿，来到永安桥，就在桥头右侧海滨小伏丘上，可瞧见四座近46米高的巨型电力风车景观，映衬着蓝天白云绿茵，时急时缓地转动着三棱叶片，让人目光为之一亮。不同的角度，这四座风车尽情展示着不同的韵姿，不仅造福乡里电力供应需求，亦成为中屯观光魅力新据点，值得一览。

自马公市区的中华路（202号公路）往东行至东卫里，再右循203号公路前往西屿方向，抵达白沙乡后，往白沙方向，至中屯永安桥头的右侧苗圃，即可抵达。

澎湖水族馆

地址：澎湖县白沙乡岐头村58号
电话：(06)993-3006

园区内划分有海滨、礁岩与大洋等三大区域，分别展示着深浅海域中的各式各样不同海底生物，每区里更加细分出许多不同类型的生态展示区，让游客深深感受到海洋生物的多样生态与丰富类型，鲜活有趣，寓教于乐。而馆中最特别的莫过于大洋区里那道约14米长的玻璃海底隧道，经由透明的玻璃镜面，让游客仿佛身历深海，而鲨鱼、燕魟、石斑等各种鱼类就在身旁悠游或自顶上掠过，感受极为新鲜特殊。无论是上午于礁岩池，或者下午于大洋池，不时有特别的喂食秀表演。于馆中二楼里另设有安全触摸池、视听室及特别展示区，让游客有动态与静态不同的感受与认识，如此丰富多样的海洋生态展览，是喜爱海洋生物与认识海洋生态的朋友们不可错过的好去处。

自马公市区的中华路（202号公路）往东行至东卫里，再左循203号公路前往白沙方向，过中屯、讲美、镇海后，顺往岐头村道，依指标前行不久，即可抵达。

通梁古榕

位于通梁地区奉祀康府王爷的保安宫庙埕前，有一棵树龄已达三百多年的大白榕树，虽然主树干不大，但是气根及枝节却缠绕横生地茂盛发展，形成一处面积广大的林荫奇观，让人不由得啧啧称奇，让澎湖县民尊为"神木"奉待，亦曾被遴选为澎湖县树，此古榕的重要性可见一斑。

自马公市区的中华路（202号公路）往东行至东卫里，再左循203号公路前往白沙方向，至通梁，于跨海大桥前，左转渔港方向前行不久，即可抵达古榕。

跨海大桥・西屿落霞

邻近通梁不远处，正是曾誉有"远东第一长虹"之称的桥梁，连接着白沙与西屿两大岛的"跨海大桥"，全长约2500米，白净的桥身横跨着波涛汹涌的吼门水道，两端并建有半圆形拱门一座，十分壮丽，为远东地区最长的跨海大桥之一。始于1970年完工通车，刚开始仅能单线通车，甚为不便；而于1996年间改建完成为双线道，使两岛之间的交通往来也更为便利。

"跨海大桥"为澎湖境内最受游客青睐的桥梁建筑景观，常吸引许多游客在此拍照留念。这里更是欣赏美丽绚烂的"西屿落霞"胜景的绝佳据点，每当夕阳西下时，火红的太阳余晖伴随着点点渔舟帆影，令人陶醉。

自马公市区的中华路（202号公路）往东行至东卫里，再左循203号公路前往白沙方向，至通梁，直往西屿方向，即可抵达。

赤崁渔港

赤崁渔港有一座拱月型的桥梁跨越渔港内侧，伴着艘艘舟艇，营造出富丽渔村好风貌，“赤崁拍卖市场”逢初夏丁香鱼货产季节，渔家们常会出动全家大小，来筛选刚下船的新鲜鱼儿。只要是艳阳高照的天气，便会曝晒着一大片银白晶亮的一条条小丁香鱼干，这亦是赤崁的重要渔产经济项目。赤崁渔港内的“大赤崁龙德宫”，庙殿建筑巍峨庄严，是村民信仰与日常集会的重要场所。

自马公市区的中华路（202号公路）往东行至东卫里，再左循203号公路前往白沙方向，过中屯、讲美、镇海、港子后，至赤崁，依指标前行不久，即可抵达。

澎祖海鲜食品店

地址：澎湖县白沙乡赤崁渔港新村46号
电话：(06)926-6766

自马公市区的中华路（202号公路）往东行至东卫里，再左循203号公路前往白沙方向，过中屯、讲美、镇海、港子后，至赤崁，依指标前行不久，即可抵达。

由居住当地多年并从事海产加工事业的许榕楸夫妇所开的海鲜食品专卖店，不仅讲求生产与销售一贯化，而且重视产品的品质，成为澎湖知名的海产鲜货品牌店家。除贩售各式口味的小管干、丁香鱼干、鱼酥等美味海鲜外，店东更精心研发出独特的海菜汤包、海菜酱与有机海菜等海菜新产品，亦是深受人们好评，值得一尝。

易家仙人掌冰专卖店

地址：澎湖县白沙乡通梁村191-2号
电话：(06)993-2297

自马公市区的中华路（202号公路）往东行至东卫里，再左循203号公路前往白沙方向，过中屯、讲美、镇海、港子、赤崁，再前行至通梁，于跨海大桥前，左转渔港方向前行不久，即可抵达。

仙人掌果原产于西印度至墨西哥一带的仙人掌，荷兰人引进至台湾地区各处栽植，由于澎湖的沙岸地质适合仙人掌的生长，故常见其分布。由于遍生耐旱抗热的仙人掌植物，加上终年劲风常吹，其结成的红彤彤的果实，当地人习称为“红苹果”，果肉中富含维生素C，当地人遂拿来研发制造出仙人掌冰、仙人掌果汁等饮品，仙人掌果实产量有限，仅能以小贩贩售。澎湖地区由仙人掌植物所生的果实，被用来制造成果汁食料，而将红通莹透的仙人掌果汁，掺淋于冰激凌上头，那种绝妙的滋味组合，沁心凉意中带着几分甜蜜感，味蕾被挑逗直跳曼波。来到通梁地区旅游，不仅能品尝到风味独特的仙人掌冰，而且还是正宗老字号的“易家仙人掌冰”。

小门地质展示中心

地址：澎湖县西屿乡小门村11-12号
电话：(06)998-2988

自马公市区的中华路（202号公路）往东行至东卫里，再左循203号公路前往西屿方向，经澎湖跨海大桥、合界后，右转循小门村道前行，即可抵达。

素誉"吼门之珠"的小门屿，拥有丰富天然的玄武岩方山地质景观，这些属于第四纪更新世的沉积岩地层，呈现出发达的球状、孔状、柱状等玄武岩和砂页岩，是认识澎湖独特地质环境的绝佳地点。于2002年特地成立"小门地质展示中心"，馆里规划有概括导游区、澎湖群岛的地貌、岩石展示区、标本展示区以及小门屿地区相关的地景模型展示、生态、海洋生态、人文等子题展区，透过翔实的图文实物展示，寓教于乐，值得一游。

鲸鱼洞

在渔翁岛距离跨海大桥不远处的小门屿，地势正位于白沙岛与西屿间的吼门水道上，有"吼门之珠"的称号。位于小门屿西北海岸有一巨型岩洞，名为"鲸鱼洞"，经年累月受到海蚀作用，使得当地的玄武岩海崖形成一个巨人的海蚀洞地形景观，远望犹似一只搁浅的鲸鱼，遂被称为"鲸鱼洞"。

自马公市区的中华路（202号公路）往东行至东卫里，再左循203号公路前往西屿方向，经澎湖跨海大桥、合界后，右转循小门村道前行，即可抵达小门风景区。

内垵塔公塔婆·
内垵游览区

自马公市区的中华路（202号公路）往东行至东卫里，再左循203号公路前往西屿方向，经澎湖跨海大桥、合界、大池、池东、赤马、内垵后，循往内垵北港岔路前行，便可达内垵塔公塔婆景点；如从北港回行主干道往西台方向不久，即可抵内垵游览区。

在内垵北港渔村内，保留有一对清道光年间所砌筑的镇风塔，靠近渔村路口处的为"塔公"，高大壮硕，临港边的为"塔婆"，跟塔公比较起来，约略显得娇小，与其相近的海滨礁石砌丘上头设一"观音古迹灵山"石敢当，长年来均为内垵村落的镇煞护佑地方神祇，是当地一大特色。要往西屿西台的公路干道旁有一"内垵游览区"，因地居高处，这里的赏亭面对视野相当辽阔，蓝天碧海，茵茵草绿，顿时令人忘却烦嚣恼事，为之心旷神怡。

西屿二崁陈氏古厝

地址：澎湖县西屿乡二崁村6号
电话：(06)998-1952

沿着3号县道来到西屿池东附近的二崁村落，可欣赏到当地十分奇特的建筑景观，多以咾咕石为石材建成，规划成为聚落保存区，全村以陈姓为宗，可谓陈家村。其中一间知名且达上百年的老建筑，现已名列为当地三级古迹，正是"二崁陈氏古厝"。这座五落式格局设计的老宅院，从老旧的窗棂、雕檐间，可知它承袭了闽南沿海的建筑特色，古色又古香，值得巡礼一番。

自马公市区的中华路（202号公路）往东行至东卫里，再左循203号公路前往西屿方向，经澎湖跨海大桥、合界后，右转循小门村道前行，过大池后，于可口冰品石艺店前的岔路村径前行不久，即可抵达。

西屿西台古堡

地址：澎湖县西屿乡外垵村西台古堡
电话：(06)998-2611

西台古堡位于西屿乡外垵村的南端滨海高地上，为清光绪十三年（1887年）兴建的炮台遗址，名列为当地一级古迹。占地超过8公顷，原为清朝水师基地，四周以墙垣围筑而成，墙内以石块堆砌成堡，古堡下层有山字形隧道，可供军队约5000人驻守，现在隧道内已无任何军事设施与池沼。

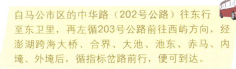

自马公市区的中华路（202号公路）往东行至东卫里，再左循203号公路前往西屿方向，经澎湖跨海大桥、合界、大池、池东、赤马、内垵、外垵后，循指标岔路前行，便可到达。

西屿灯塔

地址：澎湖县西屿乡外垵村195号
电话：(06)998-1766

全台最早兴筑的灯塔，为"西屿灯塔"，又称"渔翁岛灯塔"，始建于清乾隆四十三年（1778年），而后于光绪元年（1875年）重建，即为今日之塔貌。此地海域早期为台湾岛和厦门之间的航线必经之处，灯塔已列为当地二级古迹。

自马公市区的中华路（202号公路）往东行至东卫里，再左循203号公路前往西屿方向，经澎湖跨海大桥、合界、大池、池东、赤马、内垵、外垵后，循指标岔路前行，过西台古堡后再依指标前行即可抵达。

北海离岛

北海游客服务中心

地址：澎湖县白沙乡赤崁游艇船码头
电话：(06)993-3082

是从澎湖本岛地区到白沙北海的吉贝、目斗、险礁或是东海的鸟屿、员贝、澎澎滩等离岛据点旅游重要的转乘船艇交通水路驿站所在，这里每天有诸多游艇的船次航班。

姑婆屿

岛上满布着富含铁质的石英砂岩，有两处皙白洁净的沙滩，及一片油绿绿的草坡。岛屿附近盛产紫菜，每到入冬产期，来自邻岸赤崁的村民们会集结成群前往采收，除资源共享外，应确保紫菜生态不致因滥采而破坏。

吉贝游客服务中心、吉贝文物馆
地址：澎湖县白沙乡吉贝村182-2号
电话：(06)991-1487

吉贝屿

后寮游客服务中心

地址：澎湖县白沙乡后寮104-18号
电话：(06)993-3437

后寮游客服务中心有完善的游艇码头设施和旅游资讯服务，带动起后寮渔村的观光发展。

目斗屿

是澎湖群岛最北端的一座岛屿，岛上有座目斗屿灯塔，为全东亚最高的铁架灯塔，其附近浅海区域为浮潜活动盛行的知名据点。

险礁屿

为无人居住的小岛，以暗礁多而闻名。岛屿周遭海域适合游泳、浮潜、踏浪、戏水。并有偶像剧《原味的夏天》中的"蓝屋"场景，令人喜爱。

为澎湖北海最大的岛屿，吉贝游客服务中心有文物展示馆、贩卖部、候船室、盥洗等设备，提供来到澎湖的旅客完整详尽的旅游咨询服务。岛屿的周间聚集许多石沪，拥有相当迷人的沙滩和沙嘴。设有吉贝海上乐园，吸引许多游客于此参加游泳、拖曳伞、香蕉船、水上摩托车等海上活动。在丁香鱼洄游时节，夜晚的海域更是灯光通明，可一探夜补丁香鱼的实况。还有一对"东钟"与"西铎"的石敢当，观音寺及福德宫为岛民的信仰中心，另有"海豚湾恋人"偶像剧男女主角的石屋与船屋场景。北岸海滨的石沪捕鱼景观，为从前渔人用来捕鱼所设下的陷阱，涨潮时鱼儿游入其间，退潮时因水位高低落差缘故，使得鱼只能兜游于石沪内，而易于捕捉。

位于吉贝屿南端的吉贝渔港，平常便有船筏在此停泊，附近地区有渔塭养殖以及相当多座的石沪，渔港的渔业活动极为频繁。

南海游客服务中心
地址：澎湖县马公市第三渔港码头
电话：(06)926-4738
交通：南海航线主要行经桶盘、虎井、望安、七美等岛屿

船艇公司
澎湖公共车船管理处　电话：(06)927-2376
宏洋游艇育乐中心　　电话：(06)927-0755
海马游艇交通公司　　电话：(06)927-2456
恒安一号轮　　　　　电话：0952-637512
七美轮　　　　　　　电话：0933-283142

南海离岛

桶盘屿

为南海离岛最为典型的玄武岩地质代表，岛屿四周有排列极为整齐的节柱状玄武岩环绕，以西北部最为壮观，被誉称为澎湖版的"黄石公园"。岛屿西南海岸的海蚀平台上，有熔浆涌出后所堆留生成的特殊同心圆孔洞，称为"莲花台"。这里的蜂巢状玄武岩，正是澎湖四宝中的猫公石。

虎井屿

虎井屿拥有极为发达的节柱状玄武岩景观，海崖下的海域清澈秀丽，有"虎井澄渊"的美名。

望安岛

岛上景色秀丽依人，有"蜜月岛"之誉。天台山为岛上最高峰。中社村是知名电影《桂花巷》取景地，也是台澎地区硕果仅存的前清古村聚落集体民宅遗迹。岛上海滩地为特别保育区，以维护珍贵绿蠵龟的生态环境。

七美岛

为澎湖群岛中最南端的岛屿，距离马公本岛最远，有完善的环岛公路。七美人家相传以前大屿上七名女子因抵御匪寇，为保全贞节投井自尽，后人立冢纪念。南沪渔港是七美岛的重要门户，渔船、交通船、旅游快艇等皆由此处进出；渔港所在的南港村，为七美岛上人口最密集村落。

双心石沪因双心而有心心相印之意，然而此石沪是潮来鱼群游进，潮退则陷于石沪，以此捕捉鱼群，今因双心造型赋予的美丽误会让七美成为浪漫的岛屿。

牛母坪是一片广阔的青绿色草原，位于牛母坪海岸下方有一形似台湾岛缩小版的礁石，为此处更增添趣味与想象空间。

七美灯塔为澎湖最南端的灯塔，建于日据时期，是日本人在台所建造的最后一座灯塔。望夫石位于七美灯塔的下方海岸，相传岛上一对恩爱夫妻，丈夫出海捕鱼不归，怀有身孕的妻子苦守不见夫影，终至身亡。传说岸旁如孕妇的礁石便是那妻子的化身，日夜等待其夫归来。

金门

因地理战略位置的特殊性，而为台湾本岛西隔外海的左翼钢墙屏障："金门"，是由大金门、烈屿等十二个岛屿所构成的岛县，总县域有超过150平方公里面积，长久以来一直是军事禁地，所以始终蒙上一股极为神秘的面纱，外人最多只能东凑西拼地从侧面想象或了解到它。现在由于时间的变迁，它已褪去旧烽尘岁月，一如洗战斗澡般地迅速换上新装，呈现出崭新的绿色奇迹，成为热门旅游观光的"海上公园"特区。这亦象征浴火重生的"金门"已再度擦亮起属于它最耀眼光辉的勋章，同时昭告世人，欢迎亲自深访浯洲，你将会因"固若金汤，雄镇海门"的旅游风采而惊艳，绝对值得让人津"金"乐道。

守护风神狮爷

风狮爷是金门岛上极富代表性的特有人文产物，所谓"风狮爷"即是"风神"的意思，相传由于明朝郑成功过分滥伐林木兴造船舰，而导致金门草木难生的荒漠景象，飞沙走石，乡民须长期忍受风砂肆虐之苦。传言矗立"风狮爷"便可驱风镇煞，遂演变兴盛起"风狮爷"的膜拜现象，长期以来便成为金门当地的文化特色景观。不同地方的"风狮爷"也有不同的造型，约可概括有武风狮、文风狮及财风狮等三大类，狮面表情丰富，狮身姿态多变，狮色亦素亦花，都是为了要将凶狠的恶风给驱除出境，并且祈境平安。

金门航空站·尚义环保公园

金门航空站
地址：金门县金湖镇尚义机场2号
电话：(082)322-381

位于大金门岛中央南方的料罗湾北侧的"尚义机场"，是金门空中的进出门户。为因应金门地区开放观光的新里程碑，1994年台湾当局成立"金门航空站"，以提供乘客们更为完善的软硬体设备与服务。当你搭乘往金门的班机、即将要登陆尚义机场前，一座巨大的风狮爷雕像映入眼帘。此雕像完全由花岗石组砌所构成，宛如风师爷王般的在固守寰宇，这座风狮爷正置于尚义环保公园内。整座公园规划有石雕公园、风狮爷广场、静态休闲等区域，为登陆金门旅游的必经景点。

自金城车站搭3路公车于民航站下车，便可抵金门航空站，机场东北方即为尚义环保公园。

金门公园

金门公园游客中心
地址：金门县金宁乡伯玉路二段460号
电话：(082)322-050转810、811

自金城车站或山外车站，搭红1、蓝1路公车于中山纪念林站下车，即可抵达金门公园游客中心。

1995年成立，这是台湾地区首座以战地人文为主题的公园。整个公园涵覆了大小金门等区域，分别规划有太武山、古宁头、马山、古岗和烈屿等五大主题游闲内容风景区。而想认识整个公园的来龙去脉、规划概况与游览内容，可以先到位于金宁乡中山纪念林之中所设置的"游客中心"巡览一番，便可较为完整与深入地认识了解到整个公园的自然生态、人文历史与军事遗迹等景观详细介绍说明，为畅游公园最佳的导游资讯补给站。

公园管理处重要警示注意：如园区有规划为军事管制区域处，敬请恪遵勿闯；同时对于尚未开放的海岸线地带，亦请勿进入，以避免误踩雷区。

兰湖·邱良功墓园

原名"兰林水库"的兰湖，经人工美化后，湖景秀丽，绿波荡漾，湖中小岛上有一兰亭，是欣赏四周湖光水色的不错据点。邻近有一"邱良功墓园"古迹，为清嘉庆年间金门后浦名将建威将军邱良功的安息之地。从墓园的石牌楼坊、石虎、石羊、文石人等饰雕，可想见当时朝廷对邱将军的生前丰功伟业之追谥佩深。

自金城车站搭5路公车于中兰沟站下车，或自山外车站搭27路公车于擎天水库站下车，再步行前往，即可达。

象山金刚寺

为大金门岛北金山港的知名庙宇，创建于20世纪30年代中期，直至70年代方重修为现今寺观规模。寺院格局壮观宏伟，入寺牌楼前置有一对镇寺大型象雕，栩栩如生，在牌楼后方的静秀塘池里供奉一尊南海观音圣像，泽佑苍生，来到正殿膜拜三宝如来佛，保佑旅途一路顺心平安。

自金城车站搭红1、蓝1、2路公车于小径站下车，再步行前往，即可抵兰湖、邱良功墓园。

自沙美车站搭5路往金城的公车，终点站下车，即可抵达；或于山外车站搭1、2、3路往金城公车，于终点站下车，往市区行便可到达。

魁星楼

坐落于东门里珠埔东路上，为清道光十六年（1836年）所建的两层楼阁建筑，祀奉主掌文昌科运的北斗七星翘首：魁星。一楼阁门正上方镌刻有"奎阁"两字，十分醒目，现已被列为当地三级古迹保存。

白金城车站搭3路往山外或6路往旧金城的公车前往，在莒光楼站下车，即可抵达。

莒光楼

地址：金门县金城镇莒光楼
电话：(082)325-632

位于金城镇南郊的"莒光楼"，建于1952年，为古城楼阁建筑，雄伟又具典雅气息，是金门最具代表性的建筑物，规划有金门相关的历史文物、多媒体简介、建设成果、观光资源等展示介绍，还有珍贵历史纪录照片，是认识金门战史的好地方。而楼馆前方附近有一湖泊，那是金门境内的五大湖泊之一的"莒光湖"，湖澄幽静，景致宜人，湖畔规划有"金门县观光旅游服务中心"，是一处旅游咨询服务的据点。

清金门镇总兵署

靠近坐落于浯江街一隅，创建于清康熙二十一年（1682年），由当时总兵陈龙所兴筑，园邸古朴清幽，为当地三级古迹，值得一游。

邱良功母节孝坊

邻近灵济寺旁之一座贞节牌坊，邱良功乃是清朝浙江水师提督，其母许氏守节28个寒暑岁月，含辛茹苦地将良功教育成人，尔后邱良功因剿灭海盗平倭有功，朝廷遂将两者事迹同行表褒，建矗此牌坊以兹旌扬。牌坊建筑采四柱三间式石造格局，建于清嘉庆十七年（1812年），雕工细致，结构富丽，牌坊柱间置有雕艺灵动的石狮四对，为台闽地区现存牌坊最完整的一座牌坊，享有"台闽第一坊"的盛誉，目前已被列为当地一级古迹。

自沙美车站搭5路往金城的公车，在终点站下车即可达；或于山外车站搭1、2、3路往金城公车，于终点站下车，往市区步行便可到达。

慈湖

位于金门岛西北隅的慈湖，于1970年建造完工，为一围海筑堤而成的咸水湖泊，假日常有游客到湖滨垂钓，十分闲逸悠然。慈湖附近林区鸟类生态丰富，秋冬之句，可见如鸥、鸬鹚、鸬鹚、鱼鹰、冠鹭鸱等踪迹，而周围低湿之地为水鸟群聚，是赏鸟极佳据点，也是观看金门落日的极佳地方。

自金城车站，搭10路往湖宁或搭11路往顶宁的公车前往，在湖下站下车，往慈湖方向步行约十分钟，即可达慈湖；若于李光前将军庙站下车，即可到达李光前将军庙。

双鲤湖水尾塔

双鲤湿地自然中心
地址：金门县金宁乡古宁村南山1-6号
电话：(082)330-599、313-271

以湖貌犹似两条鲤鱼向湖而取名之的"双鲤湖"，湖光水色，幽静宜人。湖畔有一"水尾塔"，是相当独特的人文建筑塔景观，其筑于清乾隆三十二年（1767年），距今已有两百三十多年历史，现已被列为当地三级古迹，别具意义。

文台宝塔

矗立于旧金城南侧的南盘山处，相传为明洪武二十年（1387年）当时筑旧金门城时所建，以一块块花岗石所砌叠堆置而成的六角形五层宝塔，为古时候航海的陆上标志。另外并有传言说此为"风水塔"、"文星塔"，是十分特殊罕见的人工建筑塔物，现已列当地二级古迹。

自金城车站搭6路公车于金门城车站下车，再步行即可抵文台宝塔。

虚江啸卧碑碣群

自金城车站搭6路公车于金门城车站下车，再步行即可抵虚江啸卧碑碣群。

由文台宝塔往山崖临海方向顺行走去，会望见有许多碑碣落置周间，如"虚江啸卧碑碣"，是明嘉靖时（约1536年）平倭大将俞大猷驻仟金门时所镌刻题字，"虚江"为俞大猷字号，其旁岩壁另有"观海"、"砥柱"等题镌，均深具历史意义，目前已被列为当地二级古迹。

金门酒厂

地址：金门县金城镇金门城68号
电话：(082)325-649、320-597

由于金门地区为高温干燥的气候形态，这正是旱地高粱生长的合适环境，而金门盛产红高粱，加上又沛含水质甘甜的地下水，两者正是天作之合的酿酒好材料，遂于1953年在金城镇成立一"金门酒厂"。数十多年来，其所盛产的酒品系列可分为饮酒、药酒和纪念酒，诸如是陈年特级高粱酒、醉美人名酒、二锅头、大曲酒、金刚补帖药酒等等，香醇、甘洌的风味，均深受海内外各界人士的喜爱与青睐，游客们来到金门游览时，均会来到酒厂或门市参观。

自金城车站搭6路公车于金门城车站下车，再步行即可抵达。

翟山坑道

地址：金门县金城镇西南端附近的翟山崖滨处
电话：(082)313-241

是感受金门战地风情的最佳地点，整座坑道为1961年挖凿施工，共计达5年才竣工。分为坑道长近百余米与水道长近三百六十余尺，且呈A字形设计，左右临海坑道口各设置有一闸门，完全由人工开辟穿凿而成，因为全区为坚硬似钢的花岗片麻岩石，可见当时工程兴筑浩大的景象。现在坑道风景区入口处设有解说广场、展示场、史迹室，坑道内部则设有栏杆维护与灯光照明等措施，非常值得一游。

自金城车站搭6路往旧金城的公车前往，抵古岗湖站下车，再前往不久，即可到达。

中界得月楼

水头黄氏酉堂别业
地址：金门县金城镇金水村前水头55号

昔日的水头庄落富裕昌显，村民多姓黄氏，堪称为贡家村，其村落地滨海湾，遂常受到海盗倭寇的侵袭威胁，因此庄境内除了各式华丽的洋楼外，便另筑有所谓枪楼的建筑，用以抵侮外凌。其中最为著名的莫过于位在中界区境的"得月楼"，筑于1931年，高耸的碉堡墙楼足以防御海盗们的侵略，而枪楼内辟有通道，可直通大户人家，如有警报，厝民防御者即可马上前往支援。此番建筑兼具美观与欺敌的双重作用，可说是设计细腻巧妙。此外，邻近的顶界还保有18间老厝，以及前水头已有三百多年历史的古迹"黄氏酉堂别业"等，皆是认识水头村昔日聚落风貌的好去处。

自金城车站搭6路公车于水头村庄站下车，再步行即可达；或自金城车站搭7路公车于水头村庄站下车，再步行即可抵达。

延平郡王祠

地址：金门县金城镇夏墅延平郡王祠

明末清初时，延平郡王郑成功以金门为退守据点，操兵练武，逐荷开台被后世尊为民族英雄，且建庙奉祀。金门人亦缅怀其忠贞气节，乃在金城镇南侧的夏墅村内兴筑一座"延平郡王祠"，为中国传统宫殿式庙堂建筑，庄严肃穆，奉置有一延平郡王端坐塑像，神采奕奕，环顾浯洲，祐泽苍生。

自金城车站搭7路往水头码头的公车前往，即可抵延平郡王祠。

金门森林公园

地址：金门县金沙镇大洋村东山31号
电话：(082)352-486

经由林务所经年累月进行全岛绿化造林运动之下，现今金门已有"海上公园"的美誉。为让世人见证金门绿意盎然的一面，特于金沙镇内辟有一"金门森林公园"，广大园区里遍植绿荫，还有培育兰花、非洲凤仙等温室花卉苗圃。漫游于林间步行诮，闲逸舒畅。此外设有景观造景，拱桥回廊、喷泉池塘、林业文物馆、风车凉亭等，营造出自然风情的意境，十分宜人。

自山外车站搭22路公车于林务所站下车，即可抵达。

太武山・毋忘在莒勒石

整个大金门岛最高山丘，即位于金湖镇与金沙镇交界处的太武山，海拔253米，这里最知名的景点，顶处的"毋忘在莒勒石"五个大大的红字印铸在高耸巨石上，而此地遂也长久以来成为金门战地观光最著名的地标。

自金城车站搭蓝1路公车或自山外车站搭27路于太武公园站下车，再步行登山前往，即可抵达。

琼林战役展示馆

琼林村地下坑道绵密发达，宛如地下城道，经过规划，现已开放供游客进入坑道参观体验；同时透过展示馆陈设诸多民防衣物器具、村落家具建筑，带你巡礼感受战斗村往昔点滴景象，十分特殊。

自山外车站搭2、5路公车于琼林圆环站下车，再步行前往，即可抵达。

陈祯恩荣坊

金沙镇阳宅西侧郊区

自山外车站搭18、25路公车或沙美车站搭33路公车于阳宅站下车，再步行前往，即可到达。

有一座"陈祯恩荣坊"当地三级古迹，为明嘉靖年间所建置，迄今已近五百年历史，此乃当时朝廷追谥出身金沙阳宅人士陈祯，家训庭芳，子辈们中举进士，荣宦显达，兹诰赠刑部员外郎，显彰乡里。

钦旌节孝坊·一门三节坊

位于金湖镇小径村埔郊有一"钦旌节孝坊"，石柱牌楼坊造型细腻，矗立于清道光年间，当时用以旌表官臣蔡德之妻颜氏的美德高节，贵为美谈。另一古迹则是位于金沙镇下兰村的"一门三节坊"，其为清道光年间朝廷为旌表当地仕绅蔡仲坏的妻子陈氏、次媳妇陈氏与三媳妇黄氏的气节贤德所赐，可以感觉到金门人崇德遵仪的情操。

金门民俗文化村

地址：金门县金沙镇山后民俗文化村
电话：(082)35-024

金门民俗文化村位于金沙镇山后村境内，建于清光绪廿六年（1900年），由当时旅日侨首汪国珍与敬祥父子回乡所出资兴造，费时二十余年才兴工落成。因合计涵括18栋传统闽南二进式双落和三落屋厝建筑，井然有序，所有厝檐、花窗、浮雕、

隘门等，都堪称为当时上乘建筑之作，自古流传有"有山后富，无山后厝"一谚，可见其华丽。依山面海，素有"山后十八间大厝"称誉，深具特色，现已规划设为"金门民俗文化村"，表现出属于金门地方特有的民俗风情，是欣赏金门

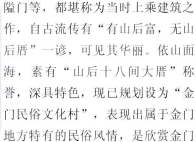

聚落古宅风情的著名景点。

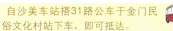

自沙美车站搭31路公车于金门民俗文化村站下车，即可抵达。

离岛

海印寺

海印寺位在太武山两峰间的凹地，旧称"太武巖寺"，始建于宋朝，于炮战期间遭炮火无情摧毁，后于1960年重建，主祀观世音菩萨与十八罗汉神尊等，香火昌盛。寺旁有一"石门关"，门楣上方横题有"海山第一"四字，为明末尚书卢若腾所题，现为当地三级古迹。

自金城车站搭蓝1路公车或自山外车站搭27路于太武公园站下车，再步行登山前往，即可抵达太武山。

马山观测所·播音站

马山观测所地址：金门县金沙镇马山观测所

位于大金门最北隅的"马山"，有"天下第一哨"的盛誉，早年为军事重地，目前已开放让游客参观。通过战备坑道后，即可达观测所，经由高倍望远镜视焦可远眺对岸福建角屿和大、小嶝岛风光，不时会让人为之备感交集。

自沙美车站搭32路公车于官澳站下车，再步行约十五分钟，即可抵马山观测所。

广东粥

永春广东粥
地址：金门县金城镇莒光路126号
电话：(082)327-292

科记广东粥
地址：金门县金城镇莒光路一段45号
电话：(082)327-251

金城镇莒光路段，坐落有几家专卖广东粥的老字号店家，像是"永春广东粥"，祖传三代经营迄今，采用肉片、鱼丸、猪肝、虾仁、油葱酥、青葱、蛋花等食材熬煮而成，充满浓浓的天然金门海盐味道，增添在地风味享受。此外，每天一大清早就营业的"科记"亦是知名的广东粥专卖店，鲜美料实的粥品，广受好评，是填饱肚子的好去处。

马家面线·大方胡须伯面线

马家面线
地址：金门县金城镇伯玉路一段228号
电话：(082)323-228

大方胡须伯面线
地址：金门县金城镇环岛北路59-1号
电话：(082)311-651

金门面线的闻名，其来有自。在金门得天独厚的干净水质、熟练手工的制作，以及风阳双效作用的干燥之下，一条条柔细致的面线，经过料理烹调后，想不好吃也难。每年夏季6~9月是盛产期。祖传三代历史的"马家面线"是老字号，细细长长的面条经过烹调后，香滑柔劲十足，再搅拌上如高粱豆腐乳酱、蒜蓉辣豆瓣酱等特制马家酱，口感滋味独特，值得一尝。

同样有三十年店史、位于文化中心正对面的"大方胡须伯面线"，宛如店头招牌那和蔼可亲的胡须面线般，不知填饱过多少乡愁滋味，以传统手工制作的面条，有高粱、芋头、地瓜等面线，香滑可口，多样的面线礼盒，是自食赠友选购特产的好去处。

伯玉路（中央公路）压路滚·压高粱

笔直横延的"伯玉路"，原称"中央公路"，是介于环岛南、北两路之间，为大金门岛西的主要公路干道之一，西起金城镇区，穿越金宁乡双乳山一带，直到岛中金湖乡的小径、柳营为止。辟建于1950年，由于当时筑路器具缺乏，官民合作、胼手砥足一石一凿地砌成，费时7年竣工通车。公路两旁栽植的木麻黄，现已绿荫衬影，原本土石、水泥路面也换成柏油路，只是靠近金湖乡路段旁特留置一大型"压路滚"作为纪念。

逢每年秋收时节，行走在岛上的各条公路间，常可见农夫们将一片片农作物铺晒于马路上任过往车辆来回辗压，让其外壳脱落，你可别瞧不起这些其貌不扬的穗草，它正是酿制赫赫有名的金门高粱酒的主要材料，亦成为秋冬旅游金门时的一项当地另类风情感受。

金门县 JINMEN COUNTY

离岛

小金门烈屿乡

烈屿乡游客中心
地址：金门县烈屿乡罗厝5-5号
电话：(082)364-406
烈屿乡公车班次共分南、北两路线
电话：(082)362-428
水头码头与九宫码头交通船
电话：(082)362-428

八达楼子

此座城堡式建筑，为纪念1933年抗日战争中，驻防在长城古北口八达楼子为国捐躯的七位勇士而建。

国姓井

相传是昔日郑成功率军登岛来到下田扎营，却因饮用水源枯竭难觅，于是郑成功灵机一动，遂拔剑抔水，果然在掷指处挖掘出甘泉，官兵将士雀跃不已，渴旱之苦顿逝，这口井便被烈屿乡亲们称誉为"国姓井"。

提及金门特产的代表，可以罗列出四项珍宝："高粱酒"、"贡糖"、"陶瓷·花岗石"以及"钢刀"，均颇负盛名。

304

高粱酒

金门酒厂（总公司）
地址：金门县金宁乡桃园路1号
电话：(082)325-628

金门酒厂（金城厂）
地址：金门县金城镇金门城68号
电话：(082)326-064

金门高粱酒向来被品酒客视为高粱酒中的极品，由当地精产的红高粱所酿产出浓醇、清香、甘冽的高粱酒，其酒香风味刚中带柔，其风味口感更是令人深深赞叹，想一睹"金门高粱酒"的个中风采，金门酒厂是必访之处。

贡糖

圣祖贡糖
地址：金门县金门乡伯玉路二段223号
电话：(082)323-456

金瑞成竹叶贡糖
地址：金门县金门乡伯玉路一段8号
电话：(082)363-200

陈金福号名记贡糖
地址：金门县金城镇伯玉路一段90号
电话：(082)321-414

贡糖长久以来被视为自金门土特产的不二选择。贡糖相传为明朝闽南地区进朝御膳的贡品，后来传入金门，因当地盛产花生，更将贡糖的风味推向极致。由于制作时需以木搥来捣花生，因此遂由"搥糖"演变成为"贡糖"，是相当值得一尝的金门特产。

钢刀

金合利钢刀本厂
地址：金门县金城镇伯玉路一段50至54号
电话：(082)326-789

"金合利"的钢刀是当地的老字号了，所产各式大大小小的钢刀可说是实用与艺术的结合，深受赞誉。

陶瓷花岗石

金门陶瓷厂
地址：金门县金湖镇渔村14号
电话：(082)332-855

金门花岗石厂
地址：金门县金湖镇白龙潭1号
电话：(082)332-375

浯洲陶艺坊
地址：金门县金城镇酒湖村8号
电话：(082)329-203

宏玻陶瓷厂
地址：金门县金城镇闲厝村三板桥路1号
电话：(082)325-729

金门陶瓷工业相当发达，拥有白土、红土、长石、石英、陶土、白瓷土等极佳的塑瓷捏陶原料，无论是彩绘青瓷或素色釉，均堪誉为艺术极品。素有全台第一官窑且硕果仅存的"金门陶瓷厂"，是浯洲陶瓷的翘楚代表者，其中的"九龙壁"和"清明上河图"，可说是集千锤百炼的技艺于一身，堪为镇厂之宝。全境均含花岗岩石，亦是金门地区难得丰富的天然石材资源，为了有效善用与开发，于1971年设立"金门花岗石厂"，除了生产与制造花岗石外，还规划有家具、餐桌、灯饰、屏风等展示陈列室，供各地游客参观。

南竿岛

马祖风景区管理处地址：连江县南竿乡仁爱村95-1号
电话：(0836)25630

连江县政府地址：连江县南竿乡介寿村76号
电话：(0836)25131

整个马祖列岛分别由南竿、北竿、莒光、东引等四剑客领军镇守乡屿。南竿是马祖最大的岛屿，位于岛中北沃的"福澳港"，是台马航轮与各岛乡间通行船只的进出停泊站。"马港"则是位于岛西的一处重要军事港口，近年来已于岛东建设一座南竿机场，便民日深；岛上道路成环状网开筑，交通设施规划尚称绵密。

＊立荣航空
台北电话：(02)2518-5166
马祖电话：(0836)56578

＊海上交通：台马轮（基隆-南竿-东引）
基隆电话：(02)2424-6868
南竿电话：(0836)26655
东引电话：(0836)77555

＊小白船游艇：
（南竿-北竿；南竿-东引；南竿-莒光）
南竿电话：(0836)25151

＊马祖连江航业航报
电话：(0836)22193

介寿村

介寿村位于南竿岛东隅，南竿人惯称"山陇"地区，如县政府办公大楼、马祖风景区管理处等单位均集中坐落此村内，是政经文教机关所在处。"山陇蔬菜公园"前的道路两侧，商家百货并立汇聚，亦是全岛地区甚为重要的民生消费活动场所。公交站后方的"山陇狮子市场"里，贩卖有继光饼、马祖酥、芙蓉酥、龟桃等马祖饼酥糕点名产，风味独特，十分地道。

自马港车站或机场，搭山线、海线公车于介寿总站下车，即可抵达。

南竿机场

南竿机场服务中心电话：(0836)26402
南竿机场立荣航空服务台电话：(0836)26505

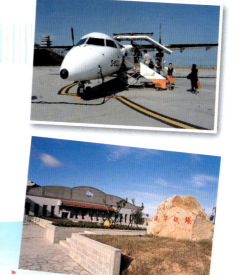

为迎接旅游新契机与考量交通便利发展，南竿岛近年来已于复兴村临黄官水道侧，建置一座机场，每日数次航班往返马祖南竿与台北松山，提供了海运以外的另一项便捷离岛交通服务。而"马祖风景区管理处"于此设有服务中心，便利旅客咨询和资料索取。

自介寿村山陇车站或自马祖村马港车站搭山线公车于机场站下车，即可抵达。

福澳港

南竿福澳港台马轮地址：连江县南竿乡福澳村135号
电话：(0836)26655、26288
福澳港小白船电话：(0836)25312、23406

福澳港是南竿重要海路交通驿站，于此可搭台马轮前往台湾基隆港，或乘小白船分别前往北竿白沙港、东引中柱港、西莒青帆港与东莒猛沃港等地。

自介寿村山陇车站或自马祖村马港车站搭海线公车于福沃站下车，再步行前往，即可抵达。

华光大帝庙

福澳港东侧的山坡上，建有一座华丽巍峨的"华光大帝庙"，黄瓦朱墙，雕梁画栋，祐境港澳，是境内著名的大型庙宇，其主祀有中国传统五行中司掌火行的"华光大帝"，以及海上的守护神"妈祖"、开辟闽地先驱的圣王"白马尊王"等神尊，香火鼎盛，而每年农历正月元宵庙会绕境活动则是福澳地区的盛事，热闹非凡。

自介寿村山陇车站或自马祖村马港车站搭海线公车于福沃站下车，再步行前往，即可抵达。

自介寿村山陇车站或自马祖村马港车站搭山线公车于梅石站下车，再步行前往，即可抵达十烈士纪念碑。

十烈士纪念碑

位于清水村南侧昔日的梅石村境新开的"神农山庄"旁道路上，有座"黄花岗之役连江县十烈士纪念碑"，为纪念清末辛亥革命黄花岗之役，壮烈慷慨赴义成仁的72位烈士。当中有10位是来自马祖的英豪，遂特矗立此碑褒忠旌扬。碑旁辟有一"梅园"，植栽有梅树，象征坚忍卓绝的精神，彰显出烈士军魂肝胆傲日月，情操古今。

军人纪念园区

 神农山庄地址：连江县南竿乡清水村84-2号
电话：(0836)26333

从胜利山庄旁的环北道路前行，经过"玄天上帝庙"与"白马尊王庙"，便来到珠螺村，这里辟设有"军人纪念园区"。登上园内的两百多阶石道，山脚下珠螺风情，映入眼帘，令人感沛动容。

自介寿村山陇车站或自马祖村马港车站搭海线公车于珠螺站下车，再步行前往，即可抵达军人纪念园区。

马祖酒厂·八八坑道

地址：连江县南竿乡复兴村208号
电话：(0836)25101

马祖酒厂创立于1956年，由于坐其位置正好位于拥有甘泉涓涌的牛角岭山麓，所以酒厂得以精酿出各种如二锅头酒、陈年老酒、陈年高粱酒、纪念酒等闻名中外的知名酒类，风味口感，均广受好评。来到酒厂，除了参观认识各式酒类外，在酒厂楼上屋顶的晒千瓮奇景，更是壮丽引人，值得一观，亦能体会出为何昔日有"开罈百里香，洗瓮醉千家"之绝谚妙语流传开来。

而酒厂的东边有一处知名的"八八坑道"，此乃早期军队专门用来储藏军械弹药的隐秘战备窖库所在，全长约达200米，现归酒厂管理和运用。坑道内温湿恒常，所以用它来作为酒窖储藏库，可说是再恰当不过了。一罈罈褐泽色的老酒瓮，正是盛装着香醇老酒的绝佳场所，它的出名不是没有道理的。

自介寿村介寿总站搭山线或海线公车于复兴村的酒厂站下车，即可抵达。

马祖列岛 MATSU ARCHIPELAGO

马祖民俗文物馆

 电话: (0836)23340

自介寿村山陇车站或自马祖村马港车站搭海线公车于胜利水库站下车，再步行前往，即可抵达。

胜天水库正内对面建有的"马祖民俗文物馆"，是一处专司陈列展示有关马祖先民生活用品、器具币饰、婚丧喜庆、农耕渔业、建筑等，十分丰富，为认识马祖早先时期独特闽东文化采风的园地。

四维渔业展示馆

 四维渔业展示馆水产试验所
地址: 连江县南竿乡四维村24号
电话: (0836)22032

自介寿村山陇车站或自马祖村马港车站搭海线公车于四维或水试所站下车，再步行前往，即可抵达。

南竿岛犀牛尾端的"四维村"，旧名称作"西尾"，西侧海滨芙蓉澳地区，遗有抗日英雄林义和的秋桂洋楼故居，旧楼风情，怀旧甚显。而芙蓉澳一带是著名的水产养殖区，设有"渔业展示馆"，将渔业发展与特有渔产等做极为深入的介绍。

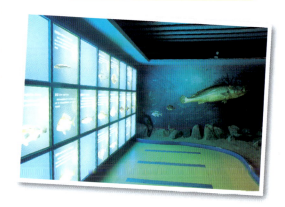

自介寿村山陇车站或自马祖村马港车站搭海线公车于四维或水试所站下车，再步行前往，即可抵达。

西尾夕照

秋桂山水库为当地的主要水源供应处，湖光水色景致自然，随节令更迭，可欣赏到绿海报春与雪芒度秋的景象，还可眺望马祖海峡对面的北竿岛；而遇上好天气，黄昏时分登亭眺望海面点点舟舫，迷人的"西尾夕照"令人流连。

北海坑道

费 时三年在坚硬钢岩的花岗岩壁中凿辟出的地下码头工程："北海坑道"，以"井"字状来设计兴工贯通，水坑道长为640米，陆坑道长度则将近700米，可容纳上百艘小舟艇入坑停泊。

由于坑道海水日夜间潮汐涨退落差有时间性，为确保游客进入坑道游览参观上的安全无虞。明确的开放时间请洽马祖风景区管理处。电话：(0836)25630-1。

自介寿村山陇车站或自马祖村马港车站搭山线公车于仁爱村站下车，步行于仁爱小对面的道路，再前往不久，便可到达。

铁堡

顺 着津仁步行道前行不久便来到仁爱村，即为昔日的"铁板"，于西南海滨处有一孤岩礁岛，称为"铁堡"，昔日是当地重要的两栖蛙人海防军事碉堡据点。从外貌上观之，它和一般礁岩似乎没什么两样，但事实上礁堡中却别有洞天，里头可驻扎卫军部队，举凡发射口、炮口、寝室、坑道、厕所等设施工程，几乎一应俱全。

自介寿村山陇车站或自马祖村马港车站搭山线公车于仁爱村站下车，再步行前往，即可抵达。

天后宫

在马祖村"马祖剑碑"旁，建有一"天后宫"，主祀天上圣母，相传马港澳滨为宋朝妈祖林默娘救父背尸漂流落脚处，南竿塘先民们为感佩妈祖大孝德行，遂将其安葬于澳口一带，尔后并立庙恭祀之。长久以来，香火鼎盛，庙旁增建有一条步行道，是眺望风景的好地点。

自介寿村山陇车站或乡公所搭山、海、山海线公车于马港车站下车，再步行前往，即可抵达。

胜天公园

在台湾云台山西方滨海山坡处，辟有一南竿地区的最大海滨公园，名为"胜天公园"，规划有红花石蒜保护区、露营烤肉区、森林游乐区等景观游憩区，花木扶疏，绿意盎然，尚可见野牡丹、灯心草、风藤、大甲草等植物踪影；登于古色古香的"胜天亭"，更可亲赏到由台湾海峡和闽江所形成的"黄与蓝"两色阴阳海潮奇景，难得一

自介寿村山陇车站或自马祖村马港车站搭海、山海线公车于储水沃站下车，再步行前往，即可抵达。

白马文武大王庙

在马祖村"连江山庄"要往科蹄沃游览，会瞧见一座"白马文武大王庙"，华丽雕檐的封火山墙式庙观，即是马祖庙宇建筑的一大特征。

自介寿村山陇车站或乡公所搭山、海、山海线公车于马港车站下车，再步行前往，即可抵达。

马港

 连江县立文化中心 地址：连江县南竿乡马祖村5号
电话：(0836)22393

南竿岛西属"马祖村"最为热闹，餐饮商家、旅店宿馆沿设，而"连江县立文化中心"亦设置于此，为当地艺术文教重镇所在。村西澳滨的"马港"是南竿重要的艇舰抢滩港埠据点，人潮物流景象，战地风情鲜活呈现。

自介寿村山陇车站或乡公所搭山、海、山海线公车于马港车站下车，再步行前往，即可抵达。

台湾云台山

马祖列岛是以由花岗岩和花岗闪长岩等所构成的岛屿岩体为主，而境内多为缓丘，高山峻岭不多，其中"云台山"是南竿岛的最高峰，加上马祖地处亚热带海洋性气候带，素来云雾缭绕着称，遂名为"云台山"。原为马祖军方要塞重地，目前已局部开放供游客登临观景台，可远眺欣赏近海诸岛的海天风光，十分宜人。

马祖地区有许多军事据点仍未开放参观，希望游客们能配合遵守注意规定事项，切勿闯入管制禁地，且勿向相关军事设施取景拍照！

自介寿村山陇车站或自马祖村马港车站搭海、山海线公车于八角亭站下车，再步行上山前往，便能到达。

仁爱天后宫·三君子庙

仁爱"天后宫"据考约为清末同治年间所建，主祀妈祖，香火昌盛，气势壮观。此外，当地村民虔祀的"三君子庙"，紧邻天后宫后方，主奉神祇乃为源于清初铁板当地吴氏、朱氏与徐氏等三位乡庶，其护海保民的英勇义举，在往生之后受到后世村民们的感佩，于是奉祈永享人间香火，贵为美谈，而庙旁两株"神榕"，苍劲挺拔，树龄上百年，蔚为奇景。

自介寿村山陇车站或自马祖村马港车站搭山线公车于仁爱村站下车，再步行前往，即可抵达。

离岛 马祖列岛 MATSU ARCHIPELAGO

北竿

北竿乡公所电话：(0836)55218
北竿公车班次询问两条路线（山线、环岛北路线）
电话：(0836)55357

仅 次于南竿岛，为马祖列岛中的第二大岛，旧称"长岐岛"、"北竿塘"；早期为马祖政经渔商中心，除北竿西南面沙港为海运交通重要驿站外，在20世纪90年代初期，于北竿东侧建有马祖地区首座航空站"北竿机场"，使得进出马祖的交通更加便利。由于发展甚早，所以乡内目前共计有后澳、塘岐、桥仔、芹壁和白沙等村埠，并以塘岐村为乡政商业中心。

＊航空交通：
※立荣航空
台北电话：(02)2518-5166
北竿电话：(0836)56578

※德安直升机
台北电话：(02)2712-3995
北竿电话：(0836)55658

＊海上交通：
马祖离岛小白船电话：(0836)25312

＊陆上交通：
北竿可搭计程车或租赁汽机车。
连江计程车公会电话：(0836)22216

塘岐村·北竿机场

北 竿塘岐村即坐落于壁山的山麓下，为长岐、芹角、陇里和斜坪等处所组成的村落，由于政经中心集市荟萃，加上近年来于1994年2月起用的"大道机场"，使得塘岐村长久以来，一直位居为北竿岛上发展蓬勃的主要村埠重镇。而位于村西则有一块淤沙泥凹地，名为"怡园"，其间辟栽有各种蔬菜园圃，亦为北竿地区主要的蔬菜供应集散地。

自白沙村车站搭山线公车于塘岐公车总站下车，再步行前往，可抵达北竿机场。

午沙北海坑道

"北海坑道冠南竿，午沙坑道雄北竿"，这是形容早期马祖战备军事工程的鬼斧神工，位于芹山南侧的午沙与土反里两村间滨海岩崖地带。而午沙港海滩绵延平坦，秀丽景致十分吸引人。

自白沙村车站或塘岐公车总站搭山线公车于午沙站下车，即可抵达。

白马尊王庙

自塘岐公车总站搭山线、环岛北路公车于白沙村站下车，再步行前往，即可抵达。

提到马祖人的宗教信仰，多承袭闽东传统宗教文化，并发展出其独特的信仰，而庙宇建筑亦显得十分独特，早期的一些古庙均沿袭闽东、浙东地区采行的"封火山墙式"设计异筑，可想见马祖百姓对于火神的虔诚敬奉程度，源自祖习。除香火人鼎盛的天上圣母外，尚有其他相当具有地方性的神祇信仰，其中以"白马尊王庙"间数居全县岛境的庙宇之冠，主祀神尊乃为"开闽圣王"是远古五代十国时期的王审知，因名号白马三郎，便称"白马尊王"。

芹壁村

🏠 芹壁村（人文咖啡馆．传统民宿．餐馆）地址：连江县北竿乡芹壁村49号
电话：(0836)55456

昔称"镜港"，早年渔业昌盛活络，村民生活富裕，村邻坊间纷纷兴筑起一栋栋以花岗或青斗石块为建材的闽东石屋建筑，这些方正屋型楼观犹如一枚四方印鉴，而有"一颗印式"传统建筑美誉，其石屋顶多采"五脊四坡"和"人字坡"式设计，各具用途功能，冬暖夏凉，匠思巧貌，独具特色。其中有栋砌石工法细腻的"海盗屋"，堪为本村经典代表。目前正逐步重拾起"芹壁聚落"的风华，让这些"会呼吸的房子"能延续它的生命力。想体验回眸起光复年前的旧北竿传统建筑美学风采，那你绝对要来芹壁村走走，因为它真的很不一样，值得细览。

自白沙村车站或塘岐公车总站搭环岛北路公车于芹壁村站下车，再步行前往，即可抵达。

东引岛

东引酒厂地址:
连江县东引乡乐华村161号
电话: (0836)77142
（游客入厂参观请事先预约）

东引游客服务中心地址:
连江县东引乡乐华村160-1号
电话: (0836)77266

东引乡公所地址:
连江县东引乡中柳村121号
电话: (0836)77205

以自然岩石嶙峋景观巧夺天工而著称，堪誉为顶级海中岛，为马祖最北滨的岛乡，旧称"东涌岛"；全乡分为东引本岛和西引岛两部分，两岛间有陆堤滩工连接，对外交通方面以海运为主，忠诚门旁的中柱港，每日有定期台马轮和小白船停泊，分别往返台湾基隆港、马祖南竿福澳港与北竿白沙港间。

东引乡公所的建筑外观为正庭四柱擎檐，采简单利落的设计，雪白的样貌，被誉称"东引小白宫"。

东引游客服务中心坐落中柱新港南侧坵头上方不远处，馆内展示有关东引历史、信仰、渔业、生态等详尽导游介绍。

一身雪白头戴黑冠的东涌灯塔，为圆柱塔体，高十四余米，是清光绪五年筑造的洋式灯塔，为当地三级古迹，后方坵上素称"东引别墅"。

东引的岛崖傲天工，而东引的烈酒香醇醉人，岛上有一座建厂酒酿制产悠久的酒厂，迄今仍遵循传统醱酵制法酿造；盛产的东涌陈高、大曲、风湿药酒等酒品，醇香甘冽的风味，深受各界好评。

中柱新港港埠候船室前广场上，置有一座大型蓝带黑鲷石雕景观，搭配山腰上醒目的"中柱港"三字方碣，更显景致宏伟动人，为港埠迎宾的最佳主角。

中柱新港北滨的白马尊王庙，主祀开闽圣王，香火昌盛，庙观华丽，每年农历元宵佳节期间，会举行盛大的迎神庆典活动。

安东战备坑道贯穿二重山地下，全长超过620米；这里的海礁一带是每年候鸟南飞过冬的栖息据点，其中尤以保育鸟类黑尾鸥最为罕见珍贵。

※台马轮交通:
基隆订位中心地址: 基隆市中山二路6号3楼
电话: (02)2424-6868
东引订票地址: 连江县东引乡乐华村33号
电话: (0836)77555、77556

※小白船交通:
【航线】北竿白沙港/南竿福澳港/东引中柱港电话: (0836)25312
【航线】南竿福澳港/东引中柱港电话: (0836)25312

东引岛上没有公车，所以计程车、小货车和机车为主要交通工具。东引计程车行电话: (0836)77188、77189

莒光岛

※海运：
小白船【航线】
南竿福澳港／莒光(东莒猛澳港．西莒青帆港)
电话：(0836)22503、25312
莒光号轮航【航线】
东莒猛澳港-西莒青帆港
电话：0937-868-040、0933-142-937

东、西莒岛上没有公车，以计程
车、小货车和机车为主要交通工具。
莒光计程车行电话：(0836)88013、88116

莒光乡公所地址：
连江县莒光乡西莒青帆村联合办公大楼
电话：(0836)88145

隆记特产店地址：
连江县莒光乡东莒大坪村63号?
电话：(0836)89021

国利豆腐店地址：
连江县莒光乡东莒大坪村74号?
电话：(0836)88011

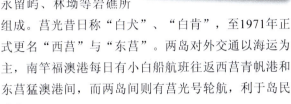

位于南竿岛南侧外海岛乡群，以西莒和东莒两大岛为主，与周境的蛇山、犀牛屿、永留屿、林坳等岩礁所组成。莒光昔日称"白犬"、"白肯"，至1971年正式更名"西莒"与"东莒"。两岛对外交通以海运为主，南竿福澳港每日有小白船航班往返西莒青帆港和东莒猛澳港间，而两岛间则有莒光号轮航，利于岛民进出。

进出西莒的小白船所停靠的港埠门户为青帆新港，西莒游客服务中心是候船时的避阳处，中心旁广大的空地里坵麓上，有对恰如恋人相依偎的岩石，题称为"情比石坚"。

东莒灯塔为当地二级古迹，位于东莒老头山上，建于清同治十年（1872年），塔高20米，塔身以皓白的花岗石块砌筑而成，为台闽海峡北域著名的四大灯塔之一。

列为当地二级古迹的"大埔石刻"，十你古早以照明玻璃圈护着石刻，历史相当久远，文字镌刻着明万历年间讨寇名将沈有容，当时率兵登据东沙（即今日的东莒岛）擒获69名的生倭，并未捕杀的事迹，为东岛历史溯源的大实证。

大坪村是东莒最大村落，村道街坊以"日"字状呈现，其中以"上街"和"下街"最为热闹；上街的炽坪境福德宫，每年农历正月十三至十七日，为全岛庙会祭典热闹时刻。

马祖风景区管理处在莒光乡选择坐落在东莒福正村口处建置旅游服务中心，倚面福正湾海滨沙滩；福正村为典型的闽东建筑村落，渔港内静泊几艘小扁渔舟，好似一幅宁静渔村风情画。

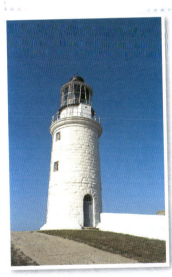

青帆村在20世纪五六十年代的抗美援朝战争时，一度曾为美方进驻远东搜集中国情报的重要据点，熙攘人潮带动起酒吧餐馆林立纷设，井然的西式公寓有别于传统屋厝，曾有马祖版"小香港"的美名。

西坵村外海上的蛇山岩礁，淡菜（贻贝）、文蛤等海产丰富，夏秋间有珍贵海鸥来栖，为燕鸥保护区的范围。

马祖列岛 MATSU ARCHIPELAGO

马祖名产："马祖老酒·东引陈高"

马祖共有两处知名的酿酒产厂，一是位在南竿岛的"马祖酒厂"，建厂于1956年，长年来盛产有大曲酒、陈年老酒、高粱酒等，近年来自"八八坑道"酒窖场景的醇香酒酿，更使其知名度大增。另一间则是位在东引岛中境的"东引酒厂"，建厂历史有三四十年之久，是赫赫有名的酒品，以优质的高粱为材，经古法发酵酿造的"东引陈高"，喷香甘洌，享有高粱酒品中的一席之地。

马祖酒厂地址：
连江县南竿乡复兴村208号
电话：(0836)25101

东引酒厂地址：
连江县东引乡乐华村161号
电话：(0836)76150

"马祖酥·芙蓉酥·梅梨糕·继光饼"

因受到天候干冷的影响，所以马祖的糕点以多酥香脆为主，比如吃起来很像沙奇马的咸起马酥名为"马祖酥"，堪为马祖糕点之代表。而姐妹产品则有"芙蓉酥"、"梅梨糕"等。此外，还有"颈饼"之称的"继光饼"，是流传自明代时平寇大将军戚继光，因军队长年伐寇征战，碍于煮食不易，便巧妙地将圆形饼食中间钻洞，利于成串挂颈，当肚子饿时，便能随时咬几口充充饥。

天美轩糕饼店地址：
连江县南竿乡介寿村55号
电话：(0836)22257

宝利轩糕饼店地址：
连江县南竿乡介寿村189号
电话：(0836)22128

山陇狮子市场地址：
连江县南竿乡介寿村中山路109号

鲜美康糕饼店地址：
连江县北竿乡塘岐村中山路109门
电话：(0836)55416

协和西点面包店地址：
连江县北竿乡塘岐村中山路229号
电话：(0836)55236

"海产·鱼面"

风味、渔味、海岛味正是马祖专属的鲜滋味，靠海吃海的心境，表露无遗，所以"海产"亦是马祖人的另一项经济来源与日常食粮。由鳗鱼、鲵鱼等高级海产鱼类糊浆混入太白粉面团搓揉、压制、切线，于阳光下晒两天即成"鱼面"，入锅烹煮后，面汤里自然散发出浓浓的鲜鱼味，风味很独特。

坊厢玉餐厅地址：
连江县南竿乡介寿村192号
电话：(0836)22642

大三元餐厅地址：
连江县南竿乡介寿村246号
电话：(0836)25358

依嬷的店地址：
连江县南竿乡复兴村143号
电话：(0836)26125

鱼之乡厂地址：
连江县北竿乡塘岐村中山路149号
电话：(0836)55545

阿嬷鱼面店地址：
连江县北竿乡塘岐村中山路168号
电话：(0836)56539

嘉宾餐厅地址：
连江县北竿乡塘岐村219号
电话：(0836)55535

鸿星平海鲜楼地址：
连江县北竿乡塘岐村242号
电话：(0836)55426